国家社科基金
后期资助项目

近代天津典当研究

Study on Pawn of Modern Tianjin

冯 剑／著

社会科学文献出版社
SOCIAL SCIENCES ACADEMIC PRESS (CHINA)

国家社科基金后期资助项目
出版说明

　　后期资助项目是国家社科基金设立的一类重要项目，旨在鼓励广大社科研究者潜心治学，支持基础研究多出优秀成果。它是经过严格评审，从接近完成的科研成果中遴选立项的。为扩大后期资助项目的影响，更好地推动学术发展，促进成果转化，全国哲学社会科学规划办公室按照"统一设计、统一标识、统一版式、形成系列"的总体要求，组织出版国家社科基金后期资助项目成果。

全国哲学社会科学规划办公室

内容提要

　　典当是民间融资的重要方式，也是民间借贷的一种常见形式，在民间社会经济中占有重要的地位。学界对近代乡村典当的研究较为关注，但对近代城市典当的研究有所不足。本书从博弈论等理论视角，对近代天津的典当交易进行了探讨，从一个侧面反映了近代天津社会经济的变迁。典当可以分为固定资产典当和流动资产典当。近代固定资产的典当在民间已经形成了一套交易制度，并在清末民国时期民法上有所规定，确立为典权制度。在近代天津民间典权的交易中，典权随着近代市场的扩大和变迁，其传统的济弱和孝道等文化内涵遭到了削弱，家族对典权的束缚也有减弱的趋势。在近代天津民间交易市场中，典权制度为预防风险而日益明晰，与买卖和租借等交易形式一起构成了固定资产典当的内容。到了近代，国家对民间典权的管理也日渐规范和加强。近代天津流动资产的典当主要在典当业中进行。典当业是一种以抵押借贷为主的兼具多种功能的金融、商业、保险行业。从不同的角度看，近代天津的典当业有多种形态与类别，地方帮派林立，帮派之间矛盾重重，对近代天津典当业的发展产生了消极的影响。典当业的当息既关系到典当业的生存和发展，也关系到民间社会的利益，在近代为国家、社会高度关注。近代天津的当息一直在国家、社会与典当业间进行博弈。近代天津的典当业资本在全国典当业中占有重要地位，但是在近代天津社会经济的变迁中，典当业的资本逐渐枯竭，典当业的利润减少，这成为近代天津典当业衰落的一个重要原因。此外，天津近代典当业衰落的原因还有战乱、社会经济变迁、政府管制、自身形象的变化、当息不断调整、同业恶性竞争、典当业内部组织保守和落后等。同时，典当业人士面对典当业危机应对不力也是其衰落的重要因素之一。

目　录

绪　论 ·· 1

第一章　近代天津的典权 ·· 29
　　第一节　出典 ··· 31
　　第二节　典后出典人和承典人的权利与义务 ······················ 41
　　第三节　典权的消灭 ··· 47
　　第四节　典权与其他民间交易形式 ···································· 52
　　第五节　近代国家对典权的管理和规范 ····························· 62
　　小　结 ·· 74

第二章　近代天津典当业的类型 ··· 78
　　第一节　典当业的沿革与性质 ·· 78
　　第二节　当业的类型和帮派 ··· 82
　　小　结 ·· 107

第三章　近代天津典当业的组织与运作 ································· 109
　　第一节　典当业建立的程序 ··· 109
　　第二节　典当业的运作 ·· 125
　　小　结 ·· 140

第四章　近代天津典当业当息的博弈史 …… 142
- 第一节　清末及北洋政府时期关于当息的博弈 …… 142
- 第二节　南京国民政府前期关于当息的博弈 …… 147
- 第三节　日伪时期关于当息的博弈 …… 153
- 第四节　抗战胜利后关于当息的博弈 …… 157
- 小　结 …… 161

第五章　近代天津典当业资本的变迁 …… 164
- 第一节　近代中国典当业资本概要 …… 165
- 第二节　固定资本、流动资本及其比率的变迁 …… 168
- 小　结 …… 203

第六章　近代天津典当业的衰落与应对 …… 205
- 第一节　战乱与天津当业的衰落 …… 206
- 第二节　社会经济变迁与天津典当业的衰落 …… 208
- 第三节　政府管制与天津当业衰落 …… 214
- 第四节　天津典当业形象的变迁 …… 216
- 第五节　天津典当业人士的危机应对 …… 221
- 小　结 …… 238

结　语 …… 240

参考文献 …… 244

附　录 …… 254

索　引 …… 296

后　记 …… 300

绪　论

典当是一种在传统民间社会经济中常见的融资现象，是近代民间金融的主要形式之一，长期以来在中国民间社会经济中具有独特的地位。典当有固定资产的典当和流动资产（以下称"动产"）的典当。土地、房屋等固定资产的典当在中国民间交易中逐步形成较为固定的交易习惯，在民国时期被列入民法，被称为典权。① 典权是介于租赁与买卖之间的常见的民间不动产交易形式，广泛存在于民间房地产等不动产交易之中。动产的典当行为一般发生在典当业之中。典当业被称为"贫民的后门"，在古代和近代都是三百六十行中对国计民生具有举足轻重作用的行当。总之，以固定资产为主的典权制度和以动产为主的典当业在近代中国社会经济中占有非同一般的地位。②

近代天津城市经历了巨大的转变，作为传统民间经济形式的典当随着城市的发展与变化也经历了前所未有的变迁。研究近代天津的典当业对近代中国典当以及近代社会经济变迁的研究具有典型意义。

一　近代天津城市发展变迁与典当

天津地理位置优越，自古便是商业重镇，也是战略要地。它位于九河下游，"为海河之要冲"，"路通各省舟车，南运数百万之漕，悉道经于此。舟楫之所式临，商贾之所萃集，五方人民之所杂处，皇家使者之所衔命以出，贤士大夫之所报命而还者，亦必出于是。实水路之通衢，为畿辅之门户，冠盖相望，轮蹄若织，虽大都会莫

---

① 在清代典权实践中，未成年子女、粮食、奴仆也是典权的标的物。参见许光县《清代物权法研究》，中国政法大学博士学位论文，2009。
② 有人指出二者存在不同，"典当与典卖的区别正是建立在物与业的区别之上"。但从社会经济的功能上看，二者则有一致性，"当铺是一种民间金融机构……田宅的典卖确实是民间信贷的一种形式"。参见吴向红《典之风俗与典之法律》，福建师范大学博士学位论文，2008，第1页。

能过焉"。①

　　天津既古老又年轻。在战国时期，天津就已经被开发。元代直沽因成为盐、漕以及南北商品交流的中心地区而日趋活跃。明代天津建立卫所。明代后期天津成为支援朝鲜抗日和明政府抗击后金的军事供应基地。天津的漕运地位也得到了加强。②

　　到了清代前期，漕运和盐业的发展使天津的经济地位和战略地位日益提升。漕运和海运奠定了天津北方粮食和商品市场的地位，晒盐技术的改进使天津的盐课占全国的10%，成为长芦盐务的总汇之处。1731年设置的一州六县的建制一直延续到清末。对外商业交流也有很大的发展，各地商人的会馆开始在天津建立。③

　　近代天津从一个市镇一跃成为华北第一大商埠，城市化、商业化、市场化的进程非常迅速，是近代中国社会变迁的一个缩影。

　　天津自古就是一个具有浓厚商业色彩的城市。商业人口在道光年间就占了城市职业人口的一半以上。近代早期，天津商业的主体是民间小贩，他们占据了商业的绝大部分。根据1949年的人口统计，小商贩和流动商人仍有11万，占天津城市人口的6.3%。④ 近代天津资本雄厚的盐商、粮商等虽然数量不多，却是当时天津城市经济的支柱之一。⑤

　　进入20世纪后，天津商业有了巨大的发展，商店数量有了大幅度的增加。一战后，特别是二三十年代，天津工商业一度得到较为快速的发展，天津进入了城市发展的黄金时期。20世纪天津城市商业商品化占据了主导地位，这表现为天津成为世界市场的一个部分，商业的经营形式和手段向资本主义转变。新式的股份公司，新式的记账法、抵押等契约方式得以推广，期货交易增加。传统商业逐步被分工细、规模大的近代商业取代，出现了许多新行业。洋行增加，大型的百货商场和中小商店构成了城市的商业网络。1928年天津大小商店公司3万家，资本额为

① 张焘：《津门杂记》，王帛孙、王黎雅校，天津古籍出版社，1986，第1页。
② 罗澍伟主编《近代天津城市史》，中国社会科学出版社，1993，第29~72页。
③ 罗澍伟主编《近代天津城市史》，第72页。
④ 刘海岩：《空间与社会——近代天津城市的演变》，天津社会科学院出版社，2003，第225页。
⑤ 庞玉洁：《开埠通商与近代天津商人》，天津古籍出版社，2004，第33页。

3000万~4000万,从业人口10万人。① 1930年前后一个在天津的外国人写道:"天津在过去的一两年里的变化真是太快了。有更多的外国人来到租界里居住,其中多数是商人,家境比过去的那些西伯利亚难民殷实多了。"②

天津开埠之后,战略地位日益提高。随着天津近代洋务企业的大量建立,天津成为北方洋务运动的中心之一。开平煤矿的建设为天津城市发展注入了动力,招商局的建立促进了天津交通的近代化,铁路的建设使天津的发展进入了一个划时代的时期。之后,随着中外经济交往的日益加深,第二次工业革命的成果从租界这个西方文明的窗口传入,电讯、通信等基础设施的建立把天津和世界联系起来。外资企业逐步进入天津,近代民族企业也开始兴起,官办的产业的资本占了绝对优势(占天津全部近代企业的94.3%)。③ 到1945年,天津市有大小工厂5000多家。④

在1911年以前,天津企业相对20世纪以前还是有了较为明显的增加,天津的民族工业在这一时期已初具规模(见表0-1)。

表0-1 1911年前天津各类民族资本企业分布状况

单位:家

门类	数量	门类	数量	门类	数量	门类	数量
矿业	5	机器	10	纺织	28	面粉	12
榨油	4	烛皂	12	火柴	4	皮革	5
制碱	3	瓷器	1	玻璃	1	化妆品	2
交通	1	垦业	—	烟酒	7	其他	11

资料来源:宋美云:《北洋军阀统治时期天津近代工业的发展》,《天津文史资料选辑》第41辑,天津人民出版社,1987,第134页。

20世纪二三十年代,天津工业有了进一步的发展,工业结构也有了新的变化(见表0-2)。抗战时期天津的工商业发展进程被打断,企业和

---

① 李竞能主编《天津人口史》,南开大学出版社,1990,第36页。
② 〔英〕布莱恩·鲍尔:《租界生活——一个英国人在天津的童年(1918~1936)》,刘国强译,天津人民出版社,2007,第141页。
③ 罗澍伟主编《近代天津城市史》,第218~262页。
④ 李竞能主编《天津人口史》,第247页。

资本数额都呈下降趋势。①

表 0-2 1935 年天津市工厂统计

单位：家

机器及金属制造	交通用具制造	土石玻璃制造	化工业	纺织	服用	橡革	饮食烟草	饰物文具	印刷造纸	其他	共计
18	2	7	8	32	6	4	7	1	7	4	96

资料来源：《天津市工厂统计》，天津《大公报》1935 年 1 月 24 日。

在第二次鸦片战争后，天津成为外国侵略者对中国从事经济和军事侵略和控制的战略基地，也是中西文明交流的窗口。② 天津逐步成为中国北方的经济中心、进出口贸易中心。天津近代崛起的原因之一是其与腹地及其在外贸中所处区位优势。随着对外贸易的增长，天津的经济对内地的辐射能力也日渐增强，20 世纪初天津的经济腹地几乎囊括了中国北方。③ 天津还成为北方最大的土货出口贸易中心。④ 北方各省的原料和货物大多经由天津转运出口，大量的洋货也经由天津贩运到全国，主要是北方各地。天津与腹地的贸易关系进一步发展，进口和出口的贸易量增加。山西商人也一直是天津进口洋布的最大主顾，每年有 300 多名山西商人来天津购买洋布回本省。⑤

金融是城市经济的血脉。伴随着近代天津工商业以及进出口贸易的迅速发展，对金融的需求也随之增加，典当、印局、钱庄、账局、票号这几种信用机构成为天津在新式银行进入中国之前的最为重要的金融机构。它们不但并行不悖，而且可以互相融资，相互利用。⑥

20 世纪初期，随着金融业的发展，天津已然成为中国北方的金融中心，银号、中外银行形成了互相补充和竞争的近代金融网络。它们为商人提供借贷资金和押汇业务，成为近代天津城市发展的血脉。⑦ 农村的资金不断流入天津。地主富户携资入城，是乡村资金外溢的一个重要因素。地

---

① 天津市社会局编印《天津市第二次工业统计》，出版年不详，第 11 页。
② 陈振江：《通商口岸与近代文明的传播》，《近代史研究》1991 年第 1 期。
③ 罗澍伟主编《近代天津城市史》，第 205 页。
④ 张焘：《津门杂记》，第 146 页。
⑤ 罗澍伟主编《近代天津城市史》，第 175 页。
⑥ 刘建生：《山西典商研究》，山西出版集团、山西经济出版社，2007，第 266 页。
⑦ 罗澍伟主编《近代天津城市史》，第 205 页。

主富户之所以入城，城市社会经济近代化是诱因之一，如享受城市现代生活或投资工商业等。城乡贸易关系不平衡，是乡村资金外流的又一关键因素。此外，军阀、官僚所积蓄的大量钱财，也多来自农村，是农村资金外流的重要因素。由于上述原因，乡村资金向都市集中的速度日益加快。①随着天津工业和交通的发展和天津的腹地不断地扩展，1920年代天津的腹地和交叉腹地总面积达到200多万平方公里，超过全国土地面积的1/4，涉及人口1亿多，比20世纪初的天津腹地扩大了1倍，成为全国第二大经济区域。②钱庄、银行、牙行、货栈等借贷机构的资金注入，为天津的国内贸易提供了源源不断的动力。天津的国内贸易具有很大的地缘性，以血缘、地缘等传统社会关系形成商业帮派，商业和金融业务也有一定的地域和帮派的范围。例如，宁波帮以遍及全国的慈溪、奉化、象山、定海等六县商人为主，以血缘乡谊为纽带，他们以在天津经营运河南北货运生意发家。③外国资金随着天津开埠大量注入，天津成为外资银行在中国的北方金融中心。外资对近代天津城市的发展也具有一定影响，如1924年，天津典业公会因为壬子兵变后一直没有恢复，要求借贷洋款，以维持营业，并提出了押借、利息以及清偿的具体办法，"商允法商马律利得巴莱达以各典当房产暨各典当本，抵借洋银一百万元或六七十万元"，希望政府与法国方面商议。④

伴随天津经济发展与近代化转型的是城市化的提速，大量农村人口涌入，城市面积不断扩展，工业、金融、服务产业快速集聚，人们生活方式也变得城市化、西洋化。⑤

随着天津经济的发展，天津的人口数量发生了巨大的变化。开埠通商之后，天津的工商业、对外贸易等获得了较快发展，社会经济结构发生了根本性的变化，由一个传统的商业城市发展为一个集工业、商业、贸易、

---

① 李金铮：《民国乡村私人、店铺高利贷利率研究》，李金铮：《近代中国乡村社会经济探微》，人民出版社，2004，第409~411页。
② 罗澍伟主编《近代天津城市史》，第432页。
③ 张章翔：《在天津的宁波帮》，中国人民政治协商会议天津市委员会文史资料研究委员会编《天津文史资料选辑》第27辑，天津人民出版社，1984，第67页。
④ 《当商拟借洋款牵复，天津当商》（1924年），天津市档案馆，档案号：J0128-2-002084。
⑤ 许学强、周一星、宁越敏：《城市地理学》，高等教育出版社，1997，第36页。

金融于一体的近代化城市。在天津城市化的过程中，周边人口大规模地向天津聚集，1860年开埠以后，各国租界设立和扩张，城区范围不断扩大，人口急剧增加。1846～1906年60年间，城市人口由19.87万增加到42.45万，增长了1.1倍；而1906～1928年22年间，人口从42.45万增加到112.24万，增长了1.6倍，成为华北人口增长最快的城市。①

近代天津的人口结构也发生了变化。近代天津城市内主要分为六个社会阶层：（1）官僚遗老、金融企业名流和投资者以及社会名流；（2）商人、资本家、高级职员；（3）小企业主商人、职员、中间商、教师和一般公务员；（4）手工业者、小商贩、帮头、工匠、工头等；（5）摊贩、季节工、临时工、装卸工等；（6）无业游民、难民、乞丐、娼妓等贫民。②

随着城市的发展，人口的素质也在变化。随着西风东渐，原来就是五方杂处的天津城市更加成为一个异质文化的空间。传统文化在这个异质空间中发生了演变。这也使博弈环境和博弈文化背景发生了巨大的变迁。近代天津的传统文化与新文化交相辉映，都有空前发展。近代教育发展很快。尤其是私立学校发展迅速。城市文化、乡村文化和西方文化共同成为天津文化的来源。以报纸为主的大众传媒空前兴盛。通俗文化尤其发达，京剧、评剧、梆子、新式话剧等都在天津兴起，多种文化艺术并存，西式礼俗在天津的影响日益扩大。③

天津城市在近代的转型发展过程中，也出现了许多社会问题。其中，贫民问题比较严重。1928年城市贫民10万人，占全市人口的10%；到1947年底增至30万人，占全市人口的1/6。有8万赤贫人口达到了衣不蔽体、食不果腹的程度。④

天津的贫民大多生活在城市的边缘地区，民国时期天津的主要边缘区是谦德庄、地道外等。⑤ 此外，后来位于城市中心的南市一带，当时是天津贫民的集中区域之一。天津人口死亡率较高，1935年为38.16‰，1944年为34.38‰。死亡率高的原因是劳动人民生活悲惨。天津城市化迅猛，

---

① 刘海岩：《近代华北自然灾害与天津边缘化的贫民阶层》，《天津师范大学学报》（社会科学版）2004年第2期。
② 罗澍伟主编《近代天津城市史》，第468～469页。
③ 罗澍伟主编《近代天津城市史》，第481～488页。
④ 陈卫民编著《天津的人口变迁》，天津古籍出版社，2004，第88页。
⑤ 刘海岩：《空间与社会——近代天津城市的演变》，第287页。

大量贫苦农民不断涌入,贫富两极分化严重。①

天津人口结构的巨大变化使贫困问题更为突出。新兴的工人阶层也加入了这支城市贫困大军。人口学家林颂河在1927年对塘沽久大精盐公司614个工人家庭的调查证实,当时每有3个成年人的家庭的一年必需生活费为241.23元,平均月需费用20.10元。据国民政府主计处统计局关于天津各业工人与工资的统计,1933年天津市工人中,月工资收入1~5元的占14%,6~10元的占31%,另有16%的徒工与试工没有工资。就是按上述工资收入较高者10元计算,也仅能买213斤玉米面或86斤大米。②这样,年收入在30元以下的家庭,大都处于人不敷出的境况。下层家庭很少吃肉,住土坯房,较少用火炉,生活方式有乡村的痕迹。③

大量外来的移民也是人口贫困化的原因之一。大量人口移民天津的原因很多,从根本上讲,移民者欲通过移居天津寻找新的职业,摆脱原来的贫困生活或进一步改善其处境。移民天津的时机,或在招工期间,或是在灾荒、战争时盲目流入。④根据1937年的数据统计,天津人口中本地人大约占一半,其他来自全国各地,以河北省居多,只比本地人少4万左右。⑤

陈旧的就业观念依然在天津家庭中占主导地位,这也是导致贫困而产生借贷需要的因素之一。天津的一般家庭,除了一两个人外出谋生,其余的人都抱着旧观念,尤其是女性,她们宁可闲着,也绝不想觅一种工作。中层阶级以上的妇女讲求虚荣,要保持那种太太小姐的体面,而下层社会妇女只有很少的收入。这也在一定程度上造成了一般家庭的生活困难。⑥据统计,没有职业的男性为26.4%,而女性为81.6%,有文化的人一度在解放前高达50%。⑦男性失业人口虽远比女性为多,但女性无职业人口远比男性多,男性就学人口比女性多,而不事生产的女性远比男性多。⑧

社会风俗往往也导致经济拮据,走向贫困化。位于天津市区的家庭交

---

① 李竞能主编《天津人口史》,第154~156页。
② 李竞能主编《天津人口史》,第155页。
③ 南开大学经济研究所编《南开指数资料汇编》,统计出版社,1958,第604页。
④ 高艳林:《天津人口研究》,天津人民出版社,2002,第101页。
⑤ 李竞能主编《天津人口史》,第176页。
⑥ 《津市的中等家庭专仗男子赚钱养家》,天津《大公报》1933年6月22日。
⑦ 陈卫民编著《天津的人口变迁》,第120页。
⑧ 李竞能主编《天津人口史》,第248页。

往频繁，人际关系复杂，日常交际和送礼成为一项较大的家庭负担。① 天津社会有厚葬的习俗，仪式繁杂，办理丧事需要很高的花费。② 近代天津赌博、吸毒现象等成为社会公害，屡禁不绝。这些问题也是造成城市贫困问题的原因。③

大量的贫困人口造成近代天津城市对借贷产生了巨大需求，典当业也日渐发达。正如一首民间歌谣写的："邀局是老祥，请会是老广，终日无事忙，帮嫖看赌随着逛。崩骗是寻常，花到空囊，不得不借阎王帐，还不上，要遭殃。年节下，更难搪。要帐的，一行一行，估衣铺来闹，靴帽铺来嚷，不干不净……哪知帐主功夫长，自然撞得上。"④ "当铺营业最发达的时候，也往往是在民生最凋敝的年头。"⑤ 而在经济萧条的时候，"各贫民亦无处赚钱，度日维艰，既无处挪借而典当各物又不能多得钱文"。⑥ 只有这时，他们才告别借贷，依靠行乞或救济生活。当铺不仅是一般贫困人口生活借贷的场所，也是一般小商贩融资谋生的重要机构。小贩们常常将其不同季节的衣物储存在当铺中，以换取资金，实现融资，谋取生计。一般的职员们也时常手头拮据，当铺成为他们融资的渠道之一。故此，人们常用的衣物就成为当铺最为常见的当物之一。

随着近代天津城市经济的发展，作为北方经济贸易金融中心和政治中心的天津迎来了商人、企业家以及贵族、官僚、军阀各色人等。他们或从事贸易谋利，或做寓公以谋东山再起。近代天津成为商人博弈的战场和政治中心北京的后院。这些人物在近代天津日常的生活中或一时超支，或投资产业，也常有需要资金的时候，典当铺则是他们时常光顾的场所。古董、珠宝、字画常常是这些人的当物。

近代天津工业的发展使工业产品时常成为抵押品，但在天津当铺的当物中不占主要地位。与近代上海、广州的情况稍有不同，这一方面体现了

---

① 《南开指数资料汇编》，第604页。
② 〔日〕日本驻屯军司令部编《二十世纪初的天津概况》，侯振彤译，天津市地方史志编修委员会总编辑室，1986，第126~128页。
③ 《天津之风俗调查》，《河北月刊》第1卷第3期，1933年3月。
④ 张焘：《津门杂记》，第104页。
⑤ 《漫画典当》，《天津市》第4卷第2期，1947年8月30日，第10页。
⑥ 《中外近事》，天津《大公报》1903年4月8日。

近代天津工业发展的相对滞后，另一方面也与当铺的经营管理和习俗有关。①

与其他行业相比，被称为穷人后门的典当业成为获利最为稳妥的行业之一，吸引了富有阶层的大量资金，当铺也成为下层人群时常光顾的地方。天津民间有顺口溜云："天津卫，好地方……第一是走盐商，卖的盐，任意铺张，赔累了，还须借帑帐，其次粮字号买手最吉祥……又次开粮店，洋货杂货行，认客投主，有帖应行，拿用也够加一帐。稳是当铺利久长。此外别行，总是本大利广。"② 在近代天津，当铺的利润在各行业中位居前茅，与盐业、粮食等一起成为近代天津城市的重要产业。当铺的社会地位也因此受到了重视，在清代"当铺的门口，都好挂一块裕国便民的招牌"，当铺对国家财政有一定的贡献，"别的买卖很少给政府纳税，就是当铺每年纳税，政府也依靠这项税款，把这项税款列为主要收入之一"，故此，"当铺的掌柜都有顶戴，出门坐轿，衙门口推门就进，打起官司来，不论原告被告，当铺里的人一概不准逮捕"。③ 民国时期，经济环境的变迁使当铺在社会经济生活中的地位没有清代时那么高，政府对当铺的管理也有所变化，④ 但当铺在社会经济中，尤其是普通百姓的日常生活中依然具有不可或缺的作用。

近代天津典当业的资本在全国主要大城市中名列前茅。近代天津当铺的资本系统也经历了巨大的变迁，成为时代变迁的缩影。清末，当铺的资本多与天津八大家有关系，也有外来的山西商人的投资。天津城市和附近乡村的"财主都有当铺，没有当铺简直就不算财主"。如"长源杨家的当铺，最多时有过二十几家，杨柳青石家，土城刘家，益德王家、李善人家……可以说每家都有几处当铺"。民国之后，军阀成为当铺最为重要的投资者，"有好多当铺由八大家手里逐渐转入了军阀的手里，如曹锟、吴佩孚、陈光远等，都曾有过好多当铺"。抗战后，"这个资本系统又有了新的变迁，目前市面上的当铺，要有不少是旧的字号，但东家与从业人多不是

---

① 上海当业多由徽商主导。徽州典当经营灵活，收当物品中还有农具，业务多元化，拓展了谷押、囤当、吸收存款等。广东典当的业务范围还有机器、原料、货物等，适应了近代工业的发展。参见刘建生等《山西典商研究》，第306、343页。
② 张焘：《津门杂记》，第102页。
③ 《漫画典当》，《天津市》第4卷第2期，1947年8月30日，第10页。
④ 参见本书"附录"。

原来的了。据说，不但属于八大家的不多了，就是属于军阀的也寥寥无几了。不过，现在这个资本系统是属于哪一方面的，可就没有从前那样容易知道了"。① 战后，当铺的经营资本唯有依靠政府和银行的借贷才能解决，进入了行业的衰败期。

当铺还有早期银行的功能，可以储蓄和发行货币等。在近代银行业出现之前，官方以及民间商业和慈善机构的资金大量储存在当铺中生息。天津的当铺与银号、票号以及后来的银行有着广泛的资金往来，为其发展提供了充足的资金。近代天津的当铺多为山西的晋商开设，与山西的票号有着天然的联系。当铺内部的严密管理以及对外所积累的声誉也为其获得资金提供了有利条件。当铺与票号通过无限的完全信息的重复博弈，形成信任关系，得到长期稳定的巨额投资，"当商可以通过票号不断扩大融资实力。现实中双方是理性的，但信息不完全，一次性的欺骗会导致行业内信誉的消失，如果长期从事这个行业，则会有不利，故此，选择守信是有长期利益的"。②

由此可见，近代天津城市发展使城市资金聚集，同时出现了贫富分化加剧以及城市贫民大量增加等问题，使典当业的发展产生大量的资金和市场需求。天津典当业得到了巨大的发展，但与北京、山西、安徽、上海、广州等城市和地区有着不同的发展节奏。③

经济的发展和政治地位的提升，使得天津的城市面积不断扩大（见表0-3）。

表0-3 1840~1948年的行政沿革

时期	区划	面积	区划变动
1840年前后	城内、东门外、西门外、南门外、北门外、东北角、西北角，总称城关地区	—	—

---

① 《漫画典当》，《天津市》第4卷第2期，1947年8月30日，第10页。
② 刘建生等：《山西典商研究》，第267~269页。
③ 典当发展的状况分为三种类型：山西、安徽、北京等在鸦片战争后走向了衰落；天津、汉口等在开埠前就是商品集散地，在鸦片战争后较长时间内稳定发展；上海等新的通商大埠在开埠后典当业得到发展，整体不断壮大。参见刘建生等《山西典商研究》，第25页。

续表

时期	区划	面积	区划变动
1860 年	城关地区、法、英美租界	—	—
1902 年	南段、北段和八国租界	中国街区 6.61 平方公里，外国租界 9.915 平方公里，共计 16.525 平方公里	以运河为界，分南北段，南段设五局，北段设二局，还有八国租界
1912 年	五区、二特别区，租界和四乡	市区：33.216 平方公里 天津县：1059.916 平方公里	收回德、奥二国租界设立特别一、二区
1931 年	五区、特别四区，四乡八所和租界	市区五警区三特区 47.41 平方公里，英法日意租界 6.8 平方公里	1924 年收回俄租界设三特区，1931 年收回比租界设为特别四区
1934 年	同上	99.778 平方公里	市县划界，10 月将乡区一、五两所划入市区，增设第六分区，新增面积 45.464 平方公里
1936 年	市内六区、特别四区、租界	147.830 平方公里	市县再次划界
1943 年	1~12 区，三个兴亚区和一个特管区	148.66 平方公里	原来一、二、三特区改为 10、11、12 区，原日、英、法租界改为一、二、三兴亚区，意租界为特管区
1948 年	1~11 区	151.343 平方公里	东至大毕庄，南至旧津浦路支线路基，西至大围堤，北至宜兴埠

资料来源：李竞能主编《天津人口史》，第 78~80 页。

可见，近代以来，天津城区的面积不断呈倍数增长，同时行政区域的变化也体现了城市管理近代化的发展。

近代天津的典当业随着城市的发展不断拓展。原来典当业中心区域在天津老城区，随着近代天津开埠以及外国租界的出现，城市商业中心发生了转移，从老城区逐渐向租界一带移动。"租界开辟以后，繁华地段从旧城南移，1922 年前后，南市最为繁华，1928 年法租界梨栈一带最为繁荣，

1931年后渐至今滨江道一带最为繁荣。"① 典当业也很快扩展到了租界地区。民国以后,天津成为北京政客的政治后院,许多北洋大员都到天津租界定居,他们中的许多人成为典当业的投资者,并将当铺开到了租界。租界出现了与华界当铺相互竞争又多有联系的"质铺",促进了天津当业的繁荣,体现了近代天津半殖民化的色彩。

城市人口和面积的不断扩展,带来了土地和房屋建筑以及居住的问题。袁世凯担任直隶总督期间,开始了天津近代的城市规划,建立了北站,修建了宽阔的马路,规划了华界新区。建筑上融会中西方特色,这里的地价由此不断上涨,出现了成片的住宅里弄区。②

但中国近代房地产业是较为落后的,是在西风东渐之下在租界中诞生、起步的。1840~1900年的半个多世纪,是其初兴阶段。进入20世纪后,中国的房地产业方渐入佳境。20世纪二三十年代,中国房地产业步入黄金时代,而天津房地产业是由外商占垄断地位。③

房屋和土地典当在天津房地产和出租行业发展起来之前,一直是人们解决无房居住的主要方式。随着20世纪初天津商业的发展,人口增加,房屋出租才成为天津城市的一个重要产业,市场逐渐兴旺起来。这是传统的自然经济向资本主义商品经济过渡的表现形式之一,也是城市土地利用集约化的开端。④ 如天津庆德当老板金云墀1900年有房产四五十处,他靠收房租积聚了许多资金。⑤ 房屋出租的收益也日益增加,"最初,旧城内外每间房屋租金不过几十文,相当于一个劳动力1~2日所得。后来租金增涨,抗战前,每间砖瓦房每月租金大体为面粉一袋(45斤)。房主所收租金,除用于修缮房屋、交纳房捐地税后,所余仍高于银行利息率。由于收入有保障,又无须像经营工商业那样处心积虑,所以凡是有一定资产的人大都有自己的房产,除自住外,兼做出租。到1949年初,拥有300间到1000多间(每间约15平方米建筑面积)的大房产主,已有100户;

---

① 《天津城市的形成和发展:节录》,天津市基本建设委员会编印《天津城市建设新志》,行政资料类市建委2号卷。
② 赵津:《中国城市房地产史论(1840~1949)》,南开大学出版社,1994,第119页。
③ 赵津:《中国城市房地产史论(1840~1949)》,第23~24页。
④ 赵津:《中国城市房地产史论(1840~1949)》,第83页。
⑤ 金继光:《"金家当铺"始末》,《天津文史资料选辑》总第65辑,天津人民出版社,1995,第170页。

300 间以下的 10 间以上的中小房产主有 6000 多个。这些人在天津共占有房屋 25 万余间，占天津全部私房（包括自住房屋）总数的三分之一以上"。①

但近代天津的房屋租赁市场也有许多问题，"天津的商品房屋大多为平房里弄，每院为一居住单元，供一家人租用。广州、汉口、厦门也类似，兼有楼房与平房两种住宅建筑形式"。民国以后，天津城市人口逐渐增多，地价、房租日益昂贵，一般市民没有能力独居一院，房主又不愿将房屋分开出租，于是出现了二房东甚至是三房东的租赁关系。这种乱象导致天津城市房租奇昂，租赁关系十分混乱。②

在房地产发展不完善、房屋租赁存在许多问题的情况之下，传统的房屋土地典当依然具有其存在的价值。一方面可以为出典者提供较大的一笔资金，另一方面可以为入典者提供可靠的较为长久的安居之地。这使传统的固定资产典当制度成为城市居住市场的一个重要组成部分。

具有亲属优先机制的房屋土地典当之所以在近代天津依然有其生命力，也与其文化背景相关，正如宾默尔所言："当亲属们一起进行博弈时，此时的收益就需要考虑他们之间的相容适应性，而非个人的适应性。"③虽然沐浴着西风美雨，但天津传统文化的影响依然显著，"演化就像是个很少发明新机制的补锅匠，如果能在一个新的目标中继续使用老的机制，那它就不会去发明另外一个新的机制"。④ 崇尚大家庭和封建孝道等观念在城市中始终存在，虽然核心家庭比重上升，但传统的以混合家庭为主的大家庭结构并没有很快解体。直到 20 世纪二三十年代，一些名门大户仍析产分家，迁出世代同居的宅邸。⑤ 而近代天津的下层家庭住的多是土坯房，很少用火炉，生活方式有乡村的痕迹。⑥ 外来移民多以血缘乡土关系在天津生存，天津城市生活依然具有乡村气息。这是典权依然存续在近代天津城市的文化基础。但是，随着近代天津城市商品经济的发展和城市规模的扩大以及西风东渐，传统封闭的血缘和地缘熟人社会也逐渐被打破，

---

① 赵津：《中国城市房地产史论（1840~1949）》，第 40 页。
② 赵津：《中国城市房地产史论（1840~1949）》，第 91~93 页。
③ 〔英〕肯·宾默尔：《自然正义》，李晋等译，上海财经大学出版社，2010，第 182 页。
④ 〔英〕肯·宾默尔：《自然正义》，第 178 页。
⑤ 罗澍伟主编《近代天津城市史》，第 596 页。
⑥ 罗澍伟主编《近代天津城市史》，第 604 页。

传统的典当制度面临着变迁的挑战。

随着天津的战略地位和经济地位的上升，天津的政治地位也有很大的提升。天津在第二次鸦片战争开埠后不久，"直隶总督，兼北洋通商大臣。每年自仲春节驻津门，至十月冰冻后，轮船停行"。① 这是天津政治地位提升的一个重要体现。1901～1907年袁世凯担任直隶总督期间，天津近代转型的步伐进一步加快。

"所有的世俗的权威——如国王、总统、法官、警察等等——他们自身也是生活博弈的博弈方。"② 民国时期，天津在北方一直具有重要的政治地位，辖区也不断扩大。天津的政治地位和行政级别随着天津城市的发展也在不断提高。民国时期，天津为县，天津地方长官为镇守使，天津县署设在原天津府署。1913年天津为直隶省会。1928年成为特别市。1930年归属行政院，为院辖市。1935年依据《市组织法》规定，天津为特别市，河北省会迁至天津。1937年12月成立了河北省公署和天津特别市公署。1943年更名为天津市政府。③

城市化带来的城市治理问题也非常突出。近代天津的重要地位使天津的城市治理引人瞩目。近代以来，"天津为北方第一商埠，中外杂处而居。一些社会繁荣进化都有赖于商业的进步。而繁荣和富庶容易带来奸宄发生，兼之地狭人稠，容易成为藏污纳垢之所。因此号称难治，需要精明干练勇于服务之人才"。④

表0-4 天津特别市（天津市）市长名录（1928～1937、1945～1949）

姓　名	任职年月	籍贯	备注
南桂馨	1928.6～1928.9	山西宁武县	—
崔廷献	1928.9～1930.10	山西寿阳	
臧启芳	1930.10～1931.4	辽宁盖平县	护理
张学铭	1931.4～1931.10	辽宁海城	
周龙光	1931.10～1932.12	安徽定远县	—

---

① 来新夏主编《天津风土丛书》，天津古籍出版社，1986，第6页。
② 〔英〕肯·宾默尔：《博弈论教程》，谢识予等译，格致出版社、上海三联书店、上海人民出版社，2012，第304页。
③ 张利民主编《解读天津六百年》，天津社会科学院出版社，2003，第32～34页。
④ 《天津市长人选》，天津《益世报》1930年12月16日。

续表

姓　名	任职年月	籍贯	备注
于学忠	1932.12~1933.8	山东蓬莱县	河北省主席兼
王　韬	1933.9~1934.10	山东福山县	—
张廷谔	1934.10~1935.6	河北丰润县	—
王克敏	1935.6.4	—	因故未就职，由商震代
商　震	1935.6~1935.7	浙江绍兴县	河北省主席兼代
程　克	1935.7~1935.11	河南开封市	—
萧振瀛	1935.11~1936.8	吉林扶余县	—
张自忠	1936.8~1937.7	山东临清县	—
张廷谔	1945.10~1946.11	河北丰润县	—
杜建时	1946.10~1949.1	—	—

资料来源：郭凤岐编著《天津的城市发展》，天津古籍出版社，2004，第174页。

从表0-4中可见，近代天津的治理者多为民国时期的军政大员，其中也不乏干才。但是，行政区域扩展较快，城市管理的水平难以跟上。张利民教授认为，1928年后天津城市管理机构和建制不断出新，法规不断完善。但他也指出民国时期天津的城市管理是低水平的。①

然而，近代城市治理的总趋势是政府对民间社会经济的管制不断加强。政府利用政令、法律、规章等手段加强对社会经济的控制和治理。以典当业为例，近代政府制定并随着形势的变化不断修改典当业的规则，加强了对近代天津典当业的控制和管理，②对固定资产的典当也制定了相关的法律。这样，政府、法律成为近代天津城市日常生活博弈中的一个经常性的参与者，"权威能够起作用的真正原因是，在博弈中一个领导的作用只是指出了博弈中的一个完美的均衡"。③

---

① 参见张利民《艰难的起步——中国近代城市行政管理机制研究》，天津社会科学院出版社，2008。
② 参见本书"附录"。
③ 〔英〕肯·宾默尔：《自然正义》，第152页。

近代天津战略地位重要，战乱频繁，社会秩序的混乱等都对近代天津的典当业产生了巨大的影响。

总而言之，近代天津的城市发展和变迁以及由此产生的城市问题使近代天津的典当业和典权出现了变化。一方面，人们需要生产生活资金进行周转，典当业成为人们日常生活中借贷必不可缺的渠道；另一方面，各方面涌来大量的资金注入近代天津城市，典当市场需求和获利的稳定性使典当业成为一个较为理想的投资选择。此外，一方面，随着城市的发展，人口的集中，工商业和城市化的发展，人们需要解决居住的问题；另一方面，近代天津的房地产业不完善，房屋出租问题丛生，传统的典权依然有其生存的环境。在传统文化与近代文明碰撞和融合的近代天津城市中，社会、经济与文化的变迁与转型对典当也有着深刻的影响。

二 近代天津典当研究的意义、资料与方法

典当因其在社会经济中的独特地位而受到关注。关于典当的研究成果也较为丰硕，对近代天津典当的研究只有在总结前人研究之基础上才能体现出其应有的意义。

在学术界，学者们对古代社会和近代乡村典当行为的研究取得了较为丰硕的成果，但对近代城市中的典当行为的研究还不够充分。[①] 近代中国城市的社会经济发生了巨大的变化，尤其是在中外交流频繁的沿海地区。天津作为一个近代新兴的北方现代化大都市，人们的典当行为如何、与近代社会经济变迁的关系怎样，是非常值得研究的问题，对推进近代经济史和近代天津城市史的研究也具有一定意义。[②]

典当业在新中国成立后一度衰退，甚至失去了合法性。在改革开放后，典当业在市场经济条件之下再度兴起，典权的性质如何、典权制度是否还有价值、是否应该恢复，成为人们关注和讨论的问题。此时，典当业则以新的营业方式和内容，成为社会经济尤其是城市经济中的一个复兴的行业。对近代城市典当交易的研究对当今典当业的复兴和金融市场的发展

[①] 参见李金铮《借贷关系与乡村变动——民国时期华北乡村借贷之研究》，河北大学出版社，2000；李金铮《民国乡村借贷关系研究》，人民出版社，2003；等等。

[②] 张利民、任吉东：《近代天津城市史研究综述》，《史林》2011年第2期。

具有一定的借鉴意义。

学术界对典权和典当业的研究早已取得了一系列的成果，这是本书的基础和前提。下面对学术界关于典权和典当业的研究以及学术界关于近代典当问题的争论做一个简要的回顾。

典权是指民间对固定资产主要是土地和房屋的典当习俗和法律制度，① 是产生于房地买卖中的一种特殊的民事制度。它在中国古代和近代都是一种常见的民间经济行为，是不动产转移的一种方式，它介于买和租之间，许多学者也称之为"活卖"。② 民间固定资产典当制度大约萌芽于南北朝时期，唐宋元时期进一步发展及确立，在明清时期不断成熟。典制与质、卖、当等多种制度经历了混同与分离的发展过程，显示了其多重性和社会功能。民国时期通过立法，称其为典权制度，并在法学界出现了一些对典权研究的成果。③ 关于典权产生的原因，一般认为在经济上主要是因为中国小农经济以土地为最重要的财富；此外，家族制度以及文化上的孝道和扶弱济贫的传统也导致了典权的产生。关于典权问题的讨论主要发生在近年来的中国法学界，围绕典权的性质和存废问题展开。学界对于典权的性质有三种说法：用益物权说、质权说和特种物权说。④ 其中以用益物权说为主流。⑤ 但是，也有学者指出，西方产权和法权难以界说典权的性质，典权所体现的乃是中国传统的物权观

---

① 有人称之为典权制度，因为法律上的典权是以西方法律视角对传统典制的改造。参见邹亚莎《清末民国时期典权制度研究》，法律出版社，2013。

② 关于典权的交易性质，有的学者认为是所有权交易，有的认为是使用权交易。如许光县认为出典的实质是"活卖"。许光县：《清代物权法研究》，中国政法大学博士学位论文，2009，第46页。有的学者认为典权与活卖有区别。对此，有的认为区别在于交易后是否过割、是否缴纳契税、回赎权的强弱以及价格的高低；有的认为二者的区别在于来源的不同，活卖来源于卖，而典权源于借贷担保。参见龙登高、温方方《论中国典权交易的回赎机制——基于清华馆藏山西契约的研究》，《经济科学》2014年第5期。

③ 邹亚莎：《清末民国时期典权制度研究》，第5~17页。

④ 关于典权的性质还有四种观点的说法：用益物权说、担保物权说、买卖契约说、特种物权说。其中，以用益物权说为通说。参见许洁《担保物权功能论》，法律出版社，2006，第338页。

⑤ 对此也有一些反对意见，如典权的核心功能为担保而非用益，故典权应定性为担保物权为宜。典权是独立权利而不具从属性，不妨碍其具有担保物权性质。参见许洁《担保物权功能论》，第340页。

念。① 关于典权的历史作用，有的学者认为典权产生于中国独特的文化土壤，有其独特价值，应该继续在改造和规范的基础上延续。有的学者则认为典权已经不适应现代社会经济生活的要求，也不合乎法理。② 有学者还从近代法律史的角度对典权的变迁进行了分析研究，指出传统中国的法律体系以团体利益为核心，体现了对团体生存的关注和对效率的追求，西方民法以个人所有权为核心，转典回赎等传统习惯体现了对共享、高效和物尽所用的追求，同时具有助弱扶贫、相互扶持的仁爱精神。而近代以西法精神对传统典制的改造导致其价值被剥离，功能被分解。③

从历史学和社会经济视角对典权研究的主要成果有：方慧容对民国时期农村土地典当的研究指出，典地信贷是近代中国农村普遍存在的一种大额贷款方式。整合信贷经营、市场竞争和交易成本决定了现行的价格水平和典地制度的选择。贫困小农不会通过典地信贷大量向城镇地主手中转移。典地利率略高于农民的偿贷能力。④ 对此，吴向红则认为，"典的规则罕见地摆脱了高利贷的危害，其关键手法是通过租息相抵抑制了复利。典是民间信贷中最为温和稳健的一种"。⑤ 黄

---

① 参见邹亚莎《清末民国时期典权制度研究》；吴向红：《典之风俗与典之法律》；等等。
② 目前认为典权为中国本土独特制度，可以根据现实情况改造利用的观点占据主流。以上观点参见邹亚莎《清末民国时期典权制度研究》；朴恩惠：《韩国传贳权制度研究——兼与中国典权比较》，华东政法大学博士学位论文，2010；吴向红：《典之风俗与典之法律》，第1页；宋霄：《典权制度再研究》，华东政法大学硕士学位论文，2013；杨秀秀：《民国典权研究》，郑州大学硕士学位论文，2013；薛文彪：《典卖制度研究》，中国政法大学硕士学位论文，2012；肖宇：《典权制度法律问题研究》，中国政法大学硕士学位论文，2011；吴柏军：《典权制度研究》，河北大学硕士学位论文，2010；王高鸽：《民国时期的典权制度——国家法与民间实践》，中国政法大学硕士学位论文，2009；吴桂华：《典权制度研究》，山东大学硕士学位论文，2009；赵文娟：《从"典"到"典权"——习惯、立法、实践及其体现的若干问题》，西南政法大学硕士学位论文，2009；武丹丹：《民国时期典权制度研究》，河南大学硕士学位论文，2009；徐鹏：《中国古代典权考略》，吉林大学硕士学位论文，2007；杨熠：《〈中华民国民法〉典权法律制度研究》，西南政法大学硕士学位论文，2005；曹笑辉：《重建典权刍议》，西南政法大学硕士学位论文，2005；陈东红：《清代典权制度初步研究》，中国政法大学硕士学位论文，2001；等等。
③ 参见邹亚莎《清末民国时期典权制度研究》。
④ 参见方慧容《民国时期的土地典当：理论与实践》，香港科技大学博士学位论文，2002。
⑤ 吴向红：《典之风俗与典之法律》，第1页。

宗智对清代和民国时期关于典权的法律与实践进行了比较研究，认为典的习俗体现了一种生存伦理。清代的典权没有回赎的期限，而民国时期则有期限，并且有不断缩小的趋势，以保护出典人，这体现了中国传统伦理济弱的优点。清代和民国政府时期在典权问题上的共同思路就是调和传统和现实。① 梁治平对包括典权等习惯法的研究认为，典原为借债担保之关系，与卖、押等交易形式始终互相影响，皆是在特定历史、文化及社会情境之下各种利益和要求之间长期相互作用之复杂结果，而在特定社会需求下渐变近于卖，则与活卖几无区别。② 曹树基等以浙江石仓村的契约资料为基础，对近代乡村的土地典当进行了研究，认为从土地典当的不同赎当方式和当人与钱主身份的转变以及田价和利率的变动可见，富有者卖地是财富分散的过程，土地买卖和分家析产产生了一个贫穷的乡村社会。③ 周翔鹤以台湾地区的典契资料为中心，认为传统社会的产权概念模糊，抵押、买卖、租赁等产权意义明确的形式在实际交易中逐渐模糊，并向典这个本来就意义模糊的形式转化。以典为中心的土地交易形式兼顾了人情而牺牲了效率。④ 龙登高等对此提出了质疑，他们从典的回赎机制分析入手，提出典权可以保证土地的投资，成熟的转典市场降低了典的交易成本，是农户进行资源配置的一种选择，是一项有效率的制度安排。⑤ 从历史角度来看，主要讨论的是典权的市场效率和社会效果。在社会变迁的条件下，依然具有效率或者能够产生公平社会效果的典权是其存在的合理依据。

从现有研究固定资产典当的成果来看，对城市中固定资产典当的研究不是很多。近代城市尤其是沿海城市，大都遭遇了向近代社会快速转型的时期。城市房屋和土地等固定资产的交易方式和价值也大都发生了

---

① 参见黄宗智《清代与民国的比较：法典、习俗与司法实践》，上海书店出版社，2003。
② 梁治平：《清代习惯法：社会与国家》，中国政法大学出版社，1999。
③ 曹树基、李霈霁：《清中后期浙南山区的土地典当——基于松阳县石仓村"当田契"的考察》，《历史研究》2008年第4期。
④ 周翔鹤：《清代台湾的地权交易——以典契为中心的一个研究》，《中国社会经济史研究》2001年第2期。
⑤ 龙登高、温方方：《论中国典权交易的回赎机制——基于清华馆藏山西契约的研究》，《经济科学》2014年第5期。

巨大的变迁，对此进行具体研究和理论说明是一项非常有意义的工作。从现有研究的内容上看，对土地典当研究较为关注，因为典当主体主要是土地，房屋则是附着在土地之上的，这在乡村社会尤其如此。而对近代城市来说，随着人口增加和近代城市社会经济的发展，房屋的典当则具有特殊的意义。对近代城市中典权的变迁，尤其是房屋典当的研究还是一个新的课题。

典当业是民间借贷的重要行业，自民国以来就受到了一些学者的关注。主要著作有民国时期学者宓公干、陆国香、杨肇遇等关于中国近代典当业的著述。[①] 此外，还有一些对各地区域典当业的介绍和研究。[②]

新中国成立后对近代中国典当业的研究更为深入，资料也日益丰富。一些当时的当业人士还撰写回忆性的文章，对典当业的研究也起到了推动作用。一些学者以及硕士、博士研究生在典当业的研究方面也形成了一些新的研究成果。此外，中国大陆以外尤其是台湾地区，关于中国近代典当

---

① 宓公干：《典当论》，商务印书馆，1936；杨肇遇：《中国典当业》，商务印书馆，1933；陆国香：《中国之典当》，《银行周报》第20卷第2～10期，1936年。

② 关于典当的研究，共和国成立前的主要成果有：谭秉文：《北平当铺之研究》，《钱业月报》第14卷第1、3、5期，1934年；朱博能：《福建省之典当业》，《银钱月报》第15卷第8期；中国联合准备银行调查室：《北京典当业之概况》，1940；桂士逸：《北京典当业》，《中和》第2卷第3期，1941年；金陵大学农学院：《豫鄂皖赣四省之典当业》，1936；《南京典当业调查》，《中行月刊》第7卷第2期，1933年8月；《上海之典当押质调查》，《工商半月刊》第1卷第23号，1929年12月；区季鸾：《广东之典当业》，国立中山大学经济调查处，1934；徐启文：《中国典当业概况》，《商业月报》第16卷第3～5期，1936年3～5月；陆乃文：《中国典当业之概况》，《西北论衡》第8卷第3、4期，1940年2月；张一凡：《我国典当业之研究》，《中国经济》第2卷第8期，1934年8月；郭荣生：《中国典当业研究》，《南大半月刊》第13、14期，1934年；李祥煜：《我国之典当业》，《社会科学季刊》第1卷第2期，1942年；梁心沐：《中国典当业的没落过程》，《中国经济论文集》，生活书店，1936；刘仲谦：《典当业及其改善方案》，《南大经济》第2卷第2号，1933年；万铭键：《农村经济崩溃中典当业的兴起与没落》，《中国经济》第4卷第5期，1936年5月；蔡斌咸：《救济农村之典当业》，《新中华》第2卷第15期，1934年8月；张由良：《吾国典当业的探讨》，天津《大公报》1935年5月22日；宓君伏：《典当业起源考》，天津《大公报》1935年12月27日；陆国香：《中国典当资本量之估计》，《农行月刊》第3卷第4期，1936年4月；陆国香：《中国典当业资本之分析》，《农行月刊》第3卷第5期，1936年；陆国香：《江苏典当业之衰落及问题》，《农行月刊》第3卷第6期，1936年6月；陆国香：《山西之质当业》，《民族》第4卷第6期，1936年。

业的研究也取得了很大的进展,出现了一些有影响的著作。①

典当业的性质、作用及与政府的关系等在学术界是一直持续争论的问题。②

关于典当业的性质,刘秋根认为典当是具有早期银行性质的高利贷金

---

① 共和国成立后的研究成果主要有:王廷元:《徽州典商述论》,《安徽史学》1986年第1期;常梦渠、钱椿涛主编《近代中国典当业》,中国文史出版社,1996;刘鸿:《明末清初北京市的典当业》,《北京社会科学》1996年第1期;潘连贵:《近代社会的典当业》,《上海金融》1989年第1期;韦庆远:《清代典当业的社会功能》,韦庆远:《明清史新析》,中国社会科学出版社,1995;刘秋根:《中国典当史研究的回顾与展望》,《中国史研究动态》1992年第8期;王世华:《明清徽州典商的盛衰》,《清史研究》1999年第2期;马俊亚:《混合与发展——江南地区传统社会经济的现代演变(1900~1950年)》,社会科学文献出版社,2003;马俊亚:《典当业与江南近代农村社会经济关系辨析》,《中国农史》2002年第4期;徐畅:《近代长江中下游地区农村典当三题》,《安徽史学》2005年第3期;钱浩、蒋映铁:《民国时期的浙江典当业》,《浙江学刊》1997年第2期;范金民、夏维中:《明清徽州典商述略》,《徽学》第2卷,安徽大学出版社,2002;徐玲:《明清以来徽州典当的地理分布及其社会影响》,复旦大学硕士学位论文,2004;李兴平:《清末民初的兰州典当业》,《甘肃行政学院学报》2002年第1期;刘建生、王瑞芬:《浅析明清以来山西典当商的特点》,《山西大学学报》(哲学社会科学版) 2002年第5期;刘建生、王瑞芬:《清代以来山西典商的发展及原因》,《中国社会经济史研究》2002年第1期;刘建生、王瑞芬:《试论明清时期山西典当业与社会各阶层的关系》,《生产力研究》2002年第2期;刘建生、王瑞芬:《试析明清时期山西典当业对国家财政金融的历史作用》,《生产力研究》2002年第4期;鲍正熙:《二十世纪上半叶苏州典当》,苏州大学硕士学位论文,2001;秦素碧:《民国时期四川典当业研究》,四川大学硕士学位论文,2003;杨勇:《近代江南典当业研究》,复旦大学博士学位论文,2005;李维庆:《中国近现代典当业之研究》,南开大学博士学位论文,2009;刘秋根:《中国典当制度史》,上海古籍出版社,1995;曲彦斌:《中国典当史》,沈阳出版社,2007;刘建生等:《山西典商研究》;郑晓娟、周宇:《15~18世纪的徽州典当商人》,天津古籍出版社,2010。此外,一些研究民间借贷的专著涉及典当业的研究,主要有李金铮《借贷关系与乡村变动——民国时期华北乡村借贷之研究》;李金铮:《民国乡村借贷关系研究》;徐畅:《二十世纪二三十年代华中地区农村金融研究》,齐鲁书社,2005等。

台湾地区的研究主要有潘敏德《中国近代典当业之研究(1644~1937)》,台湾师范大学历史研究所,1985;罗炳锦:《清代以来典当业的管制及其衰落》,《食货》复刊第7卷第5、6期;罗炳锦:《近代中国典当业的分布趋势和同业组织》,《食货》复刊第8卷第2、3期,1977年8月;赖慧敏:《乾隆内务府的当铺与发商生息(1736~1795)》,《中央研究院近代史研究所集刊》第28期,1997年;林益弘:《抵押品、利率与借贷市场——以台湾地区当铺业为例》,台湾中正大学硕士学位论文,1995年;洪士峰:《因物称信:典当业存在的基础》,新竹清华大学硕士学位论文,1999;陈鸿铭:《急需借贷、交易成本与管制成本:以台湾当铺为例》,台湾中华大学硕士学位论文,2000。

② 李金铮、冯剑:《在国家、社会和当铺之间:近代天津当息的博弈史》,《中国经济史研究》2011年第2期。

融机构。① 李金铮认为典当业是正规意义上的高利贷机构。② 徐畅则认为典当业与其他借贷相比，利息较低，属于温和的高利贷。③ 潘敏德认为典当系小额放款，期限较长，传统社会的典当业不能以高利贷视之，并且典当业还积极从事社会慈善事业。④ 宓公干、徐畅、马俊亚等也认为它不是高利贷。⑤ 郑晓娟、周宇通过对徽州典商的研究也认为典当业获利较低，一味指责其高利盘剥不够全面。⑥ 杨勇注意到典当业在近代以来就有慈善和高利贷两种评价。典业通过年终让利和慈善捐助等提高了自己的地位，抗战爆发后典当业受到质疑。⑦ 常梦渠指出典当业具有双栖性，"一则是以高于银钱业一倍以上的利率作抵押贷款，被当作剥削性的行业，为社会所诟病；而另一方面又销售满当衣物以收回架本和利息。总的投资盈利，约在二、三分之间，并不高于一般商品销售行业，而其他行业，则不居剥削之名"。⑧

关于典当业的历史作用，近代以来的一些学者认为典当业是贫民金融周转的借贷机构，对贫民的生存不可或缺。⑨ 徐畅认为典当业与农村经济和农民生活关系密切，它不仅是农民重要的融资机构，而且是连接都市金融与农村金融的桥梁，对农村金融的运转有重要作用。⑩ 李金铮认为典当业在农民借贷中的地位呈下降趋势，而农民对借贷的需求非常迫切，农民在典当业经营中所占的比例最大，一般在60%以上。⑪ 马俊亚通过对江南农村典当业的研究认为，典当业对调节农村金融，保障生

---

① 刘秋根：《中国典当制度史》；刘秋根：《明清高利贷资本》，社会科学文献出版社，2000。
② 李金铮：《近代太行山地区的高利贷——以20世纪二三十年代为中心》，李金铮：《近代中国乡村社会经济探微》，第335页。
③ 徐畅：《近代长江中下游地区农村典当三题》，《安徽史学》2005年第3期。
④ 潘敏德：《中国近代典当业之研究（1644～1937）》。感谢山东大学徐畅老师提供的资料。
⑤ 马俊亚：《典当业与江南近代农村社会经济关系辨析》，《中国农史》2002年第4期；宓公干：《典当论》，序；徐畅：《近代长江中下游地区农村典当三题》，《安徽史学》2005年第3期。
⑥ 郑晓娟、周宇：《15～18世纪的徽州典当商人》。
⑦ 杨勇：《近代江南典当业的社会转型》，《史学月刊》2005年第5期。
⑧ 常梦渠、钱椿涛主编《近代中国典当业》，"编写说明"。
⑨ 宓公干：《典当论》，序。
⑩ 徐畅：《近代长江中下游地区农村典当三题》，《安徽史学》2005年第3期。
⑪ 李金铮：《民国乡村借贷关系研究》，第212页。

产以及维护社会治安都有一定的意义。同时也是农村和城市金融连接的纽带，为农村经济发展培养了人才，它与银行等新式机构相互补充，对农村的经济具有促进作用。① 刘秋根通过对中国古代典当业的考察认为，典当业在中国历史上对社会经济发展有重要作用，对下层人民的生活的维持、地区商业的繁荣和国家的财政困难的缓解都有一定的积极意义。②

关于典当业和政府的关系，有的学者认为典当业是受政府保护的官当，清代的典当业因官款生息而发展；③ 也有的认为典当业的衰败是政府治理不当引起的，没有合理的利息和合理的纳税等，官典没有成为典当业的典范，官典生息仅"便于官吏去苛剥勒索商人"；有的学者则看到了政府和典当业的关系在近代有一个变化的过程。④ 杨勇注意到了南京国民政府时期对典当业的矛盾心理：一方面认为典当业是"高利剥削"，破坏平民生计，另一方面认为典当业对城乡平民不可缺少，力图通过行政手段强制典业降息延期，这引起了江南典当业的不满。和罗炳锦一样，他也认为政府的管制是典当业衰落的主要原因之一，典当业经营者趋利导致了商业伦理和平民的生存伦理的冲突，最终两败俱伤。⑤

关于近代典当业的发展趋势，潘敏德、罗炳锦等认为典当业有向城市集中的趋向。⑥ 杨勇还认为典当业有小押化的趋势，资本越来越小。⑦ 民国以及当今的大部分学者认为近代的典当业是逐步走向衰落的，如民国时期的学者宓公干、陆国香、张由良等。⑧ 当代的学者李金铮、刘建生等还探讨了近代典当业衰落的原因。⑨ 但个别学者也对此提出了一些疑问，如台湾学者王业键认为乡当的衰落未必意味着典当的衰落。相反，城镇流动

---

① 马俊亚：《典当业与近代江南农村经济关系辨析》，《中国农史》2001 年第 4 期。
② 参见刘秋根《中国典当制度史》，第 299 页。
③ 潘敏德：《中国近代典当业之研究（1644～1937）》，第 64 页。
④ 罗炳锦：《清代以来典当业的管制及其衰落》（下），《食货》复刊第 7 卷第 5 期，1977 年 8 月。
⑤ 杨勇：《近代江南典当业的社会转型》，《史学月刊》2005 年第 5 期。
⑥ 潘敏德：《中国近代典当业之研究（1644～1937）》，第 64 页。罗炳锦：《近代中国典当业的分布趋势和同业组织》（下），《食货》复刊第 8 卷第 3 期，1978 年 6 月。
⑦ 杨勇：《近代江南典当业的社会转型》，《史学月刊》2005 年第 5 期。
⑧ 张由良：《吾国典当业的探讨》，天津《大公报》1935 年 5 月 20 日。
⑨ 李金铮：《20 世纪 20～40 年代典当业的衰落——以长江中下游地区为中心》，《中国经济史研究》2002 年第 4 期。刘建生、王瑞芬：《浅析山西典当业的衰落及原因》，《中国社会经济史研究》2002 年第 3 期。

资金的增加,可能使城市更加繁荣,此外,他对现代金融的兴起对典当业造成冲击的说法也提出了质疑。① 如何应对典当业的衰落,有的学者认为应该取缔,有的认为可以改造;以后者居多。② 刘秋根等认为晚清一些典当业的旧制度退出了历史舞台,而晚清典当业的新变化表现在:典当业的赋税增加,股份公司出现,店员薪水下降,新商人加入典当业的投资,商业放款而使典当业具有近代银行的职能。他认为典当业在晚清是有可能向现代银行转化的。③

由上可见,近年对近代典当业的研究取得了非常丰硕的成果,既有宏观的研究,也有微观的研究,视角多样;对典当业内部的管理模式和机制、典当业的社会价值等研究都有进一步的深入。但是对典当现象的研究还有深入探讨的必要:在研究的空间上,对典当的研究多是整体性或集中在乡村,对近代城市典当业的微观深入研究还不多见,对城市典当业同业公会的研究就更少了;④ 在研究的时间视角上,对近代典当业的变迁还少有关注;在研究的理论上,运用新的理论对典当业研究的不多。深化典当的研究还需要在新材料的基础之上,利用新的理论,进行新的探索。

天津在近代崛起为北方经济中心城市,对近代中国经济的发展有着重要影响。天津的典当业在近代典当业中也具有举足轻重的地位,作为传统四大行业之一的典当业在天津近代的社会经济中占有独特的地位。

对近代天津典当业的研究是近代天津城市经济研究的一个不可缺少的组成部分,对近代天津的研究是近代中国城市史研究的一个独特案例。近年,天津史的研究方兴未艾,越来越受到学术界的关注。⑤ 但正如有的学者指出的,天津史的研究虽然取得了一定的成果,空白的领域依然很多,即使在人们熟悉的经济史领域也存在着大量的空间,理论视野也需要进一步的拓展。城市的整体特征需要进一步的概括,拓展本土化理论,进一步引入新的理论,使研究整合化,是天津城市史研究的未来趋势。⑥

---

① 潘敏德:《中国近代典当业之研究(1644~1937)》,序。
② 杨勇:《近代江南典当业的社会转型》,《史学月刊》2005年第5期。
③ 刘秋根、阴若天:《晚清典当业的几个问题》,《文化学刊》2011年第4期。
④ 关于典当业的学术综述,参见刘秋根《中国典当史研究的回顾与展望》,《中国史研究动态》1992年第8期;杨勇《近代江南典当业研究》,复旦大学博士学位论文,2005。
⑤ 冯剑:《近代天津民间借贷研究》,南开大学博士学位论文,2012,第23~26页。
⑥ 张利民、任吉东:《近代天津城市史研究综述》,《史林》2011年第2期。

在众多研究天津近代的著作中，关于天津近代典当业的全面研究不多，至今还少有相关专著出版。天津典当业在民国时期的主要著作有：吴石城的《天津典当业之研究》①，赵兴国的《天津典当业之今昔》②，张中龠的《天津典当业》等。③ 这些著作主要记录了 20 世纪 30 年代天津典当业的情况。在以上提及的全国典当业研究和近代天津城市的研究中，许多著作涉及了近代天津的典当业，但多是零星的和片面的，或者只是对近代一段时间内的关于天津典当业的研究。共和国成立后，一些当年与天津典当业有关的人士撰写了一些回忆文章，对近代天津典当业的研究具有一定的参考价值。如许树华的《解放前天津的典当业》、王子寿的《天津典当业四十年的回忆》、俞耀川的《漫话天津的典当业》等。对近代天津民间不动产交易中的典权的研究就更为稀少了。

总之，关于天津典当业研究的主要问题有：在时间上不完整，多为近代某个时期天津当业的状况；资料不全面，民国时期和共和国成立初期天津典当业的相关著作多为曾经从事天津典当业的人物的亲身经历、回忆等，对近代天津典当业的变迁的描述也是零星片面的。从理论方法及视角上看，关于天津典当业的著作多为描述性的。近代一些关于典当业的论著的主要目的是改良近代典当业，挽救其日渐衰落的发展趋势，如宓公干、陆国香、杨肇遇、张由良等先生关于中国近代典当业的著述，虽然提出了一些较为深刻的见解，但是没有能够自觉地运用经济理论对典当业和典当行为进行深入的分析，也没有将近代社会经济发展和变迁与典当业联系起来考察。在对典当的看法上，或受到意识形态的影响，将典当业描述为剥削行业，或出于一些因素的考虑为典当业进行辩解。此外，对近代天津典权的深入研究还是一个较新的课题。由此可见，利用新资料、新理论对天津近代的典当问题进行研究在学术上依然有意义。

典当是近代天津城市社会经济的重要内容，也是近代天津人们日常生活中常见的经济活动，因此留下了许多历史资料。这些资料主要保存在天

---

① 吴石城：《天津典当业之研究》，《银行周报》1935 年 9 月，第 19 卷第 63 期，第 11～18 页。
② 赵兴国：《天津典当业之今昔》，《河北银行经济半月刊》1946 年 8 月，第 2 卷第 4 期，第 40～42 页。
③ 张中龠：《天津典当业》，益世报馆，1934。

津档案馆有关典当和典权的案卷，以及有关典当业和典权问题的民间诉讼案卷中。这些案卷为珍贵的第一手资料，许多还未被前人使用，构成了本书主要的核心资料来源。

近代天津作为一个在西风东渐之下走向近代化的大都市，其新闻报业非常发达。在近代天津著名的报纸《益世报》《大公报》中，存有大量有关典当业的报道和文章，这些构成了本书资料的另一个重要来源。

此外，近代天津从事典当业人士的著作和回忆也是重要的第一手资料，如张中龠先生在1930年代写作的《天津典当业》以及王子寿等天津典当业人士在共和国成立后的回忆等。在天津的方志和地方杂志中也有许多关于典当业的资料，这些既是前辈学者的研究成果也是本书研究的基础。

在研究方法和视角上，除运用历史学传统的文献研究方法之外，还尝试利用博弈论等理论对近代天津典当业进行研究。博弈论是关于利益冲突的数学模型和分析构架，指某些个人或组织做出的相互有影响的决策。① 博弈论是目前描述和分析人类理性行为的最为恰当的工具，是为马克思主义进一步发展定做的工具。② 本书中的博弈双方既有个人，也有组织。③

不管什么时候，只要人与人之间发生了某种联系，就意味着一种博弈。正统博弈理论主要研究的是人们之间理性相互作用的结果。④ 博弈论的理论前提是博弈双方都是理性人，从典当双方来看应该是合乎博弈理论条件的。从博弈论的观点来看，典当行为本身就是一种博弈行为。典当交

---

① 崔之元：《博弈论与社会科学》，浙江人民出版社，1988，第3页。
② 崔之元：《博弈论与社会科学》，第8页。
③ 本书所谓的"博弈"是借用经济学中博弈的概念，系指主体的行为发生直接相互作用时决策的选择和均衡问题，所以博弈论又称对策论。博弈从不同的角度可以分为合作博弈和非合作博弈、静态博弈和动态博弈、完全信息博弈和不完全信息博弈以及它们的混合类型等。博弈论的基本概念包括参与人、行动、信息、战略、支付函数、结果和均衡。参与人是指博弈中选择行动的主体；行动是指参与人的决策变量；战略是指行动选择的规则；信息是指博弈中的知识；支付函数是指博弈者从博弈中获得的效用水平，与参与者真正有关系的东西；结果是指博弈分析感兴趣的集合；均衡是指所有参与人最优战略的组合。参与人、行动、结果统称为博弈规则，博弈分析的目的是以博弈规则决定均衡。参见张维迎《博弈论与信息经济学》，上海人民出版社，2004，第12~13页。
④ 〔英〕肯·宾默尔：《博弈论教程》，第1页。

易中的双方都是为争取自己利益最大化的理性人,他们在交易中的博弈对典当规则的形成及历史变迁具有塑造作用。典当业内部的博弈对典当业的发展具有直接影响。行业内部的博弈导致了典当业同业公会的诞生,也与近代典当业的兴衰有着紧密的关系。①

社会经济发展中的制度和习惯也是在交易中博弈逐步形成的。随着近代社会经济的剧烈变动,社会经济制度也发生了巨大的变迁。近代典当业面临着传统与近代的矛盾,传统制度与近代制度的博弈也是近代典当业发展变化的特征。

典当行为不仅是一个民间社会经济问题,国家还对此高度关注,对典当行为通过各种途径进行管理和干预,这对典当行为具有重要影响,因此从国家与社会关系的角度观察典当业也是非常合理的一个理论视角。国家与社会以及典当的关系也是存在博弈的。近代国家通过立法对典当行为进行规范,以协调和平衡各种利益关系。

传统的西方博弈论是以理性人的假设为前提的,研究的是在外部经济条件下的个人选择问题。理性人在交易中的博弈离不开历史环境的制约。博弈所处的历史社会文化生态也是博弈发生的场所。只有将博弈者放在一定的历史环境之下,才能真正理解博弈的形式和内容,因为"仅仅靠博弈方的理性不足以解决均衡选择问题"。②

近年演化博弈论理论得到发展,以宾默尔为代表的博弈论者将道德、正义偏好等社会人文因素加入了博弈论,这使得博弈论对社会问题的分析有了进展,也使历史问题更方便进入博弈论的视野,因为"我们都是处于历史中而被历史所塑型"。③ 宾默尔指出,博弈行为来自人们历史文化的积淀,这使我们理解人们日常生活中的博弈行为具有了历史文化感:"人们必须经过一个学习的过程,才能学会怎样博弈,这是模型的文化层面。"④ 这对将博弈论应用到中国这个具有悠久的历史和人文道德传统的社会具有解释意义。宾默尔提出,在博弈中历史与文化具有重要作用,

---

① 刘建生等:《山西典商研究》,第205页。
② 〔英〕肯·宾默尔:《博弈论教程》,第22页。
③ 〔英〕肯·宾默尔:《自然正义》,第43页。
④ 〔英〕肯·宾默尔:《自然正义》,第193页。

"我们人类所特有的能力在于能够用文化去解决均衡选择问题"。① 他认为:"文化作为一种集体无意识或群体观念,这些包含了由从过去经历中反复试错而积累起来的经验果实,也包括当下个体的新发现。"因此,博弈论为人们解决日常社会问题提供了解释工具:"我们文化中的很大一部分,是关于我们如何彼此相处,怎样避免浪费性的冲突,来分配我们共同创造的蛋糕。"② "在实际中每天在用的、为解决各种小范围的协调博弈中产生的均衡选择的问题,但也就是这些小的合作博弈才构成每日的常规生活。"③ 而典当行为就是近代天津人们日常生活中的常见的一部分。

博弈论是现代经济学理论中一种较为流行和复杂的理论,是一种微观经济学理论,对于分析人们的典当行为具有指导意义。但是,博弈论是建立在严格的数学模型基础上的,它的前提是理性,这些都需要在具体的历史分析中进行应用乃至实现发展。正如宾默尔所采取的方法:"解决现实生活中策略问题的关键步骤首先是确定其核心的模型博弈。可以在完成这个任务以后,再根据真实世界的复杂情况加以修正。"④

---

① 〔英〕肯·宾默尔:《自然正义》,第21页。
② 〔英〕肯·宾默尔:《自然正义》,第23页。
③ 〔英〕肯·宾默尔:《自然正义》,第27页。
④ 〔英〕肯·宾默尔:《博弈论教程》,第2页。

第一章　近代天津的典权

典权是在中国民间社会经济中形成的一种古老而独特的民间不动产交易制度，体现了中国传统中孝道和扶贫济弱的文化内涵。土地房屋等不动产，是传统中国家庭最为重要的财产，尤其是在乡村，抛弃田产则须背负不小的骂名。典卖顾及于此，使人们有回旋的余地，照顾到了主顾的社会名誉。① 典权中的找贴、回赎等制度环节，体现了扶贫济弱的中华文化传统。② 典主通常是在经济上较为有利的一方，③ 但典权"总体来看，是一种权利义务大体平衡的利益机制。还蕴含着中国人特有的公正观念"。④ 典权制度在民间经历了千年之久的发展和演变，其形成与不断成熟是在一定社会文化环境之下当事人长期理性博弈的选择，而其之所以具有公正的观念，从博弈的角度来看，是"因为在我们先祖的生活的博弈中，公平是均衡选择问题所演化的解"。⑤ 典卖的优先权与古代农业社会的经济基础和封闭的熟人社会关系有关。优先权体现了家族本位，也为交易提供了一种特殊机制的信用担保。⑥

---

① 朴恩惠：《韩国传贳制度研究——兼与中国典权比较》，第 128~136 页。她将典与韩国的传贳做比较，认为典权产生于绝卖祖遗乃败家的孝道。而传贳为解决居住问题。吴向红在《典之风俗与典之法律》中提出，国家授田制度、宗族制度和佛教信仰是典制产生的三个根本力量，体现典制的独特性。梁治平认为国人重孝好名之说理论上是可以成立的，但是仅此一点仍不足以说明创立典制的根由。民间典契中"银无起利，田不起租"使其初为借贷担保之性质甚明。参见梁治平《清代习惯法：社会与国家》，第 99 页。因此，一个更加合理的解释是，典在最初完全为一借债担保的制度，典、卖接近而成为典卖一词应当是长期演变的结果。笔者认为虽然对典权的来源有着不同的说法，但是孝道是其文化内涵是无疑义的。因此，典权承典人中亲属具有优先权，这体现了孝道以及宗族制度对典权的影响。
② 在民国时期的中央政治会议上，要求把典立为一个独特的法律范畴；允许价格下跌时抛弃回赎权，而上涨时可以找贴，"诚我国道德上济弱观念之优点"。参见〔美〕黄宗智《法典、习俗与司法实践：清代与民国的比较》，第 82~83 页。
③ 梁治平：《清代习惯法：社会与国家》，第 101 页。
④ 邹亚莎：《清末民国时期典权制度研究》，第 67 页。
⑤ 〔英〕肯·宾默尔：《自然正义》，第 25 页。
⑥ 邹亚莎：《清末民国时期典权制度研究》，第 79~80 页。

从民间借贷的角度看来，典权有着民间融资的作用，近代天津城市中房地典当的传统民间惯习是房地无租、钱无利息。① 清末制定民法时，因为日本法律专家做指导，对典权认识不清，将之与西方的质权混淆在一起。民国后对这个问题加以纠正，同时在制定《中华民国民法》时，强调对典权中孝道与济弱思想的体现。②

以往的研究多从法律和历史沿革的角度对典权制度进行分析，对典权在传统乡村土地问题上的研究较多，对近代城市区域中典权的研究相对较少，缺少对近代城市区域具体事例的实证分析，对典权在近代城市社会变迁的研究也不多。③

另外，固定资产典当研究大多关注的是土地的地权问题，对土地上的建筑物如房屋等典当问题则关注不多，因为"作为消费性城市存在的封建社会的城市，与周围的农村生产结为一个范围的自给自足实体，城市土地房屋大部分仅是宅基地和店铺，并没有显示出特殊的经济价值"。而在近代大城市中，房屋的需求与价值逐渐为人们所关注，在租界外商的影响下，形成近代城市的房地产业。近代房地产业与租赁初兴，但并不成熟，房屋的典当依然大量存在。随着近代城市人们对房屋价值的关注，对近代城市房屋典当问题也有进一步探讨的

---

① 乡村的固定资产典当有利息，参见方慧容《民国时期的土地典当：理论与实践》。她认为民国时期农村典地的利息率不高，但略高于农民的偿还能力，乡村典当主要是土地，而近代城市房屋典当现象较为多见。

② 谢振民编著《中华民国立法史》下册，张知本校订，中国政法大学出版社，2000，第772页。邹亚莎也认为：典具有突出的习惯法的价值和特点，具有卖和质的双重功能，是权利要素的一种组合，体现了古代习惯的灵活性，找贴、优先购买权等体现了中国社会对人情的照顾，蕴含着济弱、公平、互助的理念，是当时社会秩序的产物和中国法律文化和民族精神的体现。她还指出《从大清民律草案》、《民国民律草案》到南京国民政府时期《中华民国民法》的改造，典权制度完成近代化，即从无到有，从不动产质权回归到典权，从一种松散、实用的扩张性的权力塑为大陆法系下受到所有权限制的用益物权。在司法实践中，大理院判例的典权部分，通过创制规则和司法解释，引入了西方的权利观念，体现了对民事习惯的尊重的新旧交替的特点。参见邹亚莎《典权近代化变革的历史评析》，《河北大学学报》（哲学社会科学版）2013年第2期。吴向红则认为：近代对典制的立法中，"官吏意识"严重阻碍了私法对典制的重述，典的物权表达退化为僵化扭曲的古代官僚法的重述。典权性质争论的深层原因是将"所有权假设"用到了"前所有权"社会，在出现某一现象时则产生根本对立与矛盾。参见吴向红《典之风俗与典之法律》，第5页。

③ 参见〔美〕黄宗智《法典、习俗与司法实践：清代与民国的比较》。

必要。①

本章以天津近代地方典权为例,力图探讨近代典权在近代城市区域中变迁的实际状况。天津城市是近代转型时期变化较为剧烈的地区之一,在西风东渐之下,社会经济的发展使传统社会的经济文化出现了前所未有的变化。典权这个体现传统孝道和扶弱济贫精神的社会经济文化习俗是否还有其存在的社会合理性呢?

第一节 出典

出典固定资产是典权交易的开始,意味着房屋、土地等固定资产使用权的暂时出让。出典一般是典主出于无奈的行为,因为在中国这个传统的小农社会中,土地、房屋是最为重要的财富,是祖先留下的最为珍贵的遗产,抛弃田产的典主则要背负"败家子"的骂名,这是典当这种形式产生的重要的社会文化因素。另外,因为这些不动产往往为家族所共有,所以出典房产和土地的时候,往往要得到家长的同意和允许,还须表示自己乏用的窘境,这在一般的典契之中都有所体现。②

如,"立当契人奉母命齐(祁)兆年等,今因手头乏用,自置起土坑地一段,坐落杨庄子落东横道北,烦中说合,情愿价转当与安某名下管业"。③ 又如,"立典当契人乡祠源长,因乏用,今将师祖遗庙东边,连地基门面房五间及小院一段,坐落庙东,烦中人说合,情愿当与周名下为业"。④ 也有明确地用典房的钱来还债的,如有一个叫白子鹤的人,因为欠竹货铺永盛号债款110元,天津商会在1909年曾议决分期归还。他没有钱偿还,于是将自己的两间房子出典,典价200元,并且把典契留在商

---

① 赵津:《中国城市房地产业史论(1840~1949)》,第4页。
② 梁治平:《清代习惯法:社会与国家》,第98页。尽管明清以降民间土地交易频繁,但是其性质始终不是商业性的。在绝大多数场合,出卖土地无非是因为无食、乏用、钱粮无着等,而这意味着出卖土地之行为往往是不情愿的和无可奈何的。在此情形之下,其售卖价格虽较低,但是可以赎回的活卖便可能成为一种可选择的买卖式样,而与绝卖并行不悖。
③ 刘海岩主编《清代以来天津土地契证档案选编》,第257页。
④ 宋美云主编《天津商民房地契约与调判案例选编(1686~1949)》,天津古籍出版社,2006,第103页。

会作为抵押的依据。①

依照一般地区民间的习俗，出典时同族的人往往有优先的承典权，这在天津民间也是如此。② 如1941年，一个叫张万清的人，向天津地方法院申请调解，要求确认自己对张阚氏房屋的优先典权。因为他与业主张阚氏是亲戚关系，虽然后来分居，但是依然保持着联系。他当时住在张阚氏的两间房子中，没想到张阚氏的仆人窦良标将房屋全部典给了别人，有意将他驱逐。他怀疑窦良标要在此后骗取房产，所以找到张阚氏质问，并要求取得优先典权，但没得到承典人的认可。他认为自己在此房屋住了十几年，又和业主有同族的关系，依法应该享有优先典权。③ 从这个例子中还可以看到，出典不仅是因为手头乏用或不得已而为之，还有借此谋利的动机。谋利的动机造成对传统族人优先承典权的破坏。

在博弈理论中，有一种互补策略，即如果他人采取一种特定的策略，就会存在一种激励其他博弈者采取这一策略的可能。在一个社群或者社会内部，如果大部分人遵从一定的习惯和惯例，就会导致个人激励的形成。④ 典权契约中这种弱势的表达，也是由遵从习俗导致的。在实际生活中，出典者未必都如典契中表述的那样乏用，他们遵从习俗，表现自己的弱者地位，只是因为运用这种表达可以谋取更大的利益。

典当资产往往是家族共有的资产。如果族长不在，典当祖产需要征得家族中各门的共同同意，因此在出典时需要确认出典房地的所有权。所以，为了避免产权纠纷，一些典契上一般需要写明，如果族产发生纠纷，就要由原来的当主负责，以降低日后所要承担的风险。这是在典当双方不完全信息博弈中所采取的策略。如《乡祠源长典当房契文》中写有"倘有本族与施主争竞者，有原当主以免承管，不与管业主相干"，⑤ 这样就将责任放到出典者一方。

在近代，家族产权对典权依然有深刻的影响，但是其与近代法律多有

---

① 《审判厅权白子鹤典契，天津商务总会》（1913年），天津市档案馆，档案号：J0128-3-003140。
② 梁治平：《清代习惯法：社会与国家》，第61页。
③ 《张万清窦良标等确认优先典权》（1941年），天津市档案馆，档案号：J0044-2-55719。
④ 韦森：《经济学与哲学：制度分析的哲学基础》，上海人民出版社，2005，第180页。
⑤ 宋美云主编《天津商民房地契约与调判案例选编（1686~1949）》，第103页。

不合之处，因为分家析产的习俗，家族的产权影响弱化。1947年，李湉霖、李庆隆、李郑氏等将张嘉荣、张泽楼、刘作恒、李淑平等告上了法院，请求法院确认被告违法设定的房地典权无效，分别返还房地文契及赔偿损失。原来李家兄弟六人在1910年由父亲主持分为六家，至今只有李湉霖活着。除长门、次门、六门有适当继承人外，其余都没有后人。长门遗继室李郑氏、二门立嗣子庆隆，都有过继单。六门生女李淑平（即被告），把二门应分的坐落在军粮城刘台子观音庙住宅院内正东房各两间共四间房，出典于刘作恒。又把坐落在村南阎家坟高地八亩和阎家坟地北段六亩（属于五门），出典给了张嘉荣、张泽楼父子耕种。原告认为按照一般习惯，兄弟分居后，房地契纸一般归属长兄保管。在他的长兄李洪霖病情严重的时候，曾经面嘱六门李澍霖将共有文契等转带北京，交给李湉霖收存。不料还没交还，长兄就病逝了，留有两张契纸：一张是关于二门应分阎家坟高地八亩文契，另一张四亩洼地的文契便落在了他的女儿李淑平的手中。而李淑平拖延不交，至今留在自己手中。此外，典房人刘作恒还将李湉霖商同李郑氏已赎回之南房四间损毁，木料完全拆除，原告认为刘作恒应该负责将之恢复原状。

被告认为李淑平对于该地有继承权，而原告李湉霖知道典地的事情，只是不肯签字，并且因为最近地租涨价了，他才要起诉，以便谋利。关于木料的问题，是因下雨坍塌，原告已将木料收起，存于刘汝贞家中，并非拆毁。该年底，法院驳回了李湉霖的诉讼。法院认为李淑平有继承权，而原告对属于其他门的土地没有资格提出控告，关于其他控诉，法院认为原告也没有提供有力的证据。①

从这个案例可见，家族产权区分不清引发了这起典权纠纷。传统家族中对家产控制的习俗也在弱化，女子继承权在近代得到了认可，在典地过程中，被告们按照习俗征求过原告的同意，但是原告没有签字留下证据。从近代西方法律角度来看，这也是传统家族产权观念不清晰的体现。

这个案例涉及家族内部的关系及继承权等问题。值得注意的是，典权发生后，承典人可能会对房屋内部的结构和物品进行改变，如拆除房中的

---

① 《李湉霖、张嘉荣确认典权无效》（1947年），天津市档案馆，档案号：J0044-2-86610。

砖和炕。① 法律没有明确规定如何处理，但交易者在一些契约中注意到了这些问题，对出典的房内结构和设施进行了描述。② 可见，在典权的实践中，人们对风险的防范愈加严密，典契的内容也逐渐丰富。这是双方在契约中博弈的结果。在长期的博弈中，人们出于对风险的防范，不断在契约中增补新的内容。典权双方存在着信息不对称的问题，典权的出典方信息不易全部获得，这对承典方来说存在着风险，所以，保人或者国家出面维持典权的合法性成为一种降低风险的手段，并且节约获取信息的成本。"一个社会契约被视为生活中的博弈的一种均衡，这个博弈是由每一个正在竞争的社会参与进来的。但是，从多重均衡中做出选择并不要求个体为了公共利益而做出牺牲，因为在每个种群中的个体早已通过根据他自己的社会契约来使自己的适应性达到最优。"③

这个案例的起因在于房地涨价，说明市场的变化对出典产生了很大的影响。在20世纪20年代以及30年代末，天津的房地产价格都有较大幅度的上涨，在所见到的档案资料中，许多典当纠纷都与此有关。李湘霖以此要求争利，但是因为没有证据表明他有房地的继承权，所以他的诉讼被法院驳回了。典权的法律基础借鉴了西方产权的观念，没有产权则典权就没有根据。而分家析产引发的家庭内部纠纷，首先要看产权的归属，这样，现实的要求对传统宗族的模糊的产业观念提出了挑战。

出典时需要立下典契，典契的主要内容有：典的名称；双方当事人姓名；出典原因；典的标的；有中人在场；典价；收清典价、支付典物的意思；双方的权利与义务；回赎始期；典物无形疵担保；结文；日期、出典人与中人的签字画押。④

出典行为也有用堂号的名义的，从承典目的来看，多是出于商业的用途。如：

---

① 参见《刘金城告徐伯琴高显贵确认典权不成立，天津地方法院及检察处》（1948年），天津市档案馆，档案号：J0044-2-88586；梁治平：《清代习惯法：社会与国家》，第55页。习惯法的最终确立和流行，不能没有乡民公正观念做支持。许多通行习惯中关于利益分配、损害分担的种种规定，乃经过长时期冲突而逐渐形成，因此能够在很大程度上表明民众关于应然的某些共识，如房屋修缮等。
② 宋美云主编《天津商民房地契约与调判案例选编（1686～1949）》，第105页。
③ 〔英〕肯·宾默尔：《自然正义》，第22页。
④ 郑佳宁：《论清代的典权制度》，《中央政法管理干部学院学报》2001年第6期。

鹤山堂魏当房契文

光绪二十九年八月二十八日

立当契鹤山堂魏，今有自置灰房一处，坐落在院署西，计内外两院，并南跨院各一所，其院内计：北房三间，南房五间，西书房二间，茅厕一间，大门楼一间；外院计：北房五间，南房五间，西房一间，西茅厕一间，西厂棚三间，大车门一间；南跨院计：西房二间，茅厕一间。统计三院，共计大小灰房三十二间，一切门窗、户壁俱全。凭中说合，情愿当与荣喜堂王名下，管业二年。言明当价，行平化宝银三千两整。当同中人将银足数交清，并无短少、折扣等事。迨至二年期满，方许原价回赎。其间每年泥补小修应归管业主一手经理，倘遇坍塌损坏须大修之处，即归原业主两家合同修补，均无翻悔。空口无凭，立当契为证。

立典契人　鹤山堂魏

自三十一年五月十三日起以后，随时归贡仁德堂拨银回赎

中人　广立明　吴吉轩　张一峰　贾元甫　赵云樵　张口德①

出典一般都是在民间私人交涉的，但是也有与当铺进行出典交易的，如下面这张典契。

立当契人：义成号王告庵、同姓王子清，今将自置栈房一新坐落河东特别二区二马路门牌四十号楼房上下十八间，南平房三间，西窨子六间，北窨子七间，厨房一间，东小窨子一间，共三十六间。奥文契一纸并图一份，计地二亩，烦中说合，情愿当与聚丰当名下管业。言明当价津地通行现大洋三万二千元整，大洋当日交足，不久经特别二区过户注册在案。言明以当五年为限，期满回赎，不准拖延，如逾不赎归聚丰当自行没收，义成号不得干涉。对于此房大小修理及保火险钱二百两，每年保险费均亦归义成号出款自理，惟险单及每月房捐执照归聚丰当收存。此房仍租与义成号居住，每月租金现大洋二百五十元整，按月付款，不得拖欠。令与聚丰当租札为凭，铺保担负欠租，自当之后，如有盗典卖等事，俱有义成号及干鲜果品同业公会并

---

① 宋美云主编《天津商民房地契约与调判案例选编（1686～1949）》，第105页。

中友人等承管，与聚丰当无干。此系当面议定，各无异说，欲得有凭，立此典房地契为据存案。

  民国十六年丁卯七月十五日

  中友人：程子才、韩邦祥、刘芳圃、卢守箴、高聚五

  立当契人：王告庵、同姓王子清①

  这套房子是义成号为资金周转而向当铺出典，然后继续以租用的形式占有，同时担保人为鲜果品同业公会及中人等共同承管。从现有的资料看，当铺承典房屋地产在近代天津似乎并不多见，也不是它们的主要业务。承典过程也是遵从民间典权的习俗。契约中出现了"保险费"，体现了近代经济色彩。

  立典契的时候，一般都有中人在场。"中人的作用相当重要，往往决定着契约是否生效。杜赞奇把中人理解为契约人格化因素。中人在场补偿了国家的不在场。"② 中人③是一些地方有威信或者是一些具有官方背景的人，还有牙纪等，有时候城市中的同业公会、会馆等组织也有担任保人的，如义成号出典这个例子。中人具有多重的角色，交易中的介绍人和见证人、书写人、保证人，以及交易纠纷中的调解人，对交易的风险具有保证作用。④ 在双方出现争议的时候，中人还有调解和到法院作证的责任。值得注意的是，在近代一些律师也经常发挥保人调解的职能。中人有"中谢"的酬劳，有的中人的"中谢"还写在典契中。天津"中谢"的习俗是破三成二，意思就是给介绍人的介绍费占典价的5%，出典的承担3%，承典人承担2%，即买主负担3%，卖主负担2%。这与全国大部地区的习俗一样。⑤ 有的典契还规定"中谢"的出处，如由业主包出典主的中谢

---

① 《周起泰广泰栈债务纠葛交涉，天津市鲜货业同业公会》（1927年），天津市档案馆，档案号：J0129-3-002180。

② 吴向红：《典之风俗与典之法律》，第19~20页。

③ 中人一般称为中保人。可以区分为中人、保人，一般习惯合在一起，但是其职能也有所不同。李金铮：《20世纪上半期中国乡村经济交易的保人》，《近代史研究》2003年第6期。

④ 梁治平：《清代习惯法：社会与国家》，第125页。中人制度的建立包含了一种极其深刻的文化意蕴，它是这个社会的有机文化逻辑的显现。

⑤ 《夏马氏告邓高氏王继五等四人确认典当权，天津地方法院及检查处》（1946年），天津市档案馆，档案号：J0044-2-082421。参见李金铮《20世纪上半期中国乡村经济交易的保人》，《近代史研究》2003年第6期。

等，体现出对交易中处于较弱一方的典主的关照。① 典权的成立除了有典契和中人等作为信用保证以外，原有的地契（红契或上手老契）有时也需要交出来作为保证，"天津典地必须交付老契"，以最大限度地降低交易的风险。② 老契就是产权的证明，可见在民间长期的博弈中，产权问题已经因交易者为了防范风险而受到关注。在一些近代的典契中，出典房地的四邻有时也需要把房地的东西南北四至写清楚，并有官方的登记作保证，以便进一步降低风险。③ 这些无疑是在长期博弈中形成的风险防范的做法。

也有人利用其典权中人的地位，从中诈财牟利。比如大直沽村有一个叫作只宝山的人，平时不务正业，专门以诈骗为生。他们村一个姓刘的人有一间房，由只某作为中人，把这间房屋典给了李某，典价为 250 元。只某又与李某私下把这个房子转典给了一个姓庞的，只某在做中人的时候，藏匿了典洋 120 元，后来李某知道，找只某争吵。④

从上面的典契中可以看出，中人一般不是一个人，大都在三个人以上。三个以上的中人可能是由与出典方关系密切者、与承典方关系密切者及双方都认可的人组成。如在李吉声与郑履谦关于确认典权的案例中就是如此。郑履谦将芦家胡同六号房屋典于李吉声名下，中人有解新南、陆子衡、韩荫堂三人。陆是李吉声的姐丈，韩为郑履谦之内兄。解新南因租住郑履谦之房，故是郑李的邻居。⑤ 中人为两人或者一人的，大概以得到双方信任为准。

随着市场的扩大和城市的扩展，人们出典和承典房屋也不仅限于亲属、熟人，还从市场中寻找出典和承典的人。市场中也出现了一些专门从事房屋中介工作的人，为出典和承典找主，这些人被称为跑房抒人，他们既是典权双方的介绍人，也是立契时的中人。如在 1944 年，段凤藻与贾东山成立典契，他们之间并不认识，是通过跑房抒人张永奎从中介绍而交易的，张永奎在典契中以中人的身份

---

① 宋美云主编《天津商民房地契约与调判案例选编（1686～1949）》，第 106 页。
② 《边同升黄捷三典权，河北省高等法院天津分院及检察处》（1939 年），天津市档案馆，档案号：J0043-2-020672。
③ 《池桂泉典契，天津市财政局》（1930 年），天津市档案馆，档案号：J056f-1-074550。
④ 《典房纠葛》，天津《益世报》1926 年 3 月 18 日。
⑤ 《李吉声、郑履谦确认典权》（1939 年），天津市档案馆，档案号：J0044-2-47383。

作证。①

没有书面立约不仅意味着出典没有完成，而且容易导致交易风险的发生。下面有一个案例因为没有书面立约，双方在典权的存废问题上发生了纠纷，可见书面立约是典权成立不可缺少的程序。

1946年刘金城向法院提起诉讼，要求徐伯琴、高显贵交房并确认典权不成立。1944年，因为生活的关系，刘金城把他坐落在河北狮子林电灯房东余庆里九号的灰房四间出典。当时徐伯琴愿意出3800元承典，于是在1944年7月1日给付了刘金城定洋2800元，并出具了收据，徐伯琴便搬入开始居住。之后，刘金城多次敦促徐伯琴交款订立契约，但是徐伯琴置若罔闻，还将屋内的砖炕拆毁，擅自将砖高价出卖，又把房屋出租给了高显贵。刘金城就此提出他与徐伯琴设定的典权还没有合法成立，徐伯琴和高显贵都没有权利对该房屋居住或占有，希望法院判令被告赔偿损失，确认典权不成立，并令被告将房屋腾交原主。②

这个案例表明了典契的重要性，没有书面典契，典权就很难在法律上得到承认，因而成为非法侵占。案中还涉及了几个问题：一是契约没有成立，典价没有全交，只有全交才能成立契约看来是一般的习惯。二是把室内的砖拆除以高价出卖应该是不合乎出典行为习惯的。三是承典前出租他人，在没有成立契约前承典人并没有这个权利。

典契还可以作为抵押的有效凭证进行其他的交易以及借贷银钱等。如有一个叫王梅芳的人，他以堂号任重堂的名义承典余庆堂赵耀曾店房一所。1928年他将这张典契做抵押，借周益三500元，利息1.5分。③

典契一旦成立，双方需要遵守，不能不经过对方同意而消灭典权。如1939年李吉声将郑履谦告上了天津地方法院，请求确认典权。事情缘于1928年李吉声以1300元典得被告所有的坐落在东门内芦家胡同六号平房七间半。但是自典契成立后，郑履谦一直不履行登记手续，一味拖延，李氏唯恐郑履谦有质房借款或伪造债权等行为，使自己遭受不必要的损失，

---

① 《段杨氏告贾东山确认典契无效，天津地方法院及检察处》（1949年），天津市档案馆，档案号：J0044-2-089983。

② 《刘金城告徐伯琴高显贵确认典权不成立，天津地方法院及检察处》（1948年），天津市档案馆，档案号：J0044-2-088586。

③ 《王梅芳周益三补税典契，天津地方法院及检察处》（1944年），天津市档案馆，档案号：J0044-2-071808。

第一章　近代天津的典权

所以请求法院确认自己对原有的承典房屋享有典权，并责令被告履行典权登记手续。而被告则声称已经与李吉声达成了赔偿约定，但是因为房屋涨价，对方没有履行。①

从辩论中可见，李吉声可能因为赔偿价格不合适而没有答应。郑履谦虽是一个因失业而需要帮助的人，但是法院判决还是要依据事实和法理，最后确认原告有典权，被告应履行登记义务。②法院注重的是证据，郑氏没有证据所以不能认可，出典人没能得到同情。

另一个案子发生的背景也是1939年天津房屋价格的上涨。随着天津城市近代化的发展以及人口的增加，房价暴涨。例如，天津开埠之初，紫竹林尚没有菜圃与农田，"立契承租"后，每亩给业户租地银30两，赔偿迁移银10两。但是40年后，即20世纪初，英租界宅地一亩价值竟达到了六七千两，上涨了200多倍。传统的城市中心地区上等宅地的价格与租界接近，其他地区较低，城郊上涨幅度相对小，但总的来说都有较大的涨幅。③

表1-1　1912~1933年天津华界地价变动

年份	每亩均价（元）	增加指数（1912年为100）
1912	36667	100.00
1913	50196	136.90
1914	42500	115.90
1915	50000	136.36
1916	47500	129.54
1917	133127	363.07
1918	47500	129.54
1919	60000	163.63
1920	45000	122.73
1921	80000	218.18
1922	130909	357.02
1923	163333	445.45

---

① 《李吉声、郑履谦确认典权》（1939年），天津市档案馆，档案号：J0044-2-47383。
② 《李吉声、郑履谦确认典权》（1939年），天津市档案馆，档案号：J0044-2-47383。
③ 罗澍伟主编《近代天津城市史》，第286页。

续表

年　份	每亩均价（元）	增加指数（1912年为100）
1924	186667	509.09
1925	179000	488.18
1926	251500	685.90
1927	294000	801.81
1928	381111	1039.38
1929	324512	885.02
1930	303259	827.06
1931	315957	861.70
1932	329789	899.42
1933	355331	969.08

资料来源：赵津：《中国城市房地产业史论（1840~1949）》，第165页。

表1-2　天津法租界1937年前地价变化

时间（年）	地点（天津法租界）	地价（每亩/两）
1923	和平路与滨江道路口	22000
1928	和平路与滨江道路口	52000
1934	和平路与滨江道路口（渤海大楼）	75000
1913	西宁道独山口	200
1917	西宁道独山口	600
1937	西宁道独山口	5000

资料来源：赵津：《中国城市房地产史论（1840~1949）》，第159页。

表1-3　天津英、法、日、意租界地价比较（1937年前）

租界国别	每亩最高估价	每亩最低估价	每亩平均估价（元）
法租界	75000元，和平路南段	2000元，拉萨道	12000
英租界	45000元，解放路北段	1500元，西康路	18000
日租界	36000元，和平路北段	6300元，沈阳道	10000
意租界	15000元，建国道	4500元，六马路	7000

资料来源：赵津：《中国城市房地产业史论（1840~1949）》，第163页。

20世纪20年代以来，天津的商业有了很大的发展，不动产交易成为市场中的一个重要部分。随着商品经济的发展，房屋价格的上涨是必然的，1939年的涨价是又一次较大幅度的房屋涨价。房屋价格的上涨对典权纠纷产生了很大的影响。抗战后，天津市一度出现房荒，也随之出现了一些典权纠纷。如1947年，段杨氏到天津地方法院上诉，要求她的小叔子段凤藻和贾东山在1944年成立的典契无效，因为房子是他们的共同财产，而段凤藻在成立典契的时候没有经过她的同意。贾东山则在辩论中指出，在当初立典契时，段杨氏在场。段与贾东山成立典契后，因为贾东山不履行典契，一年多不给贾腾房。事隔数年，段杨氏又上诉，原因是房荒严重，二人合作借此驱逐典主，以贪图厚利。① 可见，随着房地产市场的发展，典权也逐渐成为不动产交易市场中的一个组成部分，随市场变化的影响而调整。

传统产权不明晰导致了双方在不完全信息之下签订协议，对于典权的承典方来说是一个不完全信息的博弈。从博弈论的角度看，市场的变动打破了均衡，可见，随着天津近代商业和市场经济的发展，典权博弈的社会文化环境正在发生变迁。典权在传统中形成的一些惯习正在受到冲击。

第二节 典后出典人和承典人的权利与义务

土地房屋出典后，出典人和承典人都有各自的权利和义务，这在近代民间习惯和相关的国家法律中（如《民国民律草案》《中华民国民法》）都有规定。② 清代以前对于房屋等不动产遭遇风险时的责任没有规定。随着民间此类纠纷增加，乾隆十二年即1747年规定："凡典产延烧，其期限未满者，业主、典主各出一半，合起房屋，加典三年，年限满足，业主以原价取赎。……活卖房屋与典产原无区别，如遇火烧，一例办理。"③ 1918年天津商会复函高等法院审判庭，指出天津地方民间典房的一般习俗是"查典房屋倘遇坍塌及天灾，习惯上即是大修二家，小修一家分担责任，如典主换山檐，即为大修，并无特别习惯"。④ 如：

---

① 《段杨氏告贾东山确认典契无效，天津地方法院及检察处》（1949年），天津市档案馆，档案号：J0044-2-089983。
② 《大清民律草案·民国民律草案》，杨立新点校，吉林人民出版社，2002，第336~337页；陶百川编《最新六法全书》，三民印书局，1981，第135页。
③ 转引自邹亚莎《清末民国时期典权制度研究》，第27页。
④ 《关于典房习惯法之函复》，天津《益世报》1918年2月5日。

何大年典当房契文

光绪三年八月十七日

立典当房契人何大年，因手乏，今将坐落在龙亭南草房两间，门窗户壁俱全。同中人说合，情愿当于刘名下为业。言明当价津钞八十五吊整，将钞笔下足，并无零星短少情事。俟后全价回赎。房屋损坏，大修两家，小修自理。恐后无凭，立契存证。

中人　林恒山

典立人　刘宝善

典立友　何大年①

但是现实的情况也并非全部如此，如有的典契中规定，小修、大修均归业主管理。②

此外，在遇到意外事件的情况下，需要重新商定。如郭子甘是一个专门以借贷谋利为生的人。1940年他和郭晴午向法院状告李承元和李承福，要求他们交付欠款和迟延的利息。原因是他们在1937年典到李承元等坐落在二区二所西门内鸭子王胡同门牌十号破房子四间，契约中载房子大修由两家共同负责。在1939年8月的天津大洪水中，两间房子都漂没了，有一间冲坏了，木料也漂走了不少。洪水退去后，他们要在地面上重盖房子，到处找李姓二人，但没有人知道其去处。直到当年11月25日，房子就要盖完，一共用了大洋389.48元。后来经中人提示询问鞋铺，才知道李姓搬到西头铁铺胡同居住。找到李承福后，要求他们返还房金一半即194.74元，并且给予他们从1939年11月25日到返还日的利息，按照年息2分的标准给付，以维护典权。要求法院调解，但调解没有成立。③

从这个例子可见：一是典权在1940年代依然维持习惯，大修需要双方共同承担。二是中人起到了寻找当事人的作用。三是出典人不愿意履行出资修复的约定，而承典人提出了给付利息的要求。

---

① 宋美云主编《天津商民房地契约与调判案例选编（1686～1949）》，第102页。
② 宋美云主编《天津商民房地契约与调判案例选编（1686～1949）》，第108页。
③ 《郭子甘等李承元等返还垫款》（1940年），天津市档案馆，档案号：J0044-2-47821。

典权中有找贴的习俗。① 明代典的期限依然是无限制的，虽然明确规定了典与卖的区别，但在民间习惯中两者往往不做区分。找贴习惯相当普遍。② 典主可以因为需要续典，再加一些价钱，名为找价。如光绪二十八年即1902年，温俊卿立典并地基契文显示，在两次续典时，典权人都可以进行找贴。契文如下：

> 立典浮房并地基文契人温俊卿，今因乏用，将自盖草房一所，坐落河北新浮桥以西路东大门伙走西房三间，南房二间，中厮柴棚伙用，一切门窗、户壁俱全。今烦中说合，情愿典与耀案堂名下管业，同中言明典价，价津帖六百吊整，其钱笔下交足，并无私债、折准、零星等弊，以当三年为满。年满之期，全价回赎，分文不须短少。大修两家，小修自理。自典之后，倘有亲族人等争竞违碍者，有原业主一面承管，不与现典主相干，此系三面言明，各无反悔。恐后无凭，立此典契存据。
>
> 立典人　温俊卿
>
> 中人　孙小亭　赵永成
>
> 光绪三十一年，找价一百五十吊。再续三年为满，立字存照，以上计津钱七百五十吊。
>
> 光绪三十三年十月初二日，约同原中续典五年，又续价洋银一百五十元正。
>
> 统共钱七百五十吊正　洋银一八五十元
>
> 经手人　温俊卿③

自古就有不限制回赎的典卖契证，此种契证的作用是物主无论何时均可找赎。正如档案中所说："自典契成立后，逾一、二年找价卖绝者有之，或一再找而仍活典者有之，或经十年之久，备价回赎者亦有之。"④ 故此

---

① 梁治平：《清代习惯法：社会与国家》，第107页。找贴即找补、找价，此种习俗乃是民间交易中活卖习惯的一种副产品。找贴虽然并不一定导致产业的卖断，但是其次数的增加事实上降低了最后回赎的可能。在此意义上，找贴可以被视为活业变为绝业的中间环节。
② 邹亚莎：《清末民国时期典权制度研究》，第25页。
③ 宋美云主编《天津商民房地契约与调判案例选编（1686～1949）》，第105页。
④ 宋美云：《清代以来天津会馆房地契证》，《天津文史资料选辑》总第109辑，天津人民出版社，2007，第140页。

民间有所谓"千年一典活"的说法。"重复博弈模型的均衡才是一个稳定的社会契约。"[1] 可见民间对找贴是非常宽容的,利益上明显倾向出典人,民间也认为对回赎期是没有限制的。但清代官府则对找贴表示出了越来越不耐烦的态度:"嘉庆时期将找贴期从乾隆年间的三十年改为十年。且找贴只能一次。"官府对找贴的限制使"绝卖与典卖的区别更为明显。……民间习惯法的作用和空间范围被大大限制"。[2] 大概是因为找贴时常引发大量的民间纠纷。《中华民国民法》第926条规定,有期限的典权在期满两年内找贴,未定年限的,在30年期限内找贴,而且只准找一次,之后典权就消灭。这样既避免了多次找贴所引起的纠纷,也加快了不动产在市场中流转的速度,是符合市场经济发展的趋势的。也有在典契中规定不许找贴的(如下文提及的《张永兴转典河滩地契文》典契),这出于避免日后无限制找贴代理的交易风险,体现了近代不动产交易在市场中日渐清晰和加速发展的要求。

典权也可以转让,可再次或多次转让,名为转典。如:

> 立转典地契人王春,今因乏用,将原典周国治之地四亩一分四厘三毫,合园一百六十七畦,坐落河东锦衣卫街桥,凭中说合,情愿转典与竹林堂孙名下管业。典价纹银一百六十两整,其银笔下交足,三年为满,全价回赎,两家情愿,各无反悔。自典后,倘有亲族邻右人等争竞为碍者,具有王姓一面承管,不与孙姓相干。恐后有凭,立此转典契存照。[3]
>
> 锦衣卫地亩第五图:南十六弓二分,北十六弓,西二十一弓二分。以上两段共合地亩一分四厘三毫。
>
> 同治十二年十月五日　立转典地契人　王春
> 中人　张魁　孙美芝[4]

有的要求不能转典,有的是有条件地转典。在《温朝杰当房契约》

---

[1] 〔英〕肯·宾默尔:《自然正义》,第293页。
[2] 许光县:《清代物权法研究》,第87~88页。
[3] 刘海岩主编《清代以来天津土地契证档案选编》,第256页。
[4] 刘海岩主编《清代以来天津土地契证档案选编》,第141页。

中，要求三年内不得转典。① 转典土地原有的租税也有分工，《张永兴转典河滩地契文》有"此地钱粮原典主代纳，不与现典主相干，此地钱粮张永兴代上，不与现典主相干"等字样。② 转典也可以找价，《何兆祥等转典契文》中，有"十年四月初二日找价四十吊，十一年十二日找价十吊"的记录。③ 从上面的一些典契来看，对房屋内设施的描述越来越清晰，可能是为了防止承典人毁坏，从中谋利，维护出典人对设施的所有权利益。

转典在近代天津城市的功能之一是将典物推向更为广阔的市场，打破封闭的熟人社会的圈子。

转典也与出典一样，需要立有字据。有的时候，转典因为没有字据或者原来的出典人不知情引发了一些纠纷。如1948年陈学孟要求殷宝元、殷戒夫确认转典权消灭。事情缘于陈学孟在1946年向王文瀚作价购买坐落天津县东沽万达庄五号草房一所内北方四间，由王文瀚早年典与王仲达。继经王仲达之妻王徐氏转典与殷氏（被告之家属），典价300元。但是这次转典有事实而无典契。到1944年一月的时候，原业主会同王仲达经张敬修、商玉书二人以联币1000元向被告殷戒夫（家属殷氏已去世）回赎时，被告殷戒夫也称并无典契。之后陈学孟买此房屋的时候，四邻都知道院内各屋均经赎清，并无纠葛。被告殷戒夫也允诺腾房，不料自被告殷宝元返回后，指责陈学孟勾结敌宪，强迫腾房，并否认一切已回赎的事实，拒不返还典物。陈学孟认为被告与转典人间并无书面契据，其转典权不存在。他认为接受回赎价款，这种做法不但违背诚信道德，且其转典权也应消灭。他要求依法确认转典权不存在或消灭，判令被告应将上开房地四间返还，并自1946年9月至交房之日止，每月赔偿原告损失国币20万元，关于腾房部分，原告愿提供相当担保金，请准予假执行。④ 由这个案例可见，没有契约的转典具有极大的风险，在近代天津城市中，封闭的熟

---

① 宋美云主编《天津商民房地契约与调判案例选编（1686~1949）》，第106页。
② 宋美云主编《天津商民房地契约与调判案例选编（1686~1949）》，第108页。
③ 宋美云主编《天津商民房地契约与调判案例选编（1686~1949）》，第109页。
④ 《陈学孟、殷宝元确认转典权不存在》（1938年），天津市档案馆，档案号：J0044-2-86473。按，本书引用的天津档案馆档案之"年月"均系档案馆卷上标注的时间，但笔者读后发现，其所标注的时间有些与实际内容并不一致，但是档案的名称就是如此，不便进行改变，否则无法查对原文。特此注明，提醒注意。下文有同此情况的，不再一一注明。

人社会已经逐渐失去了信任，博弈的文化环境发生了变迁，需要在博弈中建立起新的信任关系。"许多博弈的一个关键问题是建立信誉。如果你能遵守诺言，说到做到，则你是可以信任的。但是你不能仅仅通过许诺得到信誉，信誉必须与博弈的激励相符合。"①

另一个转典的案例则是要求确认转典权。1939年孙长山将石徐氏、牛聘卿告上了法庭，要求法院确认自己转典的典权。事情缘于被告牛聘卿有房地一处，共计砖房9间。在1928年出典被告石徐氏，当价为1450元，并在天津县税有典当契据为证。嗣后在1929年被告石徐氏因需款孔急，又烦中人曹长清、朱广禄、李国平三人以原当价1450元转典给了孙长山，并将该房9间归他占有。就此孙长山认为自己对于该房使用已达近10年之久，多次要求确定权利，施行登记。而被告延不履行认证，迫不得已恳请法院判令孙长山对于砖房9间并地基有典权并准被告等履行登记义务。最后在双方律师的调解之下，牛聘卿以1350元将典房回赎，其余100元由原告让免。该项房屋所居住户在3个月后腾房，不过这3个月内得由牛聘卿收租。②

从典契中可见，中人虽依然占有重要地位，但其调解纠纷和见证人的角色正在弱化。从这个案例可见，律师在其中也起到了调解的中间人的作用；③ 现代的司法制度与传统的习惯法相互融合。从一些案例看来，典权当事人为确保自己的利益，更多地依靠政府对典权的认证和法律方法来维护自己的权利，显示了当时人们权利意识和法律意识的增强，而传统的中人和家族的调解力则有所削弱。

转典的人可以要求获得出典房地的所有权。如1946年邢圃栽、曲瑞林、石凤林三位承准转典的人，要求获取所典房屋的所有权。因为他们承典的房子是所有人刘琴甫典给李凤鬻的。但是刘琴甫对于李凤鬻之出典期限早已逾期多年，而李凤鬻将房地转典之后，典期五年，也早已经过了期限，而且法律规定的两年的回赎期已过期。所以他们向法院要求依照《民

---

① 〔美〕保罗·萨缪尔森、威廉·诺德豪斯：《经济学》，萧琛等译，华夏出版社，1999，第166页。
② 《孙长山、石徐氏等确认典权》（1939年），天津市档案馆，档案号：J0044-2-46432。
③ 梁治平：《清代习惯法：社会与国家》，第181页。和解（中庸）观念更是习惯法浸淫于礼乐精神的著例。

国民法》第 923 条，取得房屋的所有权。①

清代前期曾经规定典期限为 30 年，嘉庆时期定为 10 年，② 北洋政府时期的民法草案规定典期限为 10 年，续典不得超过 3 年。③ 民国时期的《民法》规定约定不得逾 30 年，逾 30 年者缩短为 30 年，《民法》第 913 条规定典权之约定不满 15 年者不得附有到期不赎即作绝卖之条款。④ 从清代到民国，典期有所反复。从天津地区这些典契和案例看来，出典的时间一般都不长，大都在 10 年以内。有的则有随时回赎的规定。天津典权多年找贴的案例不是很多。纠纷多为典权的确认和所有权的归属等，体现了不动产的流转速度在城市中加快的市场现实要求，较传统"一典千年活"的情况有所不同。⑤ 从法律的角度看，对无限期的否定是将西方所有权的观念植入不动产典当交易之中，⑥ 以适应城市市场交易的变迁，体现了立法者调适博弈规则以适应时代发展的意图，这无疑也使典当制度的传统文化内涵发生改变。

第三节　典权的消灭

典权消灭的方法有：回赎权之行使；标的物之消灭；公用征收；抛弃；混同，典权人取得所有权。⑦ 此外，承典人可以退典；退典有到期退典和未到期退典两种情况。在实践中，典权消灭的情况还是非常复杂的，下面依据几个案例对近代天津的情况做一些描述。

对于回赎，民国时期的立法有相关规定。⑧ 典权消灭后，所有权归还，

---

① 《刘琴甫李凤鸞告邢圃栽石凤林等三人返还典契，天津地方法院及检察处》（1947 年），天津市档案馆，档案号：J0044 - 2 - 083769。
② 赵文娟：《从"典"到"典权"——习惯、立法、实践及其体现的若干问题》，第 9 页。
③ 《大清民律草案·民国民律草案》，第 335～338 页；陶百川编《最新六法全书》，第 135 页。
④ 李海筹：《典权研究》（上），天津《益世报》1936 年 9 月 23 日。
⑤ 杜恂诚：《道契制度：完全意义上的土地私有产权制度》，《中国经济史研究》2011 年第 1 期。"'找赎'是中国传统土地交易中的陋习，即'找贴'和'回赎'的合称。所谓'找贴'，是指交易不是一次完成，而是经过'卖、加、绝、叹、装修、兴高起造'等多重环节，卖主可以多次要价，多次立契，多次得款。这样，一宗交易就会拖延很久，在此期间的产权是不清晰的。"但是在天津的典权纠纷和典契中，这种情况较为少见。
⑥ 邹亚莎：《从典制到典权的基本定型——民初大理院对传统典制的近代化改造》，《社会科学家》2014 年第 8 期。
⑦ 李海筹：《典权研究》（下），天津《益世报》1936 年 9 月 24 日。
⑧ 《大清民律草案·民国民律草案》，第 338 页；陶百川编《最新六法全书》，第 135 页。

完成出典，但是如果不能按期回赎则承典人就会取得所有权，只是需要再给出典人一些找贴。

典权如果超过法定的回赎期限，出典人就会失去所有权。1942年韩金祥把经文治、李春田告上了法院，要求回赎自己的房产。大约在1924年，韩金祥到外地去谋生。他的母亲韩陈氏将祖遗特二区地藏庵后胡同四号北房一间典与经文治为业，典价150元。又将北房及南房一间当与刘某为业，当价170元，并都已经说明无论何时用房均可即刻回赎。后来，刘某又将房屋转典给李春田。那时韩金祥11岁，不知道其中的利害。他成年后要求回赎，自己留用。在1941年5月通知典权人，但典权人不肯交房。1945年天津地方法院驳回了原告的诉讼要求。法院认为：原告所有房屋由被告等分别典受已17年，既已过10年，自难听令回赎。①

出典人也可以提前取赎。如1907年《温国祥等裁典浮房契文》写道："同中三面言明，如日后当期不足年限二年内，或转典，或回赎、转卖，将典主所出中谢，业主包出。"这些习惯在实践中不断完善，加速了土地流动，适应了土地分化的要求。②

回赎中典权双方也常有纠纷。1947年姜少宸因为与刘文远占房纠纷诉至法院。事情的起因是1941年，姜少宸以坐落堤头村大街64号大门内南院砖瓦房大小4间抵借被告国币1500元整。后来他在1945年将款还清，撤回借据。但在1947年4月仅交还房屋两间，其他的房子至今没有交还。在这个案子中典权也被称为抵借。对此，1947年刘文远声称以前曾经承典姜少宸的4间房子，但是还没到期，未经他同意，姜少宸竟和他的侄子按原价办理了回赎，他的侄子年幼无知，受姜少宸欺骗。后来姜少宸委托中间人调停，收回了两间，其余两间准许他租住，还说如果需要搬家就对他进行赔偿等。姜少宸将此事告上了法庭。1947年，天津地方法院对此进行了判决：被告应将两间房屋腾交原告，前项腾房履行期间定为两个月，由原告提供100万法币担保后，并予以假执行。法院认为：原告于1945年已将款还清，撤回契据，双方的典当关系已因回赎而消灭，典

---

① 《韩金祥经文治等解除典权》（1942年），天津市档案馆，档案号：J0044-2-63649。
② 宋美云：《清代以来天津会馆房地契证》，《天津文史资料选辑》总第109辑，第141页。

权消灭后，被告即负有交房之义务。①

市场价格的变迁导致一些出典人出现强迫回赎的情况。如1939年，梁德昌和妻子梁李氏，向天津地方法院要求就典权问题与住在天津河北下关如来庵韩家胡同30号的某人进行调解。原来梁德昌的哥哥经李韩氏与王宝元说合，以125元的典价，将被告两间房屋典到，并立下了契约，以三年为期。到1938年10月满期后，又向对方要求续典，当价20元，续至1941年。不料因为房价高涨，出典人贪图高利，没有到期就强迫赎房，而且态度非常蛮横。依据法律规定，典房没到期就不能回赎。但是出典人蛮横无理，承典人只好请求法院进行调解。② 这个案子的起因也是房价上涨，说明市场变化导致的信用的变化。双方是邻居却因为市场价格的变化而发生了蛮横强制回赎典当物的事件，可见熟人乡党的关系因此而遭破坏，这是市场经济对传统人际关系以及道德的破坏性影响。博弈的传统文化环境已经变迁。

出典人提前回赎需要征得承典人的同意，有的时候也需要提防风险。如1946年一个叫张宝元，为经济所迫，决定将1945年3月以伪币3万元出典的西窑洼大街春兴里三号西房两间房屋出售。他找到了中人王辅臣向承典人刘崇熙说情，先问刘崇熙是否购买（习惯上，承典人对以同样价格出售的典产有优先留买权），刘崇熙表示不买，而且允许回赎。可是张宝元将房子卖出后，刘崇熙百般刁难，要求张宝元赔偿损失才能回赎。多次商讨后没有结果，张宝元只好向法庭请求调解，要求付给原典价并依法赔偿自己没有按期回赎房屋而造成的损失。③

回赎交钱后必须拿回典契，以防风险。李宝林在1948年将康玉茹、安章、张均然等人告上地方法院，要求康玉茹返还典契及腾交西房三间。1944年，康玉茹典到李宝林的坐落西头小伙巷钟家胡同4号西房3间，典期3年。1947年到期，被告康玉茹不肯交房，向法院起诉。1948年5月法院判决康玉茹将三间房屋腾交原告。李宝林交了赎价后将价金提存，并

---

① 宋美云主编《天津商民房地契约与调判案例选编（1686～1949）》，第177～179页。
② 《梁德昌梁李氏等三人确认典权，天津地方法院及检察处》（1939年），天津市档案馆，档案号：J0044-2-45270。
③ 《张宝元告刘崇熙返还典契，天津地方法院及检察处》（1946年），天津市档案馆，档案号：J0044-2-130421。

提供了 300 万元担保金。但是在执行中发现康玉茹已私下将所典之房在诉讼期间转租给了安章、张均然两家,导致法院执行停止。李宝林觉察到在前面的诉讼中没有要回典契可能会有风险,于是他再次起诉,要求收回典契,并且请求对该项房屋实行假执行。①

如果出典人无力回赎,可以把出典的房地卖予承典人,但是需要把地价和典价的差额找补上,名为找绝,就是把活卖变成绝卖,即混同。1940 年,韩俊卿向天津法院提出要求确认对林马氏坐落宜兴埠十字街南地一段土房三间的所有权。因为 1932 年,林马氏将这个地段和房屋典给了韩俊卿,典价 140 元,三年期满。1940 年典限早已届满,并已经超过了 5 年。林马氏没有用原来的典价回赎。韩俊卿提出按照《民法》第 923 条第 2 项,取得典物所有权,所以他要求法院传案调解、确认他取得这块地和房屋的所有权。②

抛弃典权,一般是因为年代久远或发生变故,找不到出典人,承典人就可以得到典物的所有权,下面这个案例就是这种情况。杜锡山在 1944 年要求取得董云汉出典房屋和地基的所有权,以便可以维修将要坍塌的房屋。因为在 1884 年,他的父亲杜连顺承典了董云汉坐落本市西门里牌坊内二条胡同坐东向西大门内土草房一所、北房三间、南房三间。当时典价津钱 500 吊,四年为满,全价回赎,立有典契,而且在政府上交了典税。典到这所房屋后,一直是自己家里人居住,已经有近 60 年了,出典人生死未卜,在哪也不知道。他认为按照《民法》第 923 条第 2 项规定,他已取得典物所有权,而且房子将要倒塌,有大修的必要。他认为他承典的房屋与土地相连,应该确认房屋下面的地基也归他所有。因为不知道出典人在哪里,只好请求法院为他确认对上述房地的所有权,以便进行维修和管理。对此天津地方法院确认了原告对于承典房地的所有权。③

承典人也可以提前退典。1910 年公理会信徒杨宝善倡议商讨创办天津基督教自立会,美国传教士玉嘉立表示愿意出借仓门口旧会堂。并提出

---

① 《李宝林告康玉如安章张均然返还典契,天津地方法院及检察处》(1948 年),天津市档案馆,档案号:J0044-2-88665。按,档案文件名与卷内材料叙述不一致,导致出现康玉如和康玉茹两个使用名。

② 《韩俊卿林马氏确认典权》(1940 年),天津市档案馆,档案号:J0044-2-53916。

③ 《杜锡山董云汉取得典权》(1944 年),天津市档案馆,档案号:J0044-2-78966。

由信徒购买会堂，把原来南门外的房子提前退典，将赎款和家具都用到新址。①

按照习俗，典契的消灭手续为出典人交钱回赎，承典人交回典契和上手老契。在典权届满到期的时候，转典权按照法律也应该随之到期届满，而转典方也需要解除典约，才能最终使房地回到原所有人的手中。但是在现实中情况往往非常复杂，如1946年，刘琴甫和李凤矗将邢圃栽、石凤林、曲瑞林告上法庭。刘琴甫的父亲刘凤荣生前将自置坐落天津市西头吕祖堂前荣华里6号院内之房屋一所，共9间，典给了李凤矗，并且立有典契。之后李凤矗又分别将该房屋转典给了邢圃栽、石凤林、曲瑞林三家。到期后，李凤矗先与刘凤荣解除典约，后又向转典的三人赎房。不料当时正是日伪时期，这三个人依仗恶势力不办理回赎，想要霸占该房地。所以他要求确认原被告间之典权关系既已消灭，就应将典契收回。②

但是，被告提出抗辩，认为刘琴甫无权向他们请求返还。因为李凤矗外出多年，而且他们的典限早已过期多年，所以他们3人应该取得所有权。刘琴甫的父亲刘凤荣在1926年将自置之房典给了李凤矗，典期5年，没有回赎，早已逾期多年。到1938年11月，李凤矗打算外出做生意，因缺乏资财，便将房子以5年为期转典给了他们三人。李凤矗还曾经声称刘某之房既不能回赎，将来亦无意回赎，此后离津。不料1944年三人忽然接到伪地方法院的传票，以李凤矗的名义向三人要求赎房。他们三人还特意按照法院起诉书上的地址找李凤矗。结果发现李凤矗的住址是假的，是李凤矗诉讼代理人庄恩甲律师的住所。此时刚好抗战胜利了，伪判决也因此失效。李凤矗与刘琴甫利害关系相反，却共同列为原告，足以证明刘琴甫乘李凤矗离津多年的机会而从中冒名，故意蒙混，绝非李凤矗本人之意。③

从这个案子看，双方都声称日伪时期受到了不公正的待遇，力图争取

---

① 天津宗教志编辑室编印《天津宗教资料选辑》第1辑，1986年，第166页。
② 《刘琴甫李凤矗告邢圃栽石凤林等三人返还典契，天津地方法院及检察处》（1947年），天津市档案馆，档案号：J0044-2-083769。
③ 《刘琴甫李凤矗告邢圃栽石凤林等三人返还典契，天津地方法院及检察处》（1947年），天津市档案馆，档案号：J0044-2-083769。

自己在博弈中的道义优势。时代的变迁导致人们利用新的形势为自己的利益进行博弈。

总之，在典权的消灭中，情况各异，如转典或者与买卖、租借等交易形式交相重叠。这些都表明了典权在近代市场交易中的复杂性。

第四节　典权与其他民间交易形式

随着天津城市经济发展和社会变迁，典房的习俗处于非常复杂的市场环境中。过去的习俗与其他形式的交易混合在一起，情况非常混乱，如在清理雍剑秋的财产时，出租、典权、占有等混杂。①

有的学者认为借契属于典当契约的一种，可看作典当契约的别称。如道光十二年即1832年张永兴立借园地契时言明：

> 今靳家园地一段，十亩有零，十一年十二月当施永利名下，张永兴、施永利找价不找，有中簇合，族兄施彩臣借六千文，每月按三分行息，半年还地，子日清还。②

这个例子中典、借名词混在一起，并不是一个完全意义上的典契，因为一般的典契是房无租价、钱无利息的。当时的一些借契中典当和借是有区别的，如薛维玉借地契约文：

> 同治八年四月二十九日
> 立字人薛维玉，今借清献堂赵宅南房滴水檐墙地基一尺有余，仍修盖新房三间。因赵宅允其借地盖房一所，薛大意竟将赵宅后檐拆开四段卧入四柱，又柁四洞卧入四柁，可将房檐拆开卧入土标，盖以新檐一所，拆檐砖瓦私自擅用。赵宅欲行禀控，兹经中友说合，借地尚可原情，拆房大屋非理，但未便令其全行拆改，只可从权允其卧入四柱四柁，嗣后为檐墙漏水倒塌，薛姓承修。如年久有典卖等事，仍将檐墙地基让还。至于房檐理宜拆矮一尺，露出赵宅檐头，仍以原砖

---

① 《安安公司清理债务案，天津商务总会》（1915年），天津市档案馆，档案号：J0128-3-003824。
② 宋美云：《清代以来天津会馆房地契证》，《天津文史资料选辑》总第109辑，第139页。

瓦修好。说合平允息讼，立此为稿。

  中友 王汝远 顾海五

  立字人 薛维玉①

  从这个例子中可见借和典是有区分的，此中的借地不是典地，没有典契中的规定，而且表明日后出典或买卖，需要交还，防止利益有损。下面这个纠纷更加证明了典与借的区别。

  1940 年 7 月，展桂山向天津地方法院上诉，状告费芹香，要求确认非典当关系。展桂山的父亲展师泰在光绪初年因为经营晋义栈陆续借用费家彦钱款。截至 1883 年，共欠津制钱 36000 吊。当时展桂山立下了字据："似是而非之典字一纸，特约一纸，交给了被告的父亲收执。"类似典字所载，虽有三年期满原价回赎字样，但尚有陆续归本及利随本减等规定，而其特约更明确规定，"如后年满不回业，每月仍然按原先一分加长租价"。所以展桂山认为这是一个借贷的字据而不是典当的字据。而被告认为这是典当关系，并且进一步主张取得所有权，要对典当关系进行登记。②

  从这个案子中可见，借钱而非典当只要还钱就行了，而没有所有权的关系。是不是典当则是本案的核心。将借钱的关系转为典当关系并以法律谋取所有权是这个典当案件的关键所在，争议点在所有权。可见典与借是有区分的，而且随着时代的变迁和市场纠纷的发生，典、借之间要求有越来越明确的区分。

  下面这个案例的关键点是典权与抵押的问题。1939 年王宗麟将蔡德祥上诉到了最高法院，要求被告偿还债款，并对河北高等法院的判决进行更正。他上诉说，他的父亲王振清在 1927 年承典案外人古寿山房屋一所，原典契的书写方式与内容完全与呈交法院的契约相同。他认为他的父亲可以按照业主不能回赎典期过期的房屋的规定来取得所有权。而王宗麟后来依照文契的式样将房屋转典给了被上诉人，典期届满时，双方发生纠纷，法院认为王振清无权设定典权而有权设定抵押权。最后，法院认为契约中

---

① 宋美云主编《天津商民房地契约与调判案例选编（1686～1949）》，第 110 页。
② 《展桂山费芹香确认非典当关系，天津地方法院及检察院》（1941 年），天津市档案馆，档案号：J0044-2-056561。

所写的"钱无利息、房无租价等字样均是通谋合意,规避偷税之作用",所以应该是抵押关系。①

被告蔡德祥进行了反驳,他认为房主实系以房押借,"津市借贷普通习惯以房押借字据上载钱无利息、房无租价,大修两家,小修钱主自理,期满钱房两交等字样该房间交与债权人经管",而且经过他的调查,"王振清与古寿山押借房屋多处,均在南门西郭家胡同内,并无一家为之典当,更无税契"。② 被告人有原主的契约如下:

借 券

  立借字人古寿山今借到王振清名下银洋一千四百五十元整,有坐落南门西太平巷西胡同坐东大门内北砖瓦房两间,门窗户壁玻璃一概俱全,作为抵押,中侧大门浣伙用三面,言明钱无利息,房无租价。五年为期,到期归还,如有损坏等件,照样赔。大修两家、小修一家、房捐等事,均归钱主自理,不与业主相干。三面言明各无异说,空口无凭立字为证。

  中友:吴竹清、吕作舟
  代笔人:戴树元
  铺保:利盛板厂
  中华民国十五年七月三十日立借字人古寿山③

这个借据没有典卖,而是借钱。但是从文契的行文格式上看非常像典当契约,但是也有"借"和"抵押"的字样。可见当时民间借契和典契确有混淆的情况。④

从这个辩诉可见被告掌握了有利的证据:一是古寿山与原告的字据;二是找到了证人刘发庆来提供关于中人的证词;三是其他房屋的无契税证

---

① 《蔡德祥、王宗麟等三人债务,天津地方法院及检察处》(1940年),天津市档案馆,档案号:J0044—2—048338。
② 《蔡德祥、王宗麟等三人债务,天津地方法院及检察处》(1940年),天津市档案馆,档案号:J0044-2-048338。
③ 《蔡德祥、王宗麟等三人债务,天津地方法院及检察处》(1940年),天津市档案馆,档案号:J0044-2-048338。
④ 杨国桢认为在清代典契与卖契是混同的。参见杨国桢《明清土地契约文书研究》,人民出版社,1988,第42页。

明。双方的争执主要在于是典当还是抵押，房主是何人。最高法院在 1940 年 1 月进行了最后的宣判，驳回了王宗麟的上诉。①

从这个案件看，在民间抵押、借贷和典权有时混同一起，很难区分清楚。清代抵押权的客体主要为土地和房屋，由于抵押关系的建立须抵押人交付田契或房契，所以抵押权在清代又称为契押。② 双方所争的是典权还是抵押的关键是所有权的落实。如果是典权，则王宗麟就有所有权，可以按价回赎。如果是抵押，蔡德祥就可以拍卖或取得所有权。

典权的性质比较复杂，这是历史上长期发展形成的民间习俗。抵押权到期请求清偿时，对不足部分可以就抵押部分变价清偿。典权可以找绝，典权是典与卖的结合。黄宗智认为民国时期典权习惯被立法，与抵押和质权等有明确的区别。③ 在民间习惯中，典与抵押之间的区别非常清楚。民初大理院对典与抵押的区别为：第一，典转移土地占有，以使用收益为目的，并可回赎；第二，典交易不收取利息。④

近代西风东渐，在清末和民国的法律制定中，利用西方的法律观念对中国传统的习惯进行规范。1911 年法典草案从一开始就使用质权的概念（第 1195 条），明确把质权限于动产，不允许用于不动产。但是，随着对中西文化差异的不断深入认识，立法者也在不断修正，"1915 年 10 月 9 日，司法部发布了一道特别的'清理不动产典当办法'。……他们认识到了典与抵押和质权的不同"，试图把晚清时将典权归入抵押和质权的做法扭转过来。⑤

关于中国典权和西方质权与用益物权等的异同，许多学者做过探讨。一些学者认为，"'典'乃是中国固有法所独有的一种制度"，近代人们用西方法律解释中国传统的典制，难以归类，并且"把'典'译为 mortgage 是一种以'词'害义的作法"。此外，简单用债权、债务一类民法概念也

---

① 《蔡德祥、王宗麟等三人债务，天津地方法院及检察处》（1940 年），天津市档案馆，档案号：J0044-2-048338。
② 许光县：《清代物权法研究》，第 62 页。
③ 〔美〕黄宗智：《法典、习俗与司法实践：清代与民国的比较》，第 83 页。
④ 邹亚莎：《从典制到典权的基本定型——民初大理院对传统典制的近代化改造》，《社会科学家》2014 年第 8 期。
⑤ 〔美〕黄宗智：《清代与民国的比较：法典、习俗与司法实践》，第 82~83 页。

是不能说明的。① 有些学者通过比较指出了二者的异同，② 但也有学者指出，典权与德国的担保用益或质押以及法国与意大利的不动产质权形式不同，但基本功能一致。③

质押权是一种以质押物为权力客体的担保物权。清代质押主要存在于当铺的质押活动之中。④ 邹亚莎对典权与西方质权和用益权的异同进行了比较详细的分析和比较，可以作为参考。她认为典权与不动产质权相同之处在于两者都是就占有不动产而使用、收益。⑤ "典在最初完全为一借债担保的制度，典与卖相接近而成典卖一词应当是其长期演变的结果。"⑥《日本民法典》效仿《法国民法典》，将不动产质权与动产质权并列，其性质为明确的担保物权。德国《民法典》不承认不动产质权，采用了抵押制度。不动产质权与中国典的相似之处为：第一，两者的标的都是不动产及其附着物，并将不动产转移给债权人，债权人对标的有收益权。第二，不动产质权人与典主不得请求债务之利息，而与不动产的收益相抵销。第三，不动产质权和典都有不可分性，其效力相当于全部被担保的债务。第四，不动产质权人和典主分别对不动产质权及典权有一定的处分权。不同之处为：第一，不动产质权是从权利，以被担保之债权存在为前提；典是主权利，不具有从属性。第二，不动产质权依照不动产法使用、收益；典则是不受限制地使用、收益。第三，不动产的债务人不仅负有物的责任，还对债务人承担责任；典只有物的责任。第四，典制在出典人无力回赎的

---

① 梁治平：《清代习惯法：社会与国家》，第47~48页。
② 两者之间的差异主要体现在：第一，典权为物权的一种，且学者大都认为其为用益物权而非担保物权。法国之不动产质权，债务清偿方法，以不动产收益抵充债务的利息及原本。第二，在典权制度中，出典人有权利以原典价向典权人回赎典物，但无回赎之义务。法、日之不动产质权，其出质人或债务人对所负之债务，须承担清偿责任。质权人得以一般债权人地位就债务人其他财产申请强制执行。但典权制度中，典权人无权就典物价值低于典价之部分提出返还请求。第三，在时间上，在典权制度中，若典权约定期限在15年以上，当事人得约定到期不赎即作绝卖。而法、日之不动产质权中，则禁止规定流质契约，即当事人于设定质权时或债权清偿期届满前，不得约定债务履行，期届满而债权未受清偿时，质物所有权归质权人所有的条款。参见许德平《典权与不动产质权之比较研究》，《山东法学》1999年第3期。
③ 米健：《典权制度的比较研究——以德国担保用益和法、意不动产质权为比较考察对象》，《政法论坛》2001年第4期。
④ 许光县：《清代物权法研究》，第56页。
⑤ 邹亚莎：《清末民国时期典权制度研究》，第42页。
⑥ 梁治平：《清代习惯法：社会与国家》，第99页。

条件下，可以直接取得所有权，日本的不动产质权须将质物变卖。第五，在期限上，不动产质权的期限是有限的，传统典权的回赎是没有限制的。第六，不动产质权属于担保物权的范畴，典没有类似的适用原则。第七，在风险上，债务人即质物的所有人担负损失；典制中，双方按照公平原则共同承担。① 此外需要补充的是，在利息上，典权一般是没有利息的。典权承典一方对典物具有使用权，而质权方在没有取得所有权之前，是没有使用权的。

将典权与德国的担保用益权做比较，相似之处有：第一，债权人占有不动产的同时直接使用并获得收益。第二，债权人都能获得对抗第三人的物权。第三，不动产的用益都用来抵销原来的债务利息或本金。不同之处有：第一，担保用益作为用益权的一种不得转让和继承；典可以转让、继承、抵押。第二，担保用益随偿还而消灭，具有从属性；典侧重于用益性。②

政府对典权和抵押有不同的管理规范。表1-4与表1-5是一份关于民间抵押借贷的官方合法格式的契约和一份典权登记的证明，可见抵押和典权在民国时期国家立法方面有着明确的区分。

蔡德祥、王宗麟等三人的案子经过多次审理，非常曲折，在订立契约的时候，当事人对典当和抵押的认识也是有些模糊的，导致后人要清晰地厘定非常困难。但是在民国时期，对抵押和典权已经有了非常明确的法律界定，并且在现实中操作也有区分。双方焦点是所有权问题，如是抵押，则产权早已转移；如是出典，则所有权仍在，有赎回的机会。这体现出典权和抵押权的不同之处。随着社会经济的发展，要求民间交易中进一步明晰所有权。

还有一个案例，典权关系最后被抵押权所取代。1940年8月傅恩元诉讼乔松年、许家贵要求确认典权。③ 傅恩元在1929年经中间人李永和韩金瑞说合，以700元的典价典到了许振铎所有的位于天津市河北金家窑黄家胡同21号连同地基的南房三间、小西房一间，典期4年，立有典契。自

---

① 邹亚莎：《清末民国时期典权制度研究》，第39~40页。
② 邹亚莎：《清末民国时期典权制度研究》，第42页。
③ 《傅恩元、乔松年典权，天津地方法院及检察处》（1940年），天津市档案馆，档案号：J0044-2-51464。

表1-4 不动产登记册甲字第一号

一	声请人	姓名：桑义厚　住址：特三区兴隆街隆华里一号
二	业主	桑 姓　籍贯：　现住：
三	原业主	贾刘氏
四	承粮户名	
五	产权	抵押权
六	坐落	一区思索东浮桥西口以北
七	四至	东　南　西　北
八	号口	东　南　西　北
九	等则	
十	房屋	间数：　每间共价：
十一	地亩	每间价：　亩数市亩　共价：
十二	房地共价	原契五十两
十三	税额	
十四	登记各费	登记费：三元角分　分割图费：三元角分　登证及户地
十五	书据	名称：天津影印契　颁发机关：天津县公署　颁发日期：
十六	验契	颁发日期：　查验机关：
十七	状况	何种地：　现充何用：　收益方法：
十八	抵押事项	债务人：桑春培　共借银数：洋一千元正　抵押期限：三
十九	查测表号	
二十	户地图号	
二十一	登记证号	甲字第一号
二十二	登记日期	十八年九月一日

第一章　近代天津的典权

续表

一	二	三	四	五	六	七	八	九	十	十一	十二	十三	十四	十五	十六	十七	十八	十九	二十	二十一	二十二
声请人	业主	原业主	承粮户名	产权	坐落	四至	号口	等则	房屋	地亩	房地共价	税额	登记各费	书据	验契	状况	抵押事项	查测表号	户地图号	登记证号	登记日期
姓名：存义厚　　住址：特三区兴隆街隆华里一号													图纸价洋六角	三年四月三十日			年自十八年九月一日起至三十年八月三十一日				

续表

一	二	三	四	五	六	七	八	九	十	十一	十二	十三	十四	十五	十六	十七	十八	十九	二十	二十一	二十二
声请人	业主	原业主	承粮户名	产权	坐落	四至	弓口	等则	房屋	地亩	房地共价	税额	登记各费	书据	验契	状况	抵押事项	查测表号	户地图号	登记证号	登记日期
姓名：存义厚 住址：特三区兴隆街隆华里一号																	止中人：孙东园 缴回日期：				

资料来源：《抵押登记册 1—100 号，天津市财政局》(1929 年)，天津市档案馆，档案号：J0561-1-000324。

表 1-5 河北天津地方法院登记处发行不动产登记声请书东二区贾治臣

不动产坐落四至、种类、亩数或间数	登记原因及年月日	登记标的	特别事项	现时价值	登记费	证明文件及参考事项	右呈	备注
坐落第一区二所东面内石桥胡同。东至庆德堂金、西至赵魏氏王姓、南北至出典主房地。市亩七厘一毫,砖灰房三间,土房一间厦半条。东二区第八册三八八号房地之部分	贾治臣典得李幼甫之房地。民国二十八年五月八日立契	典权设定登记	典期四年,自二十八年五月至三十二年五月	典价洋九百五十元	照贴印纸洋四元二角五分	民国二十八年五月二十三日,字一九号,财政局典契一件。又五月八日典字一六号副契一件。民国二十七年九月十三日。字号一〇四三号登记证一件	河北天津地方法院登记处公鉴	中华民国二十八年五月二十三日。典权设定人李幼甫,三十三岁,典权人贾治臣,三十五岁

资料来源:《东二区贾治臣典权设定登记档案汇编簿》(1939年),天津市档案馆,档案号:J0044-2-192040。

从典到之后,傅恩元就住了进来,至 1940 年已经十多年了,早就取得了所有权。但是乔松年因为要求许家贵抵押还债,就把典出的房地查封了。所以傅恩元要求就自己取得的典权进行登记,并且将乔松年的查封行为撤销,以免损害典权。①

这是一例关于典后拍卖以偿还债款的双重借贷案件,也是一个要求取得典权的案例。因为对方没有按期回赎,并且承典人在原地盖上了房子,

---

① 《傅恩元许家贵等三人确认典权履行登记义务并执行异议,天津地方法院及检察处》(1941 年),天津市档案馆,档案号:J0044-2-56662。

但是原房主因为欠债导致债主要求查封原来的典房，所以承典人要求取消查封而求得所有权。

对此许家贵提起了反诉。他请求法院让傅恩元收受 700 元的典价，准许他将出典的房屋连同基地回赎。因为他欠了乔松年的债，经法院判决，决定对上述的房屋和地基进行拍卖。案外人安义堂拍得此房，确定将傅恩元应得的典价扣留，请求他腾房。但是傅恩元不仅不腾房反而要求确认典权及要求登记，这显然是不合理的。因此许家贵提起反诉并愿意提供相当的保证金额，请求宣告假执行，以便救济。①

1940 年 12 月，河北天津地方法院把二人的起诉和反诉都驳回了。法院认为房地已经被法院判处执行债务，而且也已经被安义堂买得，所有权已经转移。所以原告对于典权登记的事宜已经不能再过问了。②

本案双方都无理由，乃是因为在此之前产权已转移，但是在转移之前，典权的问题应该是先要解决的。依照民间习惯典权者具有优先的购买权，这些法院并不予以考虑。《民法》规定，典房到期 30 年，两年不赎就归承典人所有。但是案子中的原告代理人没有援引这条规定，法院方面也没有应用这条规定，这显然不合理。这个案件的背后有经济理性的动机，当时房屋价格上涨，因此出典人才出此下策。

典权的承典者按照民间习惯和《民法》具有优先的购买权。在这个案例中法院没有遵从民间习惯，而是在没有与典主商量的情况下对所典房屋拍卖，不合乎民间的习惯。依据法律，典期不满 15 年的到期可以延续两年再赎。从这个案例可见，典权在市场交易中与其他不动产转让和交易的方式联系在一起时，被放在了整个的法律框架和市场中，则需要服从整体情况。这样，在市场混杂的情况下，典权济弱的传统内涵往往被削弱。

第五节　近代国家对典权的管理和规范

自古以来典权制度就存在官方立法与民间习俗间的博弈，"民间风俗

---

① 《傅恩元许家贵等三人确认典权履行登记义务并执行异议，天津地方法院及检察处》（1941 年），天津市档案馆，档案号：J0044 - 2 - 56662。
② 《傅恩元许家贵等三人确认典权履行登记义务并执行异议，天津地方法院及检察处》（1941 年），天津市档案馆，档案号：J0044 - 2 - 56662。

的习惯法与官府的成文法以一种奇怪的方式整合在一起，并行不悖，却相互独立，又相互对抗，形成事实上的多元管辖权。官府法律与民间的疏离，也反映了持续千年的信任危机形成中国法制的深刻困境"。① 在典权制度的民间习俗与国家立法的博弈中，典权制度强调对出典人的关照。但在国家层面，"清代处理汉族民间典权纠纷……不但注意到对典权双方利益的合理保护，而且也借此向社会灌输着公序良俗的民法的原则"。② 民国时期，典权正式进入了《民法》，在这个过程中，民间习惯与近代法制也存在着博弈。③

近代，国家制定了一系列规则，通过订立典权的立契、登记、作保、纳税等一系列契据，将典权逐步纳入近代国家管理的轨道。

近代以前，买卖土地要立契据。契据有两种：一种为官方收税盖印的，经办此事的大都为各地县衙，谓之红契，红契为纳税注册的土地契约，④ 具有法律效力；另一种为白契，在法律上不能生效，为民间社会认可的契约（见表1-6）。《大清律例》规定，典是活卖，卖是绝卖。典无须纳税，卖需要纳税。清代契证有官契、红契、白契三种。官契为官方在民间典、卖不动产时登记及征税的税契。民国时期的买契代替了官契。此外还有验契、本契、卖契、官纸等。契尾是政府附加的一种表格，是由买主添注的一个房地产登记手续，有买主、数量、应纳的税款和原契张数等项。⑤ 白契盖上官印、粘上契尾后也可以变为红契。契尾不仅是土地买卖的纳税凭证，还是区分红契和白契的根本标志，所以偷卖契尾的行为一直受到法律的严厉制裁。⑥ 白契的举证效力远不如红契。回赎典价时政府认可红契全价回赎，白契则半价或不给价。民国时期官契和草契（即红契和白契）有合一的趋势。⑦

---

① 吴向红：《典之风俗与典之法律》。
② 许光县：《清代物权法研究》，第51页。
③ 杨熠：《〈中华民国民法典〉典权制度中国家立法与民事习惯的博弈》，《法制与社会》2007年第8期。
④ 宋美云：《清代以来天津会馆房地契证》，《天津文史资料选辑》总第109辑，第136页。
⑤ 宋美云：《清代以来天津会馆房地契证》，《天津文史资料选辑》总第109辑，第136页。
⑥ 许光县：《清代物权法研究》，第84页。
⑦ 宋美云：《清代以来天津会馆房地契证》，《天津文史资料选辑》总第109辑，第136页。但是这个过程也不是一帆风顺的。参见《验契问题难为了县政府——限期将届，人民本来投验，省令催促务须依限藏事》，天津《大公报》1930年2月21日。

表1-6 实征收典当房地产补税契

第二千二百二十六号
城乡村庄人邢宝善将房地十六间价洋五百六十七元整典与邢世昌、邢万昌
分合税：洋十四元七角五分八厘
自治费：一元九角七分
牙用洋：二元二角七分一厘
查验费：一元
注册费：一角
纸价：五角
随带　红契　张　　白契　张
洪宪民国五年九月三十日投税

资料来源：赵津：《中国城市房地产史论（1840~1949）》，第159页。

民国时期对典权设定了登记手续，以保证典权法律上的信用，中国近代的登记制度在清末从外国引进。1922年北京政府颁布了《不动产登记条例》。该条例第5条规定，非经登记，不得对抗第三人。这是中国最早关于不动产登记制度的立法。1930年出台的《中华民国民法典》再次确立了形式主义的物权变更模式。该法第758条规定："依法律行为而取得、设定、丧失及变更的不动产物权，非经登记，不生效力。"1946年国民政府颁布了《土地登记条例》，明确了土地登记的程序，从而赋予该法以土地变动之程序法的性质。① 赵津指出："近代中国房地产的产权概念主要指土地，地上建筑物，虽视为不动产，但不如土地固定。……对于房屋产权没有专门颁发凭证。"② 天津典权登记程序的第一步就是"声请查测"。

表1-7 声请查测书

为陈请查测事：钟滋德堂有坐落二区旧六二区二所，余庆里门牌七号地亩分厘毫房间六间，烦中人说合，愿以大洋四千典与福裕堂季名下为业，自应遵章缴纳旅费外，自应约集四邻及买卖双方人等听候查测，兹定于四月三十日上午十时到贵局恭候派员同往为荷。谨呈
天津特别市公署财政局。
典主：福裕堂季，法租界教堂后端德新里二十五号
通信处：钟滋德堂，东马路二道街二八号
中华民国三十年二月十八日

资料来源：《福裕堂季典契，天津市财政局》（1941年），天津市档案馆，档案号：J056f-1-013512。

---

① 李玉强：《我国不动产登记制度研究》，黑龙江大学硕士学位论文，2006，第15页。
② 赵津：《中国城市房地产业史论（1840~1949）》，第12页。

四邻在典契中具有重要的作用,"四邻的作用不仅是成为潜在的买主,四邻的出场还有一个作用是确认地界,以防纠纷"。① 民间典契中四邻也同样得到了官方的重视。政府派人来测量,同样需要四邻到场签押,以保证不发生纠纷。测字第6256号勘测报告书:"于民国三十年四月三日奉到测第6256号通知书,开具业户福裕堂季投到价典第十编街第二区第五段南善路钟滋德堂坐落二区二所局,证为来字第195号载价5200元,原亩地二分四厘八毫。价洋四千元,声请投税并陈请勘测前来员当即前往勘得该房地与典契四至弓口亩分相符,对明邻右并无纠葛,可否准其照章投税理合呈请鉴核。曾文占、周乾钰谨呈。谨将勘得特别情形报告于左:查该房地北邻王姓无人到场签押,由承典主及出典主双方具结,共同负责,理合呈报。鉴核。中华民国三十年四月。"②

对邻居不在场的情况,则由典契双方保证,如表1-8所示。

表1-8 典契保证书

结测字第　号
出典主钟滋德堂　现年　岁　籍贯　通信处　职业
受典主福裕堂季　现年　岁　籍贯　通信处　职业
为具结事实结得福裕堂季　价典钟滋德堂坐落二区二所南华路庆余里房地声请勘测一案,兹因北邻王姓不能邀集到场指界画押,以后如有界址不清等情事,由买卖双方自行清理,所具切结是实。出典主钟滋德堂,受典主福裕堂季。

中华民国三十年四月三日

资料来源:《福裕堂季典契,天津市财政局》(1941年),天津市档案馆,档案号:J056f-1-013512。

之后是到财政局声请投税。房地产契税始于西晋,房地产契税率历代大同小异,晋代买、典契均征4%;明代初年,买、典俱征3%;1573年,典房俱免纳税;清代初年,沿袭了明代的做法,买契税3%,典房免税;光绪二十九年收典契税3.3%;1915年买契税6%,典契税3%;1937年抗日战争爆发,买契税7%,典契税4%;1942年买契税9%,典契税

---

① 吴向红:《典之风俗与典之法律》,第19页。
② 《福裕堂季典契,天津市财政局》(1941年),天津市档案馆,档案号:J056f-1-013512。

5%；抗战后，买契税7.5%，典契税3%。① 典契税与卖房地的税有不同的表格。表1-9、表1-10分别是1942年天津市公署的典契的契尾和卖契。另外还有投税费用表（见表1-11）。

表1-9 1942年天津市公署典契契尾

					府 缴							
		立契年月日	原契几张	应纳税额	典价	出典人姓名籍贯	四至	房间数	地亩数	坐落	不动产种类	典主姓名
中华民国三十一年八月二十二日	典主毛玉田，中人王雨亭等	三十一年五月	一	一百六十九元六角(5.3%)	三千二百元	贾连起	东南西北详载蓝图	砖灰房二间，土房二间，过道一座，厦一条	市亩一分一厘一毫	第五区（旧五区四所）尚师夫坟地进香里	房地	毛玉田

资料来源：《民国三十一年八月警区典契契尾，天津市财政局》（1942年），天津市档案馆，档案号：J056f-1-074583。

典契税与卖房地的税用不同的表格，如表1-10所示。

表1-10 1942年天津市公署卖地的契纸

					署 缴						
	卖主	立契年月日	原契几张	应纳税额	卖价	四至	房间数	地亩数	坐落	不动产种类	买主姓名
中华民国三十一年八月十一日	卖主：张利，中人：刘德珍	三十一年六月十五日	一	二十七元九角四分(6%)	四百六十五元六角	详载蓝图	—	市亩二亩一分四厘六毫	第七区（旧五区八所）赵沽里村南	地	张正普

资料来源：《民国三十一年八月警区典契契尾，天津市财政局》（1942年），天津市档案馆，档案号：J056f-1-074583。

① 燕晓：《房地产契税沿革》，《北京房地产》1995年第2期。

表1–11 投税费用

天津特别市公署财政局　第九七〇七号
为通知事：据该户投到结字第二五九号契据全套业经勘测相符自应准予税契登记以固产权。兹按契载价洋四千元，照章应纳下列各费：
税款洋：二百一十元
登记费：一十元
制图费：二元
登记证纸价：
共计洋：二百二十二元
仰于三日内径向本局指定银行缴纳各费以凭填发契证，俟接到领契通知后携带原发收据领契，特此通知
并通知业户福裕堂季
中华民国三十年五月九日

资料来源：《福裕堂季典契，天津市财政局》（1941年），天津市档案馆，档案号：J056f-1-013512。

国家对典权发生后不动产上的其他权益也有规定。如对于出典人逾期不回赎土地，典权人依法取得所有权后是否缴纳土地增值税的问题，1948年奉法院解释如下："典权人依民法第九百二十三条第二项或第九百二十四条但书，取得典物之所有权系依法律之定，而移转其性质为特定继承，自应依土地法第一百七十六条第一项第一百七十八条第二款第一百八十二条之规定征收土地增值税。"此令经市长杜建时下达天津市财政局和地政局遵照执行。[①]

到法院进行典权登记，成为人们降低典权的交易风险和维护典权信用的一种重要方式。典权登记还有暂时性的，但是如果典权双方有争执则暂时不予登记。如表1–12的案例，1939年8月11日李吉声到天津地方法院登记处要求暂时登记，典权暂时登记人为郑履谦、李吉声；代理人为陈士珪律师。[②] 他要求暂时登记的原因是郑履谦在1938年7月6日将所有坐落东门里芦家胡同六号房屋七间半典给声请人。但自成立典契后，郑履谦一直不履行登记手续。"现在声请人已起诉，请求确认典权为此声请人，先声请暂时登记。"[③]

---

① 《市政府训令准地政部代电为出典人逾期不回赎土地典权人依法取得所有权应否征收土地增值税一案令仰知照，天津市政府》（1948年），天津市档案馆，档案号：J0101-1-002091。
② 《东二区李吉声典权暂时登记，天津地方法院及检察处》（1949年），天津市档案馆，档案号：J0044-2-207450。
③ 《东二区李吉声典权暂时登记，天津地方法院及检察处》（1949年），天津市档案馆，档案号：J0044-2-207450。

表 1-12 不动产登记声请书

不动产坐落四至种类亩数或间数	登记原因及年月日	登记标的	特别事项	现时价值	登记费	证明文件及参考事项	右呈
坐落一区二所东门内芦家胡同六号房一所计平房七间半	李吉声典得郑履谦之房,民国二十七年七月六日立契	典权暂时登记	典期五年,典权暂时,原因另有声请	典价一千三百元	照贴印纸洋四角	民国二十七年七月六号白典契一件	河北天津地方法院登记处公鉴

资料来源:《东二区李吉声典权暂时登记,天津地方法院及检察处》(1949年),天津市档案馆,档案号:J0044-2-207450。

当登记处人员到郑履谦家调查时,引起了郑履谦的反对,他向法院发出声明:"查该李吉声现与民正在民庭推事涉讼(确认典权),有案尚未判决,则其声请登记显系为时尚早,且不合法。""再者,此案现在第一审尚未完结,将来不知延迟至何时日,请贵处对于此项登记径予驳回,于法于理方为洽合,特此声明。"① 这导致李吉声要求的暂时登记延迟(见表 1-13)。

表 1-13 登记通知书

受通知人姓名住址	通知事由	
郑履谦,东门芦家胡同五号	为通知事:来函已悉。查李吉声于本年八月十一日系就东门内芦家胡同六号房屋七间声请典权设定暂时登记一件,并非正式登记,该民等对于该不动产既提起诉讼,应候判决确定后来本院登记处声明,再行审查办理,特此通知	中华民国二十八年八月二十一日,天津地方法院院长

资料来源:《东二区李吉声典权暂时登记,天津地方法院及检察处》(1949年),天津市档案馆,档案号:J0044-2-207450。

---

① 《东二区李吉声典权暂时登记,天津地方法院及检察处》(1949年),天津市档案馆,档案号:J0044-2-207450。

产权是典权的基础，政府当时也对不动产实行登记，登记的形式如表 1-14 所示。

表 1-14　不动产登记证明书

登记人姓名	登记号数	收件年月日及号数	不动产之标示	登记原因及其年月日	登记标的	权利先后栏数	登记年月日	
悦善堂张贵山	不动产登记簿第一册第九号	中华民国二十六年一月二十九日收件第一七七号	坐落北三区河北新大路坐西纯德里房地一段，计地亩一分七厘，砖瓦房三十七间	民国二十六年一月二十六日由纯德里张日政等设定典权	典权设定登记	他项权利部第一栏	中华民国二十六年五月十七日	中华民国二十六年五月十七日右证明登记完毕。登记处

资料来源：《东二区李吉声典权暂时登记，天津地方法院及检察处》（1949 年），天津市档案馆，档案号：J0044-2-207450。

近代中国，政府对典权的管理不断完善。清代虽然一度废弃了典权，[①]但是固定资产的典当现象则在民间存续不衰，而且纠纷不断。典权产生的土壤为中国传统的血缘和地缘关系，体现了传统社会的特点。故此，在西方法律的视角下，典权的性质难以归类，"有视为担保物权者，有认作用益物权者，亦有调合二者说而主张为特别物权者"。[②] 这是因为中国社会没有清晰的个人产权意识或权利意识，而是注重家族血缘群体的生存逻辑，正如梁治平所言："中国早期国家的形成与西方不同之处在于：第一，国家的出现并非由于生产工具的重大改进，而是与固有亲属组织的变化有

[①] 黄宗智指出，在法律上，清代不承认买卖典权的习惯，也不主张典权人不断找价的做法。参见〔美〕黄宗智《法典、习俗与司法实践：清代与民国的比较》，第 73 页。

[②] 梁治平：《清代习惯法：社会与国家》，第 47 页。

关。第二，这种国家并不把以地缘关系取代血缘关系为条件，而是在很大程度上保留并且依赖血缘组织及其原则。这种亲缘的政治化和政治的亲缘化，造成一种家国不分、公私不立的社会形态，其反映于法律，则是内外无别、法律与道德不分。"① 西方土地所有权具有排他性、绝对性、永续性，在中国不存在类似的绝对土地私有权的观念。② 西方个人主义的所有权制度的确立则有着其悠久的历史文化传统，而且在近代西方的制度变革中在国家制度和法律层面确立起来。③ 而中国民间因为产权不清晰产生的矛盾纠纷成为社会经济中常见的现象："天津市房地产管理局至今保留着一份明代朱元璋时所绘制的天津县鱼鳞册，房产历历在目。上海地区称为田单。分家有割单，因毁坏而另立为代单。这些契据在出租、抵押时，买主常常为确认其可靠性大伤脑筋。为此，纠纷迭起，涉讼经年，难以判决。"④

民国时期在制定民法的过程中，将西方权利概念引入，⑤ 传统民间习俗中的固定资产典当以典权的概念又得到了新的发展，是中国国情和西方式法理结合的一项成果。虽然学者对此有所批评，⑥ 但是，伴随着产权的明晰化，对于近代天津这个五方杂处的"半熟人"社会来说，民国时期的典权立法适应近代城市房地市场的发展需要。

光绪年间在对典权不断强化管理的基础上，要求对民间典权进行统一

---

① 梁治平：《清代习惯法：社会与国家》，第6页。
② 邹亚莎：《典权近代化变革的历史评析》，《河北大学学报》（哲学社会科学版）2013年第2期。
③ 参见〔美〕道格拉斯·诺斯、罗伯斯·托马斯《西方世界的兴起》。
④ 赵津：《中国城市房地产业史论（1840~1949）》，第11页。
⑤ 吴向红认为，典制源于血缘—地缘集团内部的信贷活动。近代对典的立法中的官吏意识阻碍了私法对典制的重述。正确的进路应该是以私法的概念重述民间的习惯法，将典重新回到前所有权的语境下，把典的标的理解为权利束。参见吴向红《典之风俗与典之法律》。
⑥ 龙登高、邹亚莎等学者认为传统意义上的典具有优化资源配置的优点，邹亚莎还指出，近代中国用西方物权观念改造典权的法律效果并不适合中国国情。参见龙登高、林展、彭波《典与清代地权交易体系》，《中国社会科学》2013年第5期；龙登高、温方方《论中国传统典权交易的回赎机制——基于清华馆藏山西契约的研究》，《经济科学》2014年第5期；邹亚莎《清末民国时期典权制度研究》；邹亚莎《典权近代化变革的历史评析》，《河北大学学报》（哲学社会科学版）2013年第2期；等等。

的管理。① 北洋政府时期制定的《民国民律草案》重新制定了有关典权的法律条文，认为典权中包含着传统的孝道和济弱的美德，并单独列出了典权一节，对民间的典权交易进行规范。② 南京国民政府时期在《民法》草

---

① 宋美云主编《天津商民房地契约与调判案例选编（1686～1949）》，第107页。"民间嗣后，典当田房，必须用司印官纸写据，此项官纸每张交公费制钱一百文，向房牙买用，准该牙按八成缴官价制钱八十文。民间嗣后，典当田房，务须写明典限、年份、限满准其回赎，如逾例限不赎，准典主税契永远为业。官牙纪出司印官契纸，遇民间典用，不准该牙纪勒背不发，例外多索犯者，审实照多索之数加百倍罚，令牙纪交出、充公，免予治罪，仍予斥革，如罚款不清，暂行监察。牙纪于更定新章以后，见有新典之私契，因贪使用钱不即告官者，别经发觉，并照所得用钱数目加二十倍，照官牙第一条罚办。嗣后，民间用司印官纸写立典契，后责成牙纪，将存根填好、截下，按月同纸呈送本管州县，分别存转。未定新章以前，民间所立之典契，仍循其旧，毋庸更换官纸，以示限制。牙纪于典主及邻右里书人等，如有挟嫌诬告，及吏役因缘舞弊滋扰者，一经查实，除照例枷责外，并予永远监禁。以上诸条典当房屋民间均当切实遵办，如官吏牙纪书差人等于前定数目外，多方勒索，准民赴司控告。"

② 《大清民律草案·民国民律草案》，第335～338页。"第九百九十八条：典权人因支付典价，占有他人之不动产而为使用收益。第一千条：典权存续期间为十年。不满十年者，不得附有到期不赎及应作绝之条款。以十年以外之期间设定典权者，其期间缩短为十年。典权未定存续期间者，除有特别习惯外，设定典权人得随时备价回赎。但须于六个月前预告典权人。第一千零三条：典物于转典或赁房贷后有灭毁损者，典权人对于设定典权人负其责。第一千零五条：设定典权人，于典权设定后，得将典物让与他人。典权人对于让受人，仍得行使同一之权利。前项情形，若典权人声明提出同一之价额留买者，设定典权人，非有正当理由，不得拒绝。第一千零六条：典权存续中，典物因不可抗拒而灭失者，依下列规定：一、设定典权人与典权人各出半费，合起房屋，加典三年限满，设定典权人仍照原价回赎。二、设定典权人无力合起，典权人自为起造，加典三年限满，设定典权人照典价加四回赎；三、典权人无力合起，设定典权人得即时回赎，依照原价灭十分之四。第一千零七条：典权届满，典物因不可抗拒力而灭失者，依下列规定：一、设定典权人，得直接回赎，但须灭原价之半；二、设定典权人，无力回赎，典权人自为起造，加典三年限满，设定典权人仍依原价加四回赎。第一千零九条：典权存续中，典物因典权人之行为而灭失者，依下列规定：一、因典权人之故意行为将典物全部灭失者，设定典权人除消灭典外，得依第一千零三条规定请求赔偿；二、因典权人之重大过失，将典物全部灭失者，设定典权人无庸交出典价，典权即行消灭；三、因典权人之普通过失，将典物全部消灭者，设定典权人交出原典价四分之一，典权即行消灭；四、因典权人之轻微过失，将典物全部消失者，设定典权人交出原典价三分之二，典权即行消灭。前项情形，典物一部灭失或毁损者，仍依前项比例酌定。第一千零十条：前二条情形，除第一千零九条第一项外，若当事人有契约或有特别习惯者，依其契约或习惯。第一千零十一条：典权于期满后，经设定典权人备价回赎而消灭。设定典权人，于期届满经六个月后，若不备价回赎，典权人即取得典物所有权。第一千零十二条：设定典权人，于典期届满后，表示让与其典物者，典权得提出时价找帖，取得典物所有权。典权人若不欲找帖，或议价不谐，设定典权人须于六个月期间以内别卖他人，而归还其典价。第一千零十三条：典权人因支付有益费用，使典物价格增加者，于典权消灭时，得请求偿还现存之利益。"

案的基础上对典权进行了进一步的修订和规定。① 对比南京国民政府时期的《民法》与北洋政府时期的《民国民律草案》，对典权问题有所回归。在回赎的时间以及对民间习惯的认可等更加体现了对出典人的关照。但是南京民国政府强调找贴只有一次，无疑也适应了市场流转的需要。

民国时期政府对典权手续上的管理日益严密，力图将一切纳入正规化。南京国民政府时期制定的典契（见表1-15）较北京政府时期的契表更为严密、规范。

表1-15　南京国民政府时期制定的典契

中华民国年月日	典主池桂泉	典契年月日	原典契几张	应纳税额	典价	出典人姓名籍贯	四至	房间数	地亩数	坐落	不动产种类	典主姓名籍贯
中华民国十九年十一月二十五日	典主池桂泉　中人林长有等	十九年十一月十七日	一	一百三十七元八角	二千六百元	温溥	东温溥，西朱淑丰，南鼓楼东大街北温溥	大小六间	市亩一分〇一毫	一区三所东门内津道西大街	房地	池桂泉

资料来源：《池桂泉典契，天津市财政局》（1930年），天津市档案馆，档案号：J056f-1-074550。

---

① 陶百川编《最新六法全书》，第135页。《民法》第3编"第九百十一条典权之定义：称典权者，谓支付典价，占有他人之不动产而为使用及收益之权。第九百十二条：典权之期限：典权约定期限不得逾三十年，逾三十年者缩短三十年。第九百十三条：典权之约定期限不满十五年者，不得附有到期不赎即作绝卖之条款。第九百十五条：典物之转典或出租：典权存续中，典权人得将典物转典或出租于他人。但契约另有订定或另有习惯者依其订定或习惯。典权定有期限者，其转典或租赁之期限不得逾原典权之期限，未定期限者，其转典或租赁不得定有期限。转典之典价不得超过原典价。第九百十六条：转典或出租之责任：典权人对典物因转典或出租所受之损害，负赔偿责任。第九百十八条：典物之让与：出典人于典权设定后，得将典物之所有权让与他人。典权人对于前项受让人仍有同一之权利。第九百十九条：典权之留买权：出典人将典物之所有权让与他人时，如典权人声明出典人提出同一之价留买者，出典人非有正当理由不得拒绝。第九百二十三条：定期典权之回赎：典权定有期限者，于期限内届满后，出典人得以原典价回赎典物。出典人于典期届满后经过二年，不以原典价回赎者，典权人即取得典物所有权。第九百二十四条：未定期典权之回赎：典权未定期限者，出典人得随时以原典价回赎典物。但自出典后，经过三十年不回赎者，典权人即取得典物所有权。第九百二十五条：回赎之时期与通知：出典人之回赎，如典物为耕作地者，应于收益季节后次期作业开始前为之。如为其他不动产者，应于六个月前，先行通知典权人。第九百二十六条：找帖与其次数：出典人于典权存续中，表示让与其物之所有权于典权人者，典权人得按时价找帖，取得典物所有权。前项找帖一次为限。第九百二十七条：有益费用之求偿权：典权人因支付有益费用，使典物价值增加，或依九百二十一条之规定，重建或修缮者，于典物回赎时，得于现存利益之限度内请求偿还。"

从 1929 年开始，政府严令典契的契纸一定要用政府土地局所定制的官纸书写，用民间白纸书写无效，使典契的书写进一步规范化。① 对所典房地也绘有比较详细的图纸。②

民国时期关于典权的法律也有一定的衔接性。如 1941 年孟祥斋将王贵田告上了天津地方法院，要求确认自己对承典土地的所有权。他在 1926 年典到了被告坐落咸水沽东南洋儿口茔地 1 顷 30 亩，典价为 2400 元，言定 3 年为满，并且立下了典契。同年 5 月，在天津地方审判庭进行了典权的登记，领有证书。可过去了十几年，被告依然没有把出典的土地赎回。所以他认为依照《民法》第 923 条，即典权有期限者于期限届满后，出典人过两年不以原典价回赎者，典权人取得典物所有权之规定，则取得所有权应是无疑。当时被告没有到场，但是法院认为按照"民法物权编，施行前定有期限之典权依旧法规得回赎者仍适用旧法规。民法物权编施行法第十五条定有明文"，发生在民法物权编施行以前，应该"适用当时有效之清理不动产典当办法"。该办法第 8 条"虽有设定典当期间，以不过 10 年为限，业主届限不赎，听凭典主过户投税之规定。但不满 10 年之典当，不准附有到期不赎听凭作绝之条件，违者虽经逾期，自立约之日起，10 年限内仍准业主随时告赎"。而本案的典契设定为 3 年，就有无到期不赎听凭作绝的条件。并且依最高法院民国 18 年院字第 9 号及第 53 号解释，田房典当 10 年限满，典主于过户投税前，应先催告业主回赎，否则业主于限满后一段时间内仍得备价取赎。典主于典限期满没有进行回赎的催告，所以原业主对典主过户投税后在相当时期内仍得价赎或告找作绝。因此法院认为原告既未催告回赎，则被告依前列解释仍得备价取赎，法院也

---

① 《典卖立契应购官纸——土地局之白话布告》，天津《大公报》1929 年 2 月 26 日。"特别市土地局昨出布告云：为布告事：按照本局制发契纸规则第三条的规定，有本市区域内典卖不动产的，均应一律购用本局契纸填写，方准投税的话。早经市政会议通过公布在案了。近查业户来局投税的契纸，多有不是用本局官契纸填写的，大概民众尚未周知，故有此与规则不合的情形。本局现在拟定限制办法。凡是在民国十八年一月以后典卖田房成交立契的，必须购领本局制发的官契纸，依式填写，以凭投税。特此布告市民，大家要注意。此后凡有典卖田房说合成交的，务期先期来局购领官契纸，成立新契，再来投税，倘再有拿自用白纸书写的契前来投税的，应作为无效，仰即一体执照，切此布告。"

② 《池桂泉典契，天津市财政局》（1930 年），天津市档案馆，档案号：J056f-1-074550。

就没有支持原告的请求。①

从这个案例可见法律对于出典人有利的保护条款,也体现了法律的延续性。但是这种规定对于市场和物权的流转是不利的,对承典人也不是很公平。可见法律体现的传统道义与市场理性的矛盾,是传统社会向近代转型中的博弈。

近代中外经济关系越来越密切,许多外国人也开始参与民间不动产典当的交易。对此,地方政府也有所规定。1937年,河北省规定对外国人典当房地行为需要另行证明,② 对此,天津下级政府机构积极响应。③

小　结

典权是在传统封闭性的熟人社会、中国古代独特的产权观念以及家族本位的社会经济文化环境中形成的。典权中的找贴、回赎等环节,体现了传统文化中的孝道和扶弱济贫的因素,也体现了中国特有的正义观。采用出典的办法既有了周转资金又保全了名誉。在商品经济落后的小农社会中,房屋土地是最重要的财富,是人们最为重要的生存依赖,也是祖先最为根本的遗产。在典契中,出典的优先权以及中人的参与体现了中国社会人际网络中的文化逻辑。出典人既可以回赎土地房产,还提出防止抵押借贷等的苛刻条件。这些都是传统文化中生存道义的表现。典权的形成也是在中国独有的环境之下,典当双方博弈的结果,典契即长期博弈的成果。典权规定了双方的权利和义务,并有官方或者中人作保等内容,以防范风险。"一个稳定的社会契约中的规则,对于生

---

① 《孟祥斋王贵田确认典权成立,河北省高等法院天津分院及检察处》(1942年),天津市档案馆,档案号:J0043-2-022856。
② 《冀财政厅防止外人典买房地,契纸上另盖图戳证明,经省府会议通过照办》,天津《大公报》1937年5月2日。"财政厅长贾玉璋提为近查有外国人假冒国人名义,典买房地产情事,拟于契纸上另行加盖图戳,以杜弊混案,决议通过。"
③ 《严禁房地典售外人,天津县县长陈中岳昨日召集村长训话》,天津《大公报》1937年5月4日。"津县政府顷积极进行整顿田赋,并严禁县民私将房地产售于外人,以重国土,现在陈中岳,深恐民众未尽通知,昧于利害,致蹈法纲,特于昨日下午三时,借同省派整理田赋委员会在西乡大稍直口存,召集第一二三四各区乡长副训话,到有百余人,首由陈县长训话,要点……无论何人,不得贪图高价,隐瞒官厅,私将个人房产田地或其他产业,秘密接洽,典售于外国人,如有违犯,定予以严厉之制裁。"

活中的博弈，可以成功地基于均衡来协调我们的行为。"① 典权制度就是这样一种在千年以来相对封闭的熟人社会的环境中形成的较为稳定的民间制度。

近代天津沐浴在西风东渐的社会文化变迁的环境之中，传统典当制度的博弈环境与规则发生了巨大变迁。首先是工商业的发展、商品经济的发展、市场的不断扩大等经济近代化的进程与西方法律文化的植入，导致典当制度中的所有权问题凸显。在传统与近代的博弈中，西方所有权的法律思维植入了有关典权的规定，法院与中人和官府一样成为典当者双方博弈的场所。随着近代天津城市的扩展和人口的增加，社会环境与传统的熟人社会不同，中人的成分也逐渐有所变化。典权的基础是所有权，但是中国传统的所有权非常不明确，用西方法律的观点来看常常发生纠纷。家族制度和传统社会文化对典权依然存在很大的影响，如先买权、留买权等，家族共有的土地和房产依然对典权有重大的影响。但在近代天津这个处于转型期的城市中，典权日益要求所有权的明确性。所有权在近代的变迁体现了从国有、家族所有到私有的发展趋势。② 出典房屋中的设施应该是出典人所有，在以前的典契中，涉及设施的条款很少。但是在出典的实践中，出现了拆除房屋内的砖块、木料以谋利导致出典人损失的情形，其引起的纠纷也都反映在典契中。可见随着时代的变迁及封闭的熟人社会的瓦解，典当中的道德风险也日益加大。

随着社会经济的发展及城市化和商业化的日益发展，典权在近代天津的实践运行中越来越体现出经济理性的内涵。商品经济的发展，使得出典资金和承典物的用途都日益多元化，这样，典权制定者的"济弱"目的往往落空。在典契中表现为承典人利用自己的强势地位，要求不准找价、不准提前回赎等，中人也有利用中人地位谋利的现象，而且跳出了传统上亲属、熟人或者地方有威信的人等人际网络，在市场中也出现了专门撮合典权的中人。出典人的出典动机也不仅仅是出于贫困和无奈，谋利还是出典的重要动机之一。典权的契约也可以用来进行抵押借贷，典权也可以向借贷、租借等其他形式的交易方

---

① 〔英〕肯·宾默尔：《自然正义》，第9页。
② 土地所有权史这一变迁，反映了土地所有制度从国家所有制、乡族所有制到私人所有制的主导地位变换的发展轨迹。参见杨国桢《明清土地契约文书研究》，第4页。

式转化。在典权纠纷中，利用法律和依靠政府登记认证来保证在典权交易中的利益有普遍化的趋势，家族对典权的影响力以及中人的调解力有衰弱的趋势。

典权的效力越来越受到市场的影响，房地产的涨价对典权影响很大，很多纠纷都与此有关。市场对产权的明晰有着迫切的要求。典权与其他民间交易形式如买卖、租赁，以及其他民间借贷形式一起，成为房地市场交易形式之一。在日益市场化和商业化的典权中，生存道义没有得到充分体现，而经济理性表现明显。市场以追求利益为出发点，而在典权纠纷中，不动产价格在市场中的变动是一个重要的因素。所以在利与义之间，典权日益脱离了立法者的理想，而成为市场交易的形式。

传统社会在近代的转型导致典权纠纷有增加的趋势，这也要求在法理上典权与其他民间借贷形式有明确的区分。本书资料大多依据法院中有关典权的诉讼案例，典权纠纷虽然不一定反映典权的全貌，但典权在日常生活中依然作为民间习惯而存在，其受市场交易的影响是显而易见的。家族的分家析产、人口的流动、房地市场的兴起，以及日益市场商业化的趋势，使得典权在近代与其他交易形式的区分越来越明晰。同时典权与其他交易形式一起成为市场交易的一个环节，市场的因素越来越强，典期缩短，体现出越来越高的效率要求，其中所蕴含的孝道和扶贫济弱的思想已经日益为经济理性所遮蔽。

韦伯曾经谈道："在中国，可能发生这样的事情：一个人把房子卖给另一个人。后来，因为穷苦潦倒，这位出卖房子的人又找到买房子的人，想住房子。如果买房子的人拒绝考虑这位老式中国人要求兄弟般的帮助的愿望，传统的法律精神就会被打乱。于是，已经贫困的卖房子的人作为一个未付租金的房客而住进了房子。资本主义不能根据如此构造的法律来运行。"① 韦伯所说的情况大概是房屋出典的事情。然而，近代城市化所带来的一系列问题也为典权制度的继续存在留下了空间，"各类建筑不仅把地价的差别，同时也把收入差别、等级差别、贫富差别如此鲜明地镌刻在城市的面孔上"。② 民间以典卖为代表的地权交易形成了一个有效的要素

---

① 〔德〕马克斯·韦伯：《近代资本主义的本质》，马克斯·韦伯：《文明的历史脚步——韦伯文集》，黄宪起、张晓玲译，上海三联书店，1997，第143~144页。
② 赵津：《中国城市房地产业史论（1840~1949）》，第240页。

市场。① 典权可以在市场中运行,并且可以适应市场化的变迁,成为民间借贷市场中的一个重要组成部分,不仅对民间融资起到了一定的作用,是民间借贷的一种重要的形式,而且为调解不同阶层人们的需求提供了一个抓手。

总之,典权是传统民间融资的一种重要方式,也适合传统中国文化的土壤。中国古代各种权利的重要性有别于当今,收益权的重要性可能会超过归属权。中国古代民间自发形成的物权法律关系是一种完全不同于西方法律的构建。西方法律以法律理论为指导,具有抽象性和逻辑性。中国法律具有灵活性和实用性。② "有一点可能是马克思的天才洞见,即一个社会的社会契约不能摆脱与其经济中生产方式的联系。"③ 在近代,典当制度一方面为民国立法改造,不仅使之更为适应市场的要求,还成为国家济弱扶贫的道义象征;另一方面也受到了市场的冲击,传统的习俗在经历着变迁。在习俗经济向市场经济的转变中,典权要继续有价值,就要在新的环境下进行新的博弈。

---

① 吴向红:《典之风俗与典之法律》,第1页。
② 邹亚莎:《清末民国时期典权制度研究》,第56页。
③ 〔英〕肯·宾默尔:《自然正义》,第229页。

第二章 近代天津典当业的类型

典当业是一个古老的行业,然而其概念、种类等基本问题历来众说纷纭、莫衷一是。本章以近代天津典当业为例,对典当业的定义、种类等做一探讨,力图提出一些不同于前人的看法。

第一节 典当业的沿革与性质

典当业是中国社会经济生活中一个古老的行业。关于典当业的起源时间,有西周说、汉代说、南朝佛寺说、宋代佛寺说等。① 以主张汉代②和南北朝③说法的为多,还有的学者指出两种说法都依据不足。④ 较通行的看法是典当业起源的地点应该在南北朝的佛教寺院,开始出现时具有一定的慈善性质。到了唐代,官方人士和民间也开始经营典当业,被称为"长生库"或"质库"。典当业的资金来源和业务范围在唐代都有所扩展,达官贵人的资本和民间商业的资本都有注入典当业的,日常生活中的许多物品都可入质。宋代典当业被称为"质库""长生库""解库""抵当库"等,兼具一些金融职能,与社会各阶层联系密切,已具备了典当业较为完备的功能,有官营和民营之分。元代出现了当铺的名称,法律限当息为3分,典当业完全脱离了寺院,进入了民间。到了明代,中国的典当业发展到一个非官商化、非寺院化的民间商业化阶段,出现了诸如徽商、晋商这样具有地缘性质的当业行帮。清代典当业又回到了皇当、官当、民当多头并存的局面,清代政府对典当业发有龙票,以示

---

① 刘建生等:《山西典商研究》,第11页。
② 参见刘秋根《中国典当制度史》。
③ 如有的学者认为典当业起源不应晚于公元5世纪,源于寺院附设之"质库"。参见潘敏德《中国近代典当业之研究(1644~1937)》,第5页。有的学者认为典当业起源于南朝的寺院,是为公益而设。参见宓君伏《典当起源考》,天津《大公报》1935年12月27日。
④ 王凯旋:《中国典当史研究论略》,《辽宁大学学报》(哲学社会科学版)2008年第4期。

其合法资质。总之,随着商品经济的发展,典当业越来越成熟,国家对典当业的管理也趋于完备。① 可见,典当业作为一个行业,其产生也有一个"由个别的缓急融通性质发展成部分人的牟利的专业行为,从量变到质变,有其漫长的历史演变过程"。至于人们用来典当的物品,自古以来"从生产资料到生活资料,无所不包,甚至还有以人为质"。②

典当业的定义可谓众说纷纭,各种辞书与字典对典当业的定义也莫衷一是,可见学术界在这个基本问题上存在很大分歧。③ 定义的基本分歧之一在于当物的性质,如《不列颠百科全书》将典当业定义为:"接受家庭用具或个人财物作抵押贷款给顾客的行业。"④ 杨勇认为当铺是以经营动产和不动产为抵押而行贷出以取得利息,或基于抵押品之使用收益及自由处分以达其获利目的之一种经济形式。⑤ 他对李金铮关于当业只经营动产的定义提出了商榷。⑥ 潘敏德认为近代典当业经营的只有动产,"典当业何以不经营不动产抵押和信用贷款为其营业项目,不得而知。但是这限制了他的营业范围,使之无法企业化和多元化。动产抵押零碎而投资过大"。⑦

典当业的经营业务有一个历史变迁的过程,"凡称典者,对于各式各样的抵押品,无论是动产或是不动产,也不论当货的价值多么昂贵、能否估算,典铺均不得托词拒收,不予办理。这种典铺清代末年仅存两家,不久即自行收歇"。⑧ 可见传统的典铺要有巨额的资金,否则生存不易。近代以来,随着社会经济的变迁,典当业的资金来源日益枯竭,典、当、质等差别不是很大,其实已经混同。潘敏德对于典当业为什么在业务衰微的情况下经营不动产抵押的问题,答案大概是民间惯有的典权制度已经专门

---

① 参见潘敏德《中国近代典当业之研究(1644~1937)》,第5~28页;刘秋根《中国典当制度史》;赵晓耕、刘涛《中国古代的"典"、"典当"、"倚当"与"质"》,《云南大学学报》(社会科学版) 2008年第1期;等等。
② 常梦渠、钱椿涛主编《近代中国典当业》,第3页。
③ 曲彦斌:《中国典当史》,第416~428页。该书对各种辞书字典中关于典当业的定义做了总结。
④ 常梦渠、钱椿涛主编《近代中国典当业》,第2页。
⑤ 杨勇:《近代江南典当业的社会转型》,《史学月刊》2005年第5期。
⑥ 李金铮把典当定义为:"典当是以经营动产抵押借贷为主要业务的金融机构。"参见李金铮《民国乡村借贷关系研究》,第197页。
⑦ 潘敏德:《中国近代典当业之研究(1644~1937)》,第374~375页。
⑧ 顾传济:《典当业的组织管理和业务经营》,常梦渠、钱椿涛主编《近代中国典当业》,第27页。

从事不动产的抵押，而且有国家专门的管理和法律的规定。因此典当业虽然也可以从事不动产抵押，但不是作为自己的一项业务而进行的，而是遵从民间典权的一般习惯。① 也就是说，典当这种借贷形式在动产和不动产抵押方式上有了明确的区分。近代天津当铺有的也从事不动产抵押，但是为数不多，且一般是典权的民间习惯形式。②

抵押借贷业务只是典当业的一般功能，但在中国，典当业不仅是一个古老的民间借贷行业，在商品经济不发达的古代社会，其还具有抵押借贷、储蓄、买卖、融资、保险等多种社会经济功能，与社会经济诸多部门有密切的联系。刘秋根曾把典当业的功能概括为五项：第一，以谷质钱的谷典。第二，存款。明代典当业的存款业务已有了发展，到了清代后期，当铺存款已经成为一种常规业务，一些大型的典当行在一般的居民中建立起信用，普遍进行存款业务。除私人存款外还有官方和社会性的存款，官方把款项分摊到各典当行，聚结保证，定期向官府交纳息钱。第三，信用借贷与信当。第四，钱票发行。第五，货币买卖、货币兑换。③ 从近代天津典当业的情况来看，还不止于此。

典当业的放款除以抵押消费品为主外，也从事商业放款。如天津的一些当铺就向地毯业进行放款，并且从代售地毯业务中盈利。"其利率有月利2厘者，有2.5厘者，以年利计算，其利率多为2分或3分。"制造者向当铺借款，至多不得超过其所有地毯值价的70%，并且须告知当铺其地毯出售的最低价额，无论何时，只要有出此价格的，当铺都可代为出售，以便还本。当铺在代售后，并不向制造商索取佣钱。但在借款的时候，制造者早以极低的价格抵押，所以最低的出售价格往往是低得无法再低的价

---

① 作为中国古代尤其是封建社会后期的一种典型的田土交易方式，"典"是指典权人支付典价，占有他人不动产而进行使用、收益的权利。出典人将自己所有的不动产交予典权人占有、使用、收益，但保留对该财产的所有权，典权期限届满可以赎回；典权人支付典价，取得典物的使用权、收益权，在典权期限届满出典人不赎回时，可以继续获得对典物的使用权和收益权。到了唐中后期和五代初期，土地的典当开始逐步兴盛起来。赵晓耕、刘涛：《中国古代的"典"、"典当"、"倚当"与"质"》，《云南大学学报》（社会科学版）2008年第1期。

② 《周起泰广泰栈债务纠葛交涉，天津市鲜货业同业公会》（1927年），天津市档案馆，档案号：J0129-3-002180。

③ 刘秋根：《中国典当制度史》，第98~141页。

格，当铺乘机从中获利。①

在近代社会，典当业不仅是抵押借贷的机构，"为华商重要行业之一，其功用有如银行，惟专为穷苦百姓而设耳"，② "故有贫民金融机关之称"。③ 刘秋根认为宋代以后的典当业（质库、解库）及清以后的钱铺（钱庄、银号）因存款及资本性放款的发生、发展，应属于中国早期银行业的组成部分。④ 可见，典当业功能有许多类似银行的地方，不仅抵押放款，而且具有储蓄、汇兑等诸多功能，⑤ 有时还发行私贴。⑥

典当业储存的不仅包括钱币，还有其他各种珍贵物品。如天津租界地中的聚丰当的广告："新在英法交界达文波大楼开设支店，备有大宗现款，并备有优待室专被各界仕女及贵妇人名媛亲自储存珍珠钻石翡翠玉器及细软毛皮货等。"⑦ 从这个广告中我们也可以看到，典当业当时服务的对象不仅有贫民，还有上等人物，可以说是针对社会任何阶层的，只不过是以贫民居多。

当铺不仅抵押借贷，对于到期不能赎当的（称死当）物品，还有自由处分的权力。这样，一些当铺也从事商业买卖活动。如聚丰当的另一则广告中有："本当自出售：细毛皮货、钟表字画、珠宝古玩、绸缎呢绒、四时衣服，便宜非常。"⑧ 天津的当铺除了自己买卖当物之外，也常常将"死当"的衣物等在一定的时间内直接批发给天津估衣街的商人或金店等。可见，凡是可以押当的物品，都是当铺的买卖之物。过去天津当铺也有从事买卖军粮等其他业务的，因为当铺的资本来自各个方面，如商人、地主、官僚等，⑨ 所以其兼做多种业务也是理所当然的。⑩ 因此，它

---

① 南开大学社：《天津地毯工业之调查》，天津《大公报》1930年5月12日。
② 《天津当铺业之概观》，天津《益世报》1927年2月20日。
③ 镜清：《典质商与民生》，《商学杂志》第9期，1916年11月10日，第7页。
④ 刘秋根：《关于中国早期银行业的几个问题——兼与黄鉴晖先生商榷》，《河北大学学报》（哲学社会科学版）1995年第4期。
⑤ 沈大年主编《天津金融简史》，南开大学出版社，1988，第6页。
⑥ 潘敏德：《中国近代典当业之研究（1644~1937）》，第287页。
⑦ 《聚丰当启事》，天津《益世报》1932年4月6日。
⑧ 《广告》，天津《大公报》1935年9月30日。
⑨ 子珍、朱继珊：《天津典当业及其同业公会》，常梦渠、钱椿涛主编《近代中国典当业》，第136页。
⑩ 在过去典当业兼营的业务有估衣、油坊、烧锅、粮行、杂货铺等。参见沈大年主编《天津金融简史》；潘敏德《中国近代典当业之研究（1644~1937）》，第287页。

也是一个商业机构。正如有学者指出的那样，当铺是一个双栖性的行业。①

当铺还有保险的功能。当铺因为以物质押，需要对所收存的当物进行精心的保管，因此当铺投巨资修建坚固而严实的保管仓库，由此也发展出了此项业务。许多来当铺抵押东西的人们，不只是借贷金钱以资周转，还有以当铺保管所抵押物品的意图。如过去一些穷苦的人，春天将冬季的衣物抵入当铺，等到冬天再将春天的衣物抵押换回。一些富人也将家里的珠宝、首饰等物抵入当铺，以便保管。故当铺也"兼有保管库的业务性质"。②

总之，从历史的角度看，典当业的功能和性质都随着社会经济的发展和时代的变迁而不断发生变动。因此，对典当业的定义也要考虑到这些变动因素，如典当业在历史上具有多种功能，而许多功能诸如保险、储存等日益为近代其他机构所取代；历史上典当业与各阶层都有密切的关系，而至近代，才被人们定位成一般平民的金融周转行业。典当业的性质问题非常复杂，长期以来一直存在着争议。自古以来，当业就常常因受到政府以及社会人士谴责其高利盘剥而在营业上有所限制；③ 而当业人士对此则颇为不满，认为自己从事的是一个裕国便民的行业。④

根据以上论述，可以对典当下一个初步的定义。典当业典当是一种以抵押借贷为主的，兼具金融、商业、保险等多种功能的行业。

第二节 当业的类型和帮派

典当业从不同的角度可以分为不同的类别和名称。依照经营资本额和营业方式及纳税等的不同而有所不同，可分为典、当、质、押、按、代六种；典、当、质、押、按五种；典、当、质、押四种；典、质、押三种；典、押

---

① 常梦渠、钱椿涛主编《近代中国典当业》，"编写说明"。
② 常梦渠、钱椿涛主编《近代中国典当业》，第7页。
③ 常梦渠、钱椿涛主编《近代中国典当业》，第15页。
④ 张葆琦：《天津典当事业的概况》，《铃铛》第2期，1933年6月30日，第142页。

第二章 近代天津典当业的类型

两种。这些划分依据的是不同的区域和不同的时间。① 如按照地区划分，广东当押店分为三种，当、按、押。当店最大，质期三年，资本最大；还有一种小押，最长三个月，被称为"雷公轰"。② 上海有典、当、质、押等。③

典、当、质、押等典当业名词的含义在历史上有一个发展变迁的过程。"典"和"典当"都是古代"质"的一种形态，均具有调节资金的作用。"典"在大多数情况下，是出典人因为急需用钱而出典典物，典当也

---

① 关于典当业的种类，实业部经济年鉴委员会分为六种：典、当、按、质、押、代；杨肇遇、宓公干等认为四种：典、当、质、押；20世纪40年代《中华年鉴》分之为三种：典、质、押。但是各地具体划分又很不一致，因为避税、避法或资本的情况不同。总的来说，各地以典当为最多。"我国典当业通常分为典当质按押五种。""以资本大小取利厚薄满期长短纳税多寡以区别。"清代典当"二者实质上已无若何之区别矣。""当质之分，大抵在纳税上。""我国典当业通常分典当质按押五种⋯⋯大体以资本大小取利厚薄满期长短纳税多寡者而区别。"参见李金铮《民国乡村借贷关系研究》，第199~200页；乃文：《对于我国典当业之观察》，《银行周报》1940年3月12日，第24卷第10期，第5页；宓公干：《典当论》，第68页。河北省的典当业分为大当、小当、押当、转当、代步等五种。参见《冀省之典当业》，天津《益世报》1936年9月13日。"同治光绪之前的典当业，主要是指'典铺''当铺'两种。'典铺'的资本最大，期限最长，利息最轻，押值亦较高。⋯⋯押期为三年或两年，或十八个月；质押物品的价值、基本上也无限制。""'当铺'的期限则可以不受，因当铺对质贷之额可以有限制而却质。当铺的期限又较短，约为十八个月以下半年以上；当铺押值较小，利息也较重。""开典铺当铺的，都是正当的商人。以后押店兴起，尤其小押，开设的就多为不正当商人、军贩之流，藉小押以放重利⋯⋯在演变，则正当商人也为谋取利润、节省开支，减少捐税，便也开设押店。""中国典当业发展，分为典当质押四种。典，资本最大，期限最长，利息最轻，押值也最高。当，资本不及典铺大，期限多为三年或两年不等，押值较小，利息也略重。'质'的规模较当小，领贴纳税及地方公益慈善捐也比当为轻。押店期限最短，通常为三个月到半年，利息最重。⋯⋯一般而言，平民到银行去借钱很不容易，只有到当铺去。但典铺押值最高，价贱而近于琐屑的物件，当质也不欢迎，就只有拿到小押去。就押物借钱的过程之方便言，押店是最便捷的。所以押店在金融界扮演的角色显得更平民化，但利息更重，期限更短。"小押的兴起与军犯之类非正当商人放重利盘剥的关系非常密切。参见罗炳锦《近代中国典当业的分布趋势和同业组织》（上），《食货月刊》复刊第8卷第2期，1978年5月，第54、65~67页。"典质商者，贷款与人而以物估价作抵押之商也。概可分为当、典、质、押四种。其经营颇似日本之质屋。凡以金银细工及其他物品作抵者，月利三分。以衣服等作抵者，月利二分。期限则质典为三年。质押为十八个月。期中付利，时间亦可延长。价值磋商，皆任双方之合意。"参见镜清《典质商与民生》，《商学杂志》第9期，1916年11月10日，第7页。傅氏指出上海典当业中有典、押之分，小押多在租界，有500多家，而典业多在华界；二者资本和规模不同。华界典当和租界小押业因为当业管理和租税一度发生争夺，之后两业各自成立公会，在1946年合并。参见傅为群《晚清上海典当忆旧》，《中国金融》2008年第4期。

② 林仲荣等：《广东的当押店》，常梦渠、钱椿涛主编《近代中国典当业》，第364页。

③ 孙翔云：《上海的典当业》，常梦渠、钱椿涛主编《近代中国典当业》，第216页。

是因为资金紧张而向当铺质贷。但是，与此同时，两者也有很大的区别。①历史上尤其是唐代后期，"典"指的是担保性质的权益物，多用于不动产，为民间交易，不付利息，可以使用、租押、收益，没有行规等限制。"典当"是一种行业机构。"倚当"是一种债权担保方式。"质"为以物抵押取赎，到元代为一种契约方式。中国的典当业经历南北朝的佛寺质库之后，到唐代逐渐发展为一种质库与世俗并举的行业。②倚当即"抵当"，乃是一种债权的担保方式，宋朝关于"倚当"的记载已有很多。"质"本身就有以物抵押取赎的含义。到了宋朝以后，这一名称基本上就不再使用了。到了宋代，典、卖、质更是举相并列。到了元朝，"质"已经成为一种普遍性的契约规则，继而基本为"典当"所取代，所以在正律中已经很少有规定。到了明清两代，随着社会和经济的变化，正律中更是少见关于质的规定了。③后来质、押等名词被划入了典当业的不同种类之中，这可能与典当业在明代开始纳税有关。④

一 典、质、小押与代当

近代天津的典当业从资本规模、利息及与国家的关系等角度划分，有典当、质当、小押、代当等几种。典当在近代天津是指在华界内向官府纳税依法成立的当铺，它们绝大多数都是典业公会的会员。⑤ 质当或曰质铺多在租界内，由各租界当局管理。1937 年，德国、奥地利以及俄国把在天津的租借地交还给中国政府后，天津政府先后成立了特一、二、三区，这三区的质铺联合起来成立了质业公会。后来先后回归的租借地的质当也

---

① 赵晓耕、刘涛：《中国古代的"典"、"典当"、"倚当"与"质"》，《云南大学学报》（社会科学版）2008 年第 1 期。
② 王凯旋：《中国典当史研究论略》，《辽宁大学学报》（哲学社会科学版）2008 年第 4 期。
③ 赵晓耕、刘涛：《中国古代的"典"、"典当"、"倚当"与"质"》，《云南大学学报》（社会科学版）2008 年第 1 期。
④ 因为典铺之间以及城乡之间差异很大，因此周汝漠提出了分征的政策，依据资产的多少征税。参见王海燕、赵东昌《明代典当业述论》，《史学集刊》1998 年第 2 期。
⑤ 天津典业公会在民国前叫作栗商公所。一般开设典当都要由公会内的两家会员做介绍，并向官府纳税领贴。但是有一个叫庆德当的当铺比较特殊，一直没有加入这个公会，就可在天津华界内经营当铺。金继光：《"金家当铺"始末》，《天津文史资料选辑》总第 65 辑，第 168~173 页。

都加入了这个质业公会。① 1931～1932 年天津的当铺创纪录地达到了一百多家。② 实际上，天津典质铺之间联系密切，许多人在华界开设当铺，同时也在租界开设质铺。据 1934 年的调查，天津典质两业共有 73 家，其中麟昌、德昌、聚丰当各有分号 2 家，元和、桐昌、聚兴、泰昌、松寿、同吉、永裕、万成、聚顺当各有分号 1 家，全市总分号合计有 88 家。从空间的分布来看，华界有 40 家，其中特别区 15 家，其他区 25 家。租界中日租界有 19 家，法租界 18 家，英租界 8 家，意租界 3 家，共 48 家。按营业范围分为典当、质当、代当。典当则资本较巨，营业较大，取息较低，当期较长，并且经过当时官府立案，领有当帖。华界（特别区除外）的 25 家加上在特别二区的中祥、天聚两家，共 27 家当商属于典当，都是天津市典当业同业公会之会员。质当则资本较少，营业较小，取息比较高，而且没领有当帖，这些质当分布在租界与特别区内，一共有 61 家当商。但是在 20 世纪 30 年代以来，典当和质当在利息与资本等方面的区别越来越小，最大的区别为是否领有当帖。租界中的质当因为受到租界当局的保护而更加安全，服务也较好，虽然利息稍高一点，但是营业都较华界的当铺好些。③ 天津的典、质的区别主要在于其所在的位置、管理的归属等，其中颇有因华租二界之不同而造成的华夷之辨的意味，但资本的差别已经不大（见表 2-1、表 2-2）。

表 2-1　天津特别市典业一览（1939 年 12 月 9 日）

名　称	所在地	成立年月	经理人	原有资本（元）	流动资本	月息表	备考
辑华当	毛贾伙巷	1931.3	程子宽	4 万	12.24 万	2 分 3 厘	当息系栈租和保管费均在内
福源当	南门脸	1931.9	封静庵	4 万	5.71 万	2 分 3 厘	—
源祥当	西北城角	1931.11	杨润斋	10 万	4 万	2 分 3 厘	—
同聚当	鼓楼东大街	1921.10	文质庵	6.5 万	7.5 万	2 分 3 厘	—

---

① 许树华：《解放前天津的典当业》，《天津文史资料选辑》总第 77 辑，天津人民出版社，1998，第 96 页。
② 王绍惠：《沦陷前天津的典当业》，《天津档案史料》1996 年创刊号。
③ 张中龢：《天津典当业》，第 12 页。

续表

名称	所在地	成立年月	经理人	原有资本（元）	流动资本	月息表	备考
和顺当	府署街	1915.3	俞耀川	8万	5.2万	2分3厘	—
万成当	南关大街	1930.12	郑理堂	4万	8.55万	2分3厘	—
天兴当	郭庄子大街	1924.7	郑根祥	6万	4.32万	2分3厘	—
同和当	南门西	1932.7	李子良	4万	7.7万	2分3厘	—
德昌当福记	南市华楼前	1937.4	韩荷廷	2万	5.3万	2分3厘	—
德华当	西门内	1932.10	翟国瑞	4万	6.2万	2分3厘	—
万成当北号	河北大街石桥北	1937.4	温紫宸	2万	11.05万	2分3厘	—
颐贞当	李公楼前街	1934.9	胡俊山	2万	3.23万	2分3厘	—
协合当	西头双庙街	1921.3	杨绍圃	6万	6.5万	2分3厘	—
天聚当	特一区兴隆街	1854	郭慎斋	5.4万	6.97万	2分3厘	—
和祥当	河东沈庄子	1935.4	陈子安	3万	5.21万	2分3厘	—
中祥当	河东西方庵后	1909.11	古忠甫	5.5万	8.78万	2分3厘	—
同福当	河东小关街	1931.6	梁子寿	5万	5.5万	2分3厘	—
中昌当	鼓楼南大街	1906.10	张子润	3万	8.9万	2分3厘	—
麟昌当	西头太平街	1929.1	祁云五	4万	6.9万	2分3厘	—
裕生当	东门外大街	1930.1	原德庵	10万	无	2分3厘	—
太和当	河北大街	1930.8	陆润南	4万	7万	2分3厘	—
福顺当	南市建场和街	1931.9	仝迓东	4万	6.5万	2分3厘	—

资料来源：《天津商会档案汇编（1937~1945）》，天津人民出版社，1997，第486~487页。

表2-2 天津特别市质业同业公会会员商号一览

商号名称	地址	经理姓名	开设时间	加入公会时间	资本数目（元）	营业性质
公茂当新记	特一区六保二甲十牌芝罘路一号	王子寿	1927年2月	1937年2月	2万	质当衣物首饰
同升质当	特三区三保八甲九牌七经路一一〇号	魏雨江	1934年8月17日	1937年2月10日	3.5万	同

第二章　近代天津典当业的类型

续表

商号名称	地　　址	经理姓名	开设时间	加入公会时间	资本数目（元）	营业性质
同升质当分号	七分局一保一甲一排郭庄子大街十一号	魏雨江	1940年4月17日	1940年4月17日	0.5万	同
同聚当分号	特二区地藏庵大街二十七号	文质庵	1937年6月	1937年6月1日	1.5万	同
公顺质当	特别行政区四十七号路求志里八号	韩云亭	1931年8月10日	1940年8月	4.6万	同
天德质当仁记	特三区三所一号路十八号	王馨山	1939年3月	1939年3月28日	3.6万	同
金华质当	特别行政区五十二号路四十二号	乔馨安	1940年2月21日	1940年2月21日	2万	同
福和质当	特一区八保十二甲八牌海宁路二十五号	袁仲宣	1941年4月1日	1941年4月1日	4万	同
松昌质当	特别行政区二十六号路六号	郑英堂	1937年1月	1940年8月	5万	同
裕庆质当	特别□区四七号福发大楼三号	杨润生	1941年3月5日	1941年3月5日	3.2万	同
永聚质当	特二区五保十二甲七牌十字街北十六号	陈厚斋	1939年3月	1939年3月	3万	同
永裕质当	特别行政区五十六号路福顺里一号	郭秉臣	1930年8月	1940年8月10日	3.6万	同

续表

商号名称	地址	经理姓名	开设时间	加入公会时间	资本数目（元）	营业性质
隆顺质当	特别行政区广东路二十一号	宋楚卿	1841年4月	1941年7月	8万	同
德昌当华记	特一区五保三甲三牌福州路一四九号	耿松龄	1935年3月	1937年2月	1万	同
孚中质当	特别行政区五十六号路十六号	张育堂	1939年2月	1940年8月	2.5万	同
同义质当福记	特别行政区海大道三六四号	胡式郇	1933年9月	1940年8月	2万	同
聚顺质当	特二区五保一甲一牌吉家胡同八二号	王伟堂	1918年3月	1940年3月	2万	同
福祥质当	特二区一保一甲九牌金汤街七三号	赵巨源	1927年9月	1937年2月9日	4万	同
集通质当	特二区金汤路四八号	李子厚	1906年4月	1937年2月	3万	同
福顺质当	特别行政区二十六号路小白楼三号	袁芝瀛	1937年10月	1940年8月10日	4万	同
聚丰质当	特别行政区十一号路十一号	陈松涛	1932年9月	1940年月	7.5万	同

资料来源：《典当业公会，天津市典当业公会》（1946年），天津市档案馆，档案号：J0025-2-002475。

表2-2调查的质当一共21家，其中有2家是分号。它们大多数在20世纪30年代成立，只有一家在道光年间成立，资本最高的为8万元，最

低为0.5万元，大多为3万~4万元。入会时间以1937年和1940年为多，而且不像典当业那样一开始就是会员，很多是在开设几年后成为会员的。分布地区以特一、特二区为多。当时质当的利息多为2.8分。

从表2-1、表2-2来看，典质两业的资本最多有十几万的，少的有一二万的。它们之间的区别主要是帮派和历史地域的差别，资本上的差距不明显。

小押当在典当业中出现较晚，但发展较快。清代康熙以来，小押似乎已零星分布于全国各地区。开押店所需资本虽然不多，但也不是随便可以开设的。押店必须由有势力的人做幕后支持。① 近代以来小押日渐兴盛，并且有取代正规典当业的趋势。② 小押多出现在近代中国东部的通商口岸，并且在租界较多，内地较少。"押，多设于通商口岸之租界，设于内地者绝少。即在上海，押店之设于华界者仅占上海所有押店之十分之一。"③ 1935年，上海市社会局在登记当铺的数目与资本时，就只有典当、押店两类。④ 小押有其自身的优势，尤其符合社会下层人们的需要，"小押的设置则不受约定的限制，因而一时小押增多。小押的当期短、收息高，附近居民住户急需小额用款，为求方便，多就近办理"。⑤

押行（特别是小押）早期是不为政府所承认的违法经营。在太平军起事之后，一些地方政府为了增加税收才将小押、押当纳入许可经营的范围。同时出现了以助饷为主的饷押，均由政府发给执照，征收税金。如此一来，所有的典当均纳入特许营业的范围。⑥ 如广东在咸丰八年即1858年前仅有当无押，后来才有押店，因军费浩繁而产生。典有公益性质，而押

---

① 罗炳锦：《近代中国典当业的分布趋势和同业组织》（上），《食货》复刊第8卷第2期，1978年5月，第65~67页。
② 罗炳锦：《近代中国典当业的分布趋势和同业组织》（下），《食货》复刊第8卷第3~4期，1978年6月，第140页。典当业的分布趋势由乡村逐渐转移到都市。第一，对典、当、质、押四类当铺而言，大都市中的典、当资本仍远比乡镇中的典当可观。第二，押店在沿海通商口岸及重要工商业地区发展蓬勃。
③ 罗炳锦：《近代中国典当业的分布趋势和同业组织》（下），《食货》复刊第8卷第3~4期，1978年6月，第136页。
④ 罗炳锦：《近代中国典当业的分布趋势和同业组织》（下），《食货》复刊第8卷第3、4期，1978年6月，第149页。
⑤ 顾传济：《典当业的组织管理和业务经营》，常梦渠、钱椿涛主编《近代中国典当业》，第27页。
⑥ 潘敏德：《中国近代典当业之研究（1644~1937）》，第134页。

为营利性。① 但在许多地方，小押一直是非法的，如天津等地。上海在国民革命后，杨虎一度取缔小押，以实现民生主义，但是并不成功。② 在日伪时期，小押当蜂起，给典当业的声誉带来巨大的消极影响，东北、华北各地出现大量小押店，"多非国人所办，为吸毒盗窃者提供方便，后则遍及全国各地。这使真正的典当业遭受冲击，业务日渐清淡，奄奄一息。1940年前后，大多数自行歇业，而小押则'乘人之危，贪图厚利'，人们称之为'雷公轰'。从此典当业被视为高利贷者，典当业早年的经营做法已荡然无存"。③

天津的小押一直是对民间私营的、非法的、资本非常小的当铺的称呼。④ "在清季以上，历代重视典业，特加保护。凡设典业，均由内部颁发典帖，以为特征凭证，否则即系私设小典，有干禁令。"⑤ 天津小押当的兴起都是在社会动乱或被外来势力侵略的时期，如在八国联军入侵之后的都统衙门时期和日伪时期。都统衙门曾经对兴起的小押当进行了打击和限制。1902年，天津都统衙门发布通告，表示近来因为小押开设很多，"铺之东主并非殷实可靠，兼之收买赃物，勒索重利，不但于贫民无益，而且于市面大局亦受害匪浅"。于是，对于小押当"铺捐照不能照旧办理"，必须找到"妥实保人具有保单者，方准发给，每户每月改收捐银五两正。自今日起，凡领有捐照之铺，须觅妥保二名送呈库务司核准，出具保单一纸，所保值小押当或东主或伙伴经手交易事件，须归该保人二名担保或唯一人是问"。没有执照的则从5月1日起"一律闭门歇业。倘敢违抗，仍复私自开业，一经查出，定当按律重办，绝不宽待"。⑥

在日伪时期，在天津的日本人谷内嘉作和一个叫作中村的人，鼓动了

---

① 宓公干：《典当论》，第70页。
② 《当铺中的教训》，天津《大公报》1930年8月22日。
③ 顾传济：《典当业的组织管理和业务经营》，常梦渠、钱椿涛主编《近代中国典当业》，第27页。
④ 潘敏德：《中国近代典当业之研究（1644~1937）》，第134页。在天津，小押始终也没有具有合法性的地位，一些天津当业人士甚至认为小押当不算是一个行业。参见子珍、朱继珊《天津典当业及其同业公会》，常梦渠、钱椿涛主编《近代中国典当业》，第137~139页。
⑤ 张中龠：《天津典当业·序》，第1页。
⑥ 《天津都统衙门告谕》，天津社会科学院历史研究所编印《天津历史资料》第15期，1982年，第64页。

第二章 近代天津典当业的类型

许多朝鲜人和日本人到天津开设小押当。在日本投降前夕，仅在天津南市三不管、北开、鸟市、谦德庄等贫民杂色人等比较集中的地区，小押当最多时竟有500余家。① 这种押当的典质期限有10天、15天、20天，最多1个月。利息从10分起到40分，有的甚至高达60分。在典质时，开给当户一个简单的当票，名为小票。在当期未满以前，当主可以凭小票再做一次押款，另换一个字据，名为白条。比如当期10天的，可以用小票再押几个钱，展期5天。总的期限不过15天，过期即算死号，任凭下压没收处理。他们的行为也得到了一些汉奸的配合。骇人听闻的是，臭名昭著的大恶霸袁文会在南市经营的小押当，公然收活号，就是以活人做当品。贫民山穷水尽的时候，把自己的亲生女儿送入袁文会的小押当质押换钱，期限与利息的计算和一般衣物无异。他们知道这种当品是绝对无力回赎的，收进活号之后，立即转入其所开设的娼寮，实际就是贩卖人口。②

从1939年开始，天津的小押蜂起。③ 这些小押对天津典当业造成了致命的打击，它们经营灵活，资本较少，民间一些急于用款的人多投入小押的"怀抱"。天津当业对此采取了一些措施，一方面裁员，另一方面在贷款吸款上下功夫，还请求警察当局打击小押。但是当时开设小押的多为日本人、朝鲜人，领有日本领事馆的护照。而且与小押相比，正规当铺有利薄期长的劣势，最终当业难以应对小押当的竞争，以致"能够活动的仅剩15家"。④

表2-3根据天津档案馆所藏档案，对当时天津警察局针对小押当在各区的调查情况做了汇总。

表2-3 天津各区小押

地区	数量（家）	国籍	资本额	利率	营业时间	当期
第一分局管界	110	朝鲜87家，日本7家，中国16家	最低200元，最高3500元	最低1分，最高10分	最低12小时，最高14小时	15日到4个月

---

① 有的资料统计为2000余家。参见《典当业，天津市政府》（1947年），天津市档案馆，档案号：J0002-3-002304。
② 王子寿：《天津典当业四十年的回忆》，《文史资料选辑》第53辑，第57页。
③ 《典当业，天津市政府》（1947年），天津市档案馆，档案号：J0002-3-002304。
④ 燕生：《日趋没落的典当商》（下），《天津中南报》1946年7月15日；《典当业，天津市政府》（1947年），天津市档案馆，档案号：J0002-3-002304。

续表

地　区	数量（家）	国　籍	资本额	利　率	营业时间	当　期
第二分局管界	43	朝鲜41家，日本2家	最低1000元，最高5000元	5分	12小时	最低20天，最高4个月
第三分局管界	52	韩国50家，中国2家	最低100元，最高4000元	最低每元1分5厘，最高1角5分	最低12小时，最高15小时	最低10天，最高2个月
第四分局管界	22	中国4家，朝鲜18家	最低500元，最高3000元	最低每月1分，最高10天1元	最低10小时，最高15小时	最低15天，最高2个月
第五分局管界	26	朝鲜25家，日本1家	—	—	—	—
第六分局管界	67	中国11家，朝鲜56家	最低300元，最高3000元	最低2分8厘，最高每10天1角	最低10小时，最高14小时	最低10天，最高18个月
第七分局管界	62	中国5家，朝鲜57家	最低350元，最高2000元	每月5分	最低11小时，最高13小时	4个月
第八分局管界	33	中国9家，朝鲜24家	最低50元，最高200元	最低2分5厘，最高5分	最低9小时，最高13小时	18个月
第九分局管界	32	朝鲜30家，日本2家	最低400元，最高600元	1分	最低12小时，最高14小时	15天
共计	447	—	最低50元，最高5000元	最低1分，最高30分	最短9小时，最长15小时	最少10天，最长18个月

资料来源：《关于代当局之调查取缔等市署局训令所属呈报办理情形等件，日伪天津市警察局》（1941年），天津市档案馆，档案号：J0218-3-005224。

与天津类似的是20世纪40年代，上海小押的发展在近代有取代和超越大型当铺的趋势，但主要与上海社会的经济发展有关（见表2-4）。

表 2-4　上海典当业发展趋势

年　份	户数（户）
1911~1920	30
1921~1930	56
1931~1940	302
1941~1944	482

资料来源：孙翔云：《上海的典当业》，常梦渠、钱椿涛主编《近代中国典当业》，第 215 页。

上海的典当业是在近代尤其是民国以后发展起来的。清末民初为其黄金时代。租界内的小押在 20 世纪 40 年代发展迅速，占据优势。日伪时期小押店继续发展，已经逐渐没有当、质、押的区分，主要由潮州帮开设。① 广东一带也出现了类似的趋势，民国时期，大型的当押店逐渐减少；抗战后只有当期一年的大押和当期六个月的小押两种。②

还有一种委托店。小押当因为非法而没有招牌，"找委托店自然不用费力，至于小押当吗，管保你一个也看不见，原因是委托店有招牌，小押当没有招牌"。"那些所谓收买估衣的铺子以及所谓洋行、公寓……便都是小押当之所在，也叫质屋。"这些都是日伪时期的小押店演变过来的。委托店在最多的时候超出 100 家，多是中国人经营的。委托店放利钱的方式与小押当也有所不同，"委托店是代客人买卖东西，买卖成时，加收佣金一成。不过凡是卖东西的人，多半是等着用钱，如东西不能很快卖掉，委托店可以预先借给你一笔钱"。利息最高时曾到 30 多分。即使委托物卖不掉，他也说卖掉了，这样既可得大利钱，又可买便宜东西。"现在一区滨江道之委托店，据说暗中都曾做过这样的生意，而且都发了大财。"抗战后，委托店也减少了，"也不敢像从前那样公开的恣意妄为了"。③

代当有代步、接典、转当、转当局、捎脚处等，也可以分为本代和客代两种。本代是由城里的当铺直接派出的人员营业的，客代则是指其他人代为营业，找到相熟的当铺取赎的。④ 代当和代步多设在乡间偏僻的地方，

---

① 孙翔云：《上海的典当业》，常梦渠、钱椿涛主编《近代中国典当业》，第 215~217 页。
② 林仲菜等：《广东的当押店》，常梦渠、钱椿涛主编《近代中国典当业》，第 365 页。
③ 《漫画典当》，天津市政府秘书处编译《天津市》第 4 卷第 2 期，1947 年，第 11 页。
④ 潘敏德：《中国近代典当业之研究（1644~1937）》，第 148~149 页。

相当于典当业的代理分店,①散处乡间各地,是农村和城市当商的中介机关。天津正规的代当原来仅有广昌、天锡、庆昌和中通四当。近代乡村典当业资本流到城市,乡村缺乏当铺,而村中的贫民仍须当衣物,于是代典、分典又纷纷设立了。②

可见,代当是当时城市典当业和乡村联系的一个纽带。这是庚子事变后的天津乡村要求设立代当的一个事件,从中可以体会到当时乡村人们对代当的需求。民国建立后,天津丁字沽唐家湾吴家嘴郭辛庄四村村正宋鸿宾、郭士元、于少章、丁家彦等向当地的警察署要求设立代当,以方便人们的生活。因为这个村子多年遭受兵灾水患,地方贫户苦不堪言,西沽北仓两村的当铺均被焚毁一空,导致"贫民欲携衣物赴津典钱为炊,然居十余里之外,往返半日不特饥饿多时,且于佣工挣钱有误"。他们提出要设立代当。在丁字沽有小茶药铺顺发字号,设立于大街,与唐家湾等三村咫尺相连,"乡里皆道其妥实生理,且铺长伙友均极朴诚"。这个商铺每日必到天津县订货,贫民可以将当物顺便托其捎至天津当铺。归当后,可以酌量当值多寡付钱,给茶药铺伙计有限"脚力费",彼此并不吃亏。假如贫民托其代当过多,"无妨写一小票以便编号标记,以免讹错"。他们认为这"决非私开小押比也"。当地的乡绅为就近地方贫民起见,联名恳请设立,并以存证据保。③可见,代当在当时人们看来与小押有混淆之嫌。

20世纪30年代以来,天津因为农村经济凋敝,典当业的资本大规模进入城市,但农民对典当的需求非常迫切。因路途遥远而典当不便,一些人便从事代当的经营,收取中介费用,于是代当乃乘时而崛兴。"天津近郊,又有转当局,代农民当赎不纳税,一元付脚力费4或5分。"④天津的代当在早年附近各乡镇,如杨村、北仓、宜兴埠、独流等地都有。当时市内各当商,如胜芳蔡家的天聚当,长源杨家的中昌当等,均拥有很多代

---

① 顾传济:《典当业的组织管理和业务经营》,常梦渠、钱椿涛主编《近代中国典当业》,第28页。
② 罗炳锦:《近代中国典当业的分布趋势和同业组织》(下),《食货》复刊第8卷第3、4期,1978年6月,第156页。
③ 《典当业同业公会民国元年禀稿底》(1912年),天津市档案馆,档案号:J0129-2-004308。
④ 宓公干:《典当论》,第72页。

当。① 在20世纪30年代，天津代当发展较快，"他们不须领当帖，不须纳营业税，便可营业"。从事代当的有当业中人，也有由小商贩兼领的，"干斯项业务的人才，要以在典当商中曾经服务之人为最多"，"次即为乡村肩挑小贩及骑自行车的带货人"。他们营业既不给当条，也不给准价，乡民送来衣物，便酌量给一些钱，等从天津代当回来后再照数付给，收扣一些脚力费，取赎时也在本利外收一份脚力费。转当局除得乡村各当主之报酬金外，还有所转送的当铺给予的相当津贴。天津各当商因受同业间激烈竞争的影响，在收当上颇感棘手，加上都市服饰流行变化较快，死当的衣服很难出售，而乡村"质朴成性，崇古息想"，金银饰物也以"乡村女人佩戴者居多，分量亦重"，各当铺认为到乡村收当可以补充营业，因此重视转当局。"优待办法即为偿给津贴，负担借款，其数目当视双方情形而定。"② 代当"收当乡民衣饰转交城市相熟典当，或受托取赎于中谋取脚力，而城市当商为招来乡区营业计，多给代当以津贴。"③

代当的经营方式与其他典当业的有所不同。经营代当的大多为少数人的合伙组织，资本不多。一般有大当商做后台，当商利用其兜揽乡间的当户。代当当期1个月，利息与大当铺一致。在质物时，预扣当月的利钱，开给一张小当票，内行称之为"小票"。过一个月不赎，由代当转送有关系的大当铺，按票面收回已付的当价，由大当商另开正式当票，交代当转交原当户，还回小票，以后即由当户随时向大当铺直接取赎。④ 代当的功能是为乡村的人们代为典当及收赎而跑腿，大半每1元当户须分出4分至5分脚力费，如遇贵重物品和笨重物品，就会按照情况临时增加。转当局收押当物后即付给典主当银及本局当条一张和应扣取的脚力费用。当户于当条上注明押期中取赎，如5日、半个月或1个月等，各地方不同。过期便转送给天津当铺，然后当户可执该局所发当条去换取天津当铺正式当票，以后只要在18个月的当期之内皆可随时自由取赎。如果委托转当局代办，仍须付给相当脚力费，当票及本利银付清后，仍须执取物凭条一

---

① 王子寿：《天津典当业四十年的回忆》，《文史资料选辑》第53辑，第43页。
② 张中俞：《天津典当业》，第63~65页。
③ 张中俞：《天津典当业》，第12页。
④ 王子寿：《天津典当业四十年的回忆》，《文史资料选辑》第53辑，第43页。

纸，隔一两日方能凭条领取当物。①

天津历史上，由于代当是分号不必缴税，所以有小押等借着代当的名义营业。② 庚子事变后，典当业因为受到了很大的损失，一些人要求设立代当以方便人们典当。铺商仲立厚代当局等联名禀求弛禁复开，"以五个月为限，仿照当铺之三分稍增二三分，以便通融"，得到了天津商务总会的支持。商会认为，"该商等所拟办法，尚与小押稍有区别"，查"此项代当取息轻重不同，诚如该商所禀，良莠不齐。但此等生意若邀集当商，转恐讫无定议"。可见商会对此的态度是同情认可的。但是官府对此进行了否决，认为代当和小押没有本质上的不同，"此事敝县本不以为然"，"不得再生希冀矣。其租界小押，亦由敝县奉请权宪照会各国领事，合力查禁"。③

由此可见，代当在近代天津时常与小押相混淆，代当也常常被称为"小押"，④ 当时一些天津当业人士对代当和小押做了如下区分："代当：即小押当，又称转当局，是典当行业旧有的一种经营方式，与日伪时期的小押当，根本不同。"⑤

但代当也存在许多问题。20世纪30年代南京国民政府时期，天津社会局因为代当弊病甚多而对代当进行了整理，制定了两项办法：第一，赎当期限，一律定为24个月；第二，贴补脚力费以及其他种种贴花杂费，一律取消，并经呈准市府，兹该局定于当月25日始施行，除布告周知外，复函各代当商号，饬将两项办法刻制木戳，加印于当票之上。违犯者即行究办。⑥

七七事变以后的几年中，租界当业萧条，不得不向外发展，联系代当。如曹家的万成当联系西沽万成转当局，张勋的松寿当则与宜兴

---

① 张中龢：《天津典当业》，第64页。
② 潘敏德：《中国近代典业之研究（1644~1937）》，第148~149页。
③ 《天津商会档案汇编（1903~1911）》（上），天津人民出版社，1989，第716页。
④ 《市府为前警政会议案提出保安类营业取缔法规由局拟定典当业八种规则等训令，天津市政府》（1944年），天津市档案馆，档案号：J0218-3-006135。《天津特别市政府警察局管理典当业规则》第6条中有白条补注："以往本市代当押当混为一谈，押当局早在取缔之例，是否仍列入，似应另定专则。"
⑤ 王子寿：《天津典当业四十年的回忆》，《文史资料选辑》第53辑，第43页。
⑥ 《解除贫民疾苦——社会局规定取缔代当办法，赎当期限定为二年，贴补脚费一律取消》，天津《大公报》1930年8月1日。

埠的三义代当取得联系。后来日本人遍设小押当，这些老代当多改为其他形式（见表2-5），①或为小押当所取代。② 20世纪40年代初，天津的代当也与小押当一起遭到了调查和取缔，小押当因为日本人的支持，领有日本人发给的执照而无所顾忌，而中国人开设的故物店和代当则倍受打击。

表2-5 中国人开设的故物店

商店名称	经理姓名	商店地址	备考
延生号	赵润田	荣业大街十七号	查原地址系德生代当改设
源丰号	张玉峰	一区广兴大街八十五号	—
恩记号	刘松年	一区永安大街九十一号	—
连城	张连仲	南马路永胜宾馆对过	—
惠生	陈孔生	南市首善大街一百二十一号	—
日兴隆	杨文贤	一区荣业大街三十四号	原址系日兴隆代当改设
德源号	刘善卿	一区荣业大街十四号	原址系聚泰代当改设
德茂兴	耿荣泉	一区广兴大街五十二号	查原地址德茂生代当改设
兴泰	刘晏陞	一区官沟皆一五六号	查原地址系朝鲜人代当改设
元生祥	刘士元	一区首善大街一二七号	查原地址系元祥代当改设
文兴号	王恩元	一区荣庆大街十一号	—
源兴顺	张福贵	一区荣庆大街四十四号	—
新华茂	田隆斋	一区荣庆大街四十一号	—
德兴号	姚德财	一区东兴大街九十一号	—
联兴永记	张鸿声	一区庆大街三十二号	查原地址系联兴商会代当改设
永丰成	张允升	一区永安大街四十一号号	—
同玉号	闫寿光	一区慎益大街七号	—
宏茂号	郭文义	一区华安大街一〇四号	—
大兴德	刘文祥	一区大兴街七号	—
新兴义	刘恩贵	一区大兴街五号	查地址系新兴代当改设
源丰永	杨麒义	一区荣业大街十四号	—
恒兴泰	杨更明	一区庆善大街十五号	—
庆声号	李志安	三区北营门大街四一号	—
捷成号	郭淮彰	九区小西关八十一号	—
益大号	赵树桂	五区河东小集大街八三号	—

---

① 王子寿：《天津典当业四十年的回忆》，《文史资料选辑》第53辑，第43页。
② 许树华：《解放前天津的典当业》，《天津文史资料选辑》总第77辑，第96页。

续表

商店名称	经理姓名	商店地址	备考
万益昌	王馨秋	七区王庄子大街十七号	—
裕津号	杨志民	七区王庄子大街一一〇号	—
瑞源号	李华亭	七区王庄子大街七〇号	查原地址系瑞元代当改设
兴和号	何院根	七区郭庄公益大街四号	—
财信号	于桂芳	七区唐家口大街	—
益昌号	宋子才	七区李公楼中街五七号	—
双义号	杨干臣	七区李公楼前街一号	—
志宝号	崔寿昌	七区郭庄新华街四一号	—
颐和号	吉相斌	七区李家台二〇六号	—
兴茂号	杨秉忠	七区郭庄大街三三号	—
同聚号	梁百年	七区太东大街三三号	—
德和号	蔡启园	七区太东大街增十七号	—
铭盛号	马瑞臣	七区小郭庄街一〇二号	—

资料来源：《关于代当局之调查取缔等市署局训令所属呈报办理情形等件，日伪天津市警察局》（1941 年），天津市档案馆，档案号：J0218-3-005224。

抗战后，代当依然存在。如 1945 年 9 月，妇女耿孟氏到天津地方法院控告中盛代当号王胖子、康经理。在 1944 年 4 月，她将一件皮领大衣在中盛代当号当洋 89 元，又将皮褥子两件出当，当洋 41 元，共计洋 130 元。这三件东西据说价值当时的国币 700 元。不久，她就备足了 130 元的现款，拿着当票到该当赎领大衣和褥子，不料该当号王胖子及康经理以营业忙碌为由主张缓期领赎。可是她再去的时候代当铺竟然表示不记得。她认为这显然是他们沆瀣一气，故意侵权欺诈。但是在审理时，法院调查发现，"该住址当铺早已关闭，据现住张姓称，不知伊去向，故无从送达"。此时，小押和代当在政府的文件中都是属于同一类，被称为"带有高利贷性质的欺诈行业"。①

二 官营与私营

从资本的来源来看，典当业可分为官营、官民合营、私营等，② 也可

---

① 《耿孟氏告中盛代当号王胖子康经理回赎衣服，天津地方法院及检察处》（1946 年），天津市档案馆，档案号：J0044-2-082184。
② 潘敏德：《中国近代典当业之研究（1644~1937）》，第 133 页。

以分为公典、官典、私典等。韦庆远认为,典当业就其东主的身份地位及资金来源来说,可以分为三大类,即:皇当、官当和民当。① 清代"一般来讲,为防止官府与民争利、强取豪夺,朝廷也禁止各级官府开设当铺、直接充当质押权人",只是在"雍正、乾隆年间,为改善宫廷开支浩大、财政不足的困境,朝廷被迫将内帑交给王爷和内务府开设当铺取利"。但是到了"清末光绪年间,官员因为开设当铺获利而受到朝廷处罚的情况也屡见不鲜"。② 陆国香认为按照资本来源,公典可分为官典和公典;私典可分为合资和独资。③ 他说:"典当具有'公典'之称,但以私营为多数,其所设'公'者,大致因典当营业系受官府规章所限制,而非纯由官家或公家所出资创设者也。"④ 刘建生等认为所谓的官府典当业是指由朝廷和各级地方政府经营或所有的典当,其资本来源主要是政府的公款或没收的私人典当资本。私人典当业即属于地主、商人、官僚、贵族等所有的典当。⑤ 其实,公典是近代出现的公益典当,并且由政府亲自监督订立当息。公典作为一种公益性的典当业,往往由官方和商人共同投资,并由官方负责管理,利息由官方规定。如武汉在1929年要由官商公办14个公典,每典资本20万,官方投资112万元,其余由商人投资集股或以1分向银行挪借。月息1.8分,典期为12个月,并请中央拨款资助。⑥ 抗战胜利后,武汉政府委托银行出资设立公典,由政府派员进行监察。⑦ 1933年国民政府公营典当规程中对公典的经营主体规定为三种:主管官署经营、自治团体经营、公益法团经营。其资本来源也有三方面:经营典当者所据之动产或不动产、捐助或遗赠之动产或不动产、政府补助金。⑧ 天津地区的人们对公典与官典区分得较为明确。1900年,商民李姓等指责商会于地方公益漫不经心,请拨保商银行百万存款建立公典,来填补当时因为战争导致

---

① 赵晓耕、刘涛:《中国古代的"典"、"典当"、"倚当"与"质"》,《云南大学学报》(社会科学版)2008年第1期。
② 许光县:《清代物权法研究》,第57页。
③ 陆国香:《中国之典当》(一),《银行周报》第20卷第2期,1936年1月21日,第3页。
④ 陆国香:《中国之典当》(一),《银行周报》第20卷第2期,1936年1月21日,第6页。
⑤ 刘建生等著:《山西典商研究》,第8~9页。
⑥ 《武汉市筹设公典》,天津《益世报》1929年5月5日。
⑦ 《中中交农四行联合办事处汉口分处关于筹设公典借款的函》,湖北省档案馆,档案号:ls29-2-0211-004。
⑧ 《典当营业规程,天津市社会局》(1933年),天津市档案馆,档案号:J0025-2-000128。

的商典（即官典）无法开业带来的不便。① 天津地方政府因为社会上几度谴责当息而致使政府要建立公典，并以此为与天津典业公会博弈的筹码，但是最终没有成功开设。②

在近代天津，官典是指依法成立的、向政府缴纳当税、领有当帖的当铺。官典利息受官方限制，而官府负责其治安等。如天津协合当成立时便被称为官典。③ 官典在天津是那些属于典业公会的、为官方认可的正式合法的当铺。④ 清代中叶曾有规定，不许官员直接经商，"叫做'官不与民争利'，所以当时的大小官吏（内监也是官）都不敢公开经营商业和金融业，只能

---

① 《天津商会档案汇编（1912~1928）》（3），天津人民出版社，1992，第1552~1554页。附公典简章11条："1. 设公典五处，地址：大仪门西、西头、河北、南门内，以上各设公典一处。2. 公典房屋宜借用已抢未烧之商典或已抢未烧之商号，或就接办收市之商典，以期迅速成立，言明借用若干月。凡商典旧历皆有更正处，原为贫民时时方便起见，使不至有物件仍有饥饿之虞。3. 公典各处须由警署委派警兵严加保护，日夜不可疏忽，以防不测。4. 典物日限以二十个月为止，以免资本积压。惟典与赎及账册仍按旧历核算。5. 典物出入均按天津前市面通行之洋计算，俟新币造出，再行更改。6. 典物利息按旧历每月二分核收，实为贫民可受大裨益，以重公德。7. 典伙对于典物者须以和平接待，与典商通。8. 公典办事手续，需用诚实商人1、2人经理。凡用人理财一切均照商典规则，准其政府调查。倘有损失，由经理人担任。如有兵变火焚，再为知照政府酌夺办理，以重公款。9. 公典每处用款约五万两之余，倘有不敷，准该典经理人通知政府，斟酌拨款。10. 领公款先行试办，俟有余利，如数归公，倘周运需用不足，即作存储经费。11. 市面平靖后，商民愿出款者，再为陆续缴述，以备急需。"
② 《当商减息标准社会局会议结果，平时二分，年终一分六，如不可行另设贫民公典，资本由58当店公摊》，天津《大公报》1929年5月5日；《平津当业亏累，一再呼请增息，当局将令合股公典》，天津《益世报》1947年7月20日。"津市典当商业，前以利息微薄，与连续上涨之物价，不成比例，各商均感蚀本，每月亏空达数千万元。特呈请当局，将现在之月息十四分，增为十八分，以资维持，乃迄今未蒙批准。各当商实无法维持，兹特再呼请当局，如不能迅速批准增息，决定于一个月内，全体结束，停业清理。另据调查，当局以当商为平民金融周转机关，关于增加利息一节，斯分两项办理，一面将上年九月一日规定之利率酌予提高，一面由各当商出资，合股一公典，此项公典利息，必须低于商典，以示模范。现在正与当商公会研究中。"
③ 《新设官典》，天津《益世报》1921年6月16日。"天津县公署，昨据县属商人杨协合呈称：窃商现备资本，在县治本埠双庙大街地方，开设协合当官典一座，一切均照津邑当商同行章程办理，并无违例取息及短限累利等项情弊，兹已择吉开市应当。惟津邑五方杂处，良莠不齐，诚恐无知之徒，借端滋扰，有强当硬赎等事，叩乞恩施，俯予以免遵请四等当帖，颁发收执纳课，一面先期出示公布，以安商业，实为公便云云。"
④ 罗炳锦认为："官方用公款去开当铺，是为'官当'，在清代是常见的事。"参见罗炳锦《清代以来典当业的管制及其衰落》（上），《食货》复刊第7卷第5期，1977年8月，第205页。潘敏德认为官当是由政府出资聘请经理经营，政府只负监督之责，其营业所获之利润除员工薪资及设备的开支外多有指定的用途。参见潘敏德《中国近代典当业之研究（1644~1937）》，第134页。

暗中以财东名义出资，觅人代为经营，借以谋取企业红利或放款利息"。①

近代私当常与小押并称，"至于一般私当、小押等，更是极尽盘剥之能事；它们计息以10日为1单位期，每月分3期，于是于名义上格于禁令而遵行的1.6分或1.8分的利率，但是若合月利则为4.8分或5.4分了。此外再加上其他的各种征费，则利将在7、8分之间。这种情形在上海租界内的私当小押业中就有"。②

典当依其资本形式可分为三种：独资、合伙、合股。根据集资的方式也可分为独资和合资经营。③ 天津当业以独资为多，④ 如表2-6所示。

表2-6 天津当铺资本及组织形式

名称	成立时间（年）	组织性质	资本额（元）	年收入约计（元）	经理	地址
同聚当	1921	合伙	8万	15万	文质庵	鼓楼东
协合当	1921	独资	6万	16万	阎玉衡	西头双庙街
天兴当	1924	合伙	6万	10万	温兴三	河东郭庄子
福源当	1931	合伙	6万	10万	封志行	南门西
中昌当	1906	独资	5.5万	11万	张子润	南门里
中祥当	1910	独资	5.5万	17万	张星三	特别一区兴隆街
天聚当	1854	合资	5.4万	11万	郭慎斋	特别二区
麟昌当	1929	独资	4万	14万	祁云五	西北角太平街
和顺当	1915	独资	4万	12万	俞耀川	北门内
裕和当	1929	独资	4万	10万	原德庵	南门下头
太和当	1930	独资	4万	10万	陆荫南	河北大街
万成当	1931	独资	4万	10万	乔厚安	东门外
元和当	1931	独资	4万	9万	何玉民	鼓楼西
同福当	1931	独资	4万	7万	汪春斋	河东小关

---

① 高叔平、高季安：《北京典当业内幕》，常梦渠、钱椿涛主编《近代中国典当业》，第69页。
② 张由良：《吾国典当业的探讨》，方显廷：《中国经济研究》，商务印书馆，1937，第826页。
③ 潘敏德：《中国近代典当业之研究（1644~1937）》，第133页。
④ 吴石城：《天津典当业之研究》，《银行周报》第19卷第36期，1935年9月17日，第18页。

续表

名称	成立时间（年）	组织性质	资本额（元）	年收入约计（元）	经理	地址
德昌当	1931	独资	4万	6.5万	侯敬修	南市
福顺当	1931	独资	4万	8万	仝迓东	南市
辑华当	1931	合伙	4万	15万	侯敬修	宫北大街
同和当	1932	独资	4万	7万	南步武	南马路
源福当	1932	合资	4万	8万	张仲平	西北城角
裕生当	1932	独资	4万	5.5万	王光庭	西北城角
德华当	1932	独资	4万	8万	尤锡氏	西门内

资料来源：吴石城：《天津典当业之研究》，《银行周报》第19卷第36期，1935年9月17日，第14页。

从表2-6可见，1932年前后成立的最多，所以吴石城先生称此时为典当业的盛世。资本以4万元最多，收入多在10万元上下，分布在全市各处。在他统计的21家当铺中，只有6家是合伙、合资的，其余为独资。

三 典当业的帮派

中国典当业根据内部的组织形态和所受地域影响，可以分为秦晋帮（下文称晋帮）、徽帮、宁波帮、绍兴帮、广东帮等。[①]

晋帮在天津的典当业占有绝对的优势，此外还有本地帮和北京帮，但是势力都非常的弱小。而在晋帮的内部又分为介休派和灵石派等。从投资来看，在近代晋帮的势力逐渐衰弱，而山西人士主要成为前台营业的主体，"说到资财方面，当见许多报章及其他刊物上每提到当铺便说多数为晋商所开设"，"其实在日下十九皆为此间巨商富室之资本。说到山西人不过代理经营，借得区微劳动之报酬也。但在过去，庚子之前，则晋商出资经营者确在十处之上（如广盛、益盛、星盛、文盛、天裕、义丰、长庆、日升、广昌以及天赐、广成等合资者）。至今所谓之晋帮，多为依人作嫁，根本投资而经营者则寥若晨星"。[②] 近代天津典当业的资本来源为商人和地主，如天津八大家都有自己的当铺，长源杨家居首，多达十几家。清末

---

① 潘敏德：《中国近代典当业之研究（1644~1937）》，第133页。
② 张中龠：《天津典当业》，第6页。

天津当业步入全盛，经过八国联军入侵和壬子兵变（袁世凯制造），典当业元气大伤，但是由于天津人口猛增，到民国 10 年，又进入了一个新的兴旺时期，此时投资者多为军阀和商人等。如军阀曹锟投资了 7 家，陈光远有 4 家。在地理位置上有中国地和租界地之分，经营者上有山西帮和北京帮之别，中国地（市内）当铺有 19 家，其中山西帮 17 家（见表 2 - 7），北京帮 2 家。

表 2 - 7　山西帮当铺

当铺名称	地址、股东及经理
中祥当	河东，股东是长源杨
天聚当	河东
德恒当	磨盘街，总管为当业会长，山西人袁德庵
同聚当	东门内
中昌当	南门内
辑华当	宫北大街，股东陈光远（河西坞人）
益兴当	河北大街，股东为卞月亭，曾为天津总商会会长
协合当	西头
麟昌当	西头
万成当	南门外
裕生当	北马路西北角
德华当	西门内，股东陈光远
福源当	南门脸
和祥当	三马路，股东天津人郑凤鸣，估衣商人
隆源当	三马路
义泰当	南马路
杨柳青的一个山西人的当铺	—

资料来源：俞耀川：《漫话天津的典当业》，常梦渠、钱椿涛主编《近代中国典当业》，第 115~116 页。

近代天津当业中属于北京帮的有：和顺当位于天津市北门内，经理为刘禹臣；源祥当位于天津市西北角，股东为天津人，总管为北京人杨润斋和河西坞人张仲平。租界开的当铺有 50 多家，其中较为知名的北京当铺有：天顺当，地处日租界，独资，股东为清朝遗老增寿臣，总管为刘禹臣；恒顺当，地处法租界，独资，股东为清朝遗老增寿臣，总管为刘禹臣；元顺当，地处日租界，独资，股东为北京满族人王子铮，总管为刘禹臣；巨兴当在日租界，总管为张仲平。① 由1946年的一项商号财东及经理人姓名籍贯调查可见典当业资本的变迁情况（见表2-8）。

表2-8 天津特别市典业商号财东及经理人姓名籍贯调查

商号	财东	籍贯	经理人	籍贯	资本额（元）	使用人数（人）	住所
和顺当	刘若尧（股东代表）	北京	俞耀川	北京	合资8万	28	北门内府署街
天聚当	蔡述谈	河北文安	杨晓圃	山西介休	5.4万	22	特二区兴隆街
太和当	张太和	天津	郝赞荣	汾阳	8万	31	河北大街二七六号
裕和当	费裕	天津	王舒丞	介休	10万	28	东门外磨盘街
福源当	张志义	天津	封静庵	介休	4万	27	南门西二一二号
同福当	翟瑞符	天津	梁子寿	介休	5万	34	河东小关大街一二九号
源祥当	王仕英	河北武清	杨润斋	北京	20万	20	西北城角六号
中昌当	杨中昌	天津	张子润	介休	3万	30	南门内一〇六号
中祥当	杨中祥	天津	古忠甫	介休	5万	36	特二区吉家胡同
麟昌当	曹凤鸣	山西	冯宜之	山西	4万	22	西头太平街二十二号
同和当新记	张志青、张云清	天津	李子良	山西	4万	26	南门西七十三号
天兴当	葛延鸿等	天津	郑根祥	灵石	6万	18	河东郭庄子公义大街十二号
辑华当	韩达卿赵辑辅等	静海武清	程子宽	汾阳	4万	38	宫北毛贾伙巷三十二号
福顺当	仝迓东	天津	袁仙洲	河北沧县	4万	16	南市建物大街一七五号

① 俞耀川：《漫话天津的典当业》，常梦渠、钱椿涛主编《近代中国典当业》，第116页。

第二章　近代天津典当业的类型

续表

商号	财东	籍贯	经理人	籍贯	资本额（元）	使用人数（人）	住所
协合当	杨协合	天津	杨绍圃	介休	6万	37	西头双庙街四十四号
德华当	韩华棠	静海	耿松龄	灵石	4万	26	西门内大街七十三号
同聚当	曹同聚	天津	文质庵	介休	6万	36	鼓楼东大街一八二号
德昌当	韩延寿 张梦络	天津 江西奉新	韩荷廷	天津	2万	20	南市建物大街一一五号
万成当共记	刘楚臣	天津	乔厚庵	介休	4万	18	南关大街四号
万成当北号	刘楚臣	天津	乔厚庵	介休	2万	23	河北大街福泉里一号
和祥当	郑凤鸣	天津	陈子安	灵石	2万	22	河东沈庄子大马路一〇二号
颐贞当	胡莘辰	天津	胡瑞三 李钟春	灵石	2万	20	特二区十字街
颐贞当分号	胡莘辰	天津	胡瑞三 李钟春	灵石	2万	15	河东李公楼前街九号
裕生当	卞裕生	天津	王瑞宸	灵石	5万	22	特二区二十四保二牌北马路

资料来源：《典当业公会，天津市典当业公会》（1946年），天津市档案馆，档案号：J0025-2-002474。

从表2-8可见，当铺股东多为天津人，经理人多为山西人，北京人的资本雄厚，使用人数少，而山西人开设的不多。

山西帮与北京帮的经营特点也有所不同，北京帮常将"北京"二字标于牌号上，以资识别。但是他们之间日常运作的方式差异不大，山西帮的铺号大约70家，而北京帮则仅5家。当业利息明定每月3分，通常月利自2分至2分5厘，都标明于当票纸上，赎回期限为18个月，遇到要求延期时，有6个月的展期，对展期者北京帮无条件容纳，山西帮则除须更换新票外，还须先付清积欠利息。①

北京帮及山西帮内部的关系错综复杂，在当业公会内部斗争非常激烈。庚子事变后，天津租界在天津城市社会经济的地位日益提升。租界中的质业多为灵石派，对市内的典当业（多为介休派和京派）产生了很大的影响。它们的利息低，经营灵活，办理手续简便，而且不受中国官方和华界当业的节制，"由日警署出示：每银一元，月息取铜子四枚，每角取息制钱八文，当期则为六个月"。② 此时的天津典当业在遭到庚子事变的打击后，又受到了同业竞争的压力，处境困难。在天津典业的请求下，当时天津地方政府一度要对租界的质当业进行调查并征税，但遭到了租界当局的阻挠。③

20 世纪 30 年代初，租界的质当对华界的典业已经构成了竞争优势："当商状况，近年不振原因，系受意英法各租界质当影响，营业甚为衰落。"④

日伪时期，日本人谷内嘉作在日本军部的支持下意图控制天津、北京、唐山等地的典当业。天津的典业公会与质业公会联合起来进行了抗争。⑤ 之后，他们又联合起来对日本人支持的小押当进行抵制，并联合争取提高当息。⑥

典质两业在 1945 年合并成立了当业公会，抗战胜利后又改选成立了典当业公会。"典当业会员有津派（即献县帮）、京派、山西派（内分介

---

① 《天津当铺业之概观》，天津《益世报》1927 年 2 月 20 日。
② 张中俞：《天津典当业》，第 5 页。
③ 《津海关道准各领事照复各租界当商减息情形札饬天津县议事会查照文》，甘厚慈编《北洋公牍类纂续编》，转引自沈云龙主编《近代中国史料丛刊三编》第 86 辑，台北，文海出版社，1982，第 1838 ~ 1839 页。
④ 《由初春到节边，津市商业盛衰一斑，受亏最重者织染业，其余各业均互有高低》，《大公报》（天津）1930 年 6 月 2 日，第 2 张第 7 版。
⑤ 参见王子寿《天津典当业四十年的回忆》，《文史资料选辑》第 53 辑；《典当业同业公会民国二十五年召开全体改选会记录簿，天津市典当业同业公会》（1936 年），天津市档案馆，档案号：J0129 - 2 - 004265；常梦渠、钱椿涛主编《近代中国典当业》；等等。
⑥ 《关于取缔日朝人代押当票营业之训令报告，日伪天津市警察局》（1941 年），天津市档案馆，档案号：J0218 - 3 - 007528；《典当业同业公会民国三十年董事会议纪录，天津市典当业同业公会》（1941 年），天津市档案馆，档案号：J0129 - 2 - 004271；《典当业民国三十一年召开联席会会员会议纪录，天津市典当业同业公会》（1942 年），天津市档案馆，档案号：J0129 - 2 - 004262；《典当业，天津市政府》（1947 年），天津市档案馆，档案号：J0002 - 3 - 002304。

休帮、灵石帮)。"在1948年典当业公会改选的时候，内部帮派的矛盾引起了政府的关注。当时政府对此进行了调查，"俞耀川何人，何以王子寿未当选？"调查人员对此报告说："一、本市典当业在事变前原有典业质业两公会，即在中国地者称典业公会，会长俞耀川，在租界者称质业公会，会长为王子寿。胜利后，经本局将两会合并改组为典当业公会。二、俞耀川系前典业公会会长，现任北门内祥顺当经理。三、典当业会员有津派、京派、山西派，此次改选时，王子寿一再表示退让，又山西派不大支持他，故仅当选常务理事。"俞耀川之所以当选而王子寿退让，是因为"俞耀川系京派，山西派介休帮亦支持他，王子寿系山西派灵石帮，力量较小"。"京派最有力量者为白倬儒（瑞贞当经理）系白世维之兄，与俞耀川关系很近。"① 这则材料反映了当时天津当业内部错综复杂的帮派人事关系及其在竞选中激烈博弈的情况。

与天津类似，上海典当业同业公会内部的浦东派与松江派斗争激烈，同时，其与以潮州帮为主开设的押店同业公会之间也有竞争。②

小 结

典当业是一种兼具金融、保险和商业性质的古老行业。近代天津典当业从行业性质上可以分为典、质、小押和代当等，较上海以及广东复杂。近代上海典当业主要有两类，即典当和小押。光绪三十一年上海共有典当150余家，最初的营业者多为徽州人，广东人多经营小押。③ 广东当业分为当、按、押三种。期限分别为三年、两年和一年。后来又有小押。④ 在当与质的区分中，当业与质业在天津市场上的博弈，是在西风东渐之下发生的特殊博弈情况，体现了近代天津特有的开埠城市的色彩。从营业性质看，可以分为官营和私营等。近代天津的典当业中晋商占有重要地位，多以介休人和灵石人为主。在长期的博弈中，山西帮形

---

① 《典当业公会，天津市典当业公会》（1946年），天津市档案馆，档案号：J0025-2-002474。
② 孙翔云：《上海的典当业》，常梦渠、钱椿涛主编《近代中国典当业》，第224页。
③ 刘建生等：《山西典商研究》，第300页。
④ 刘建生等：《山西典商研究》，第340页。

成了较为坚固的内部信任关系和规则，这使他们在市场博弈中始终强于北京帮和天津帮势力，但其所具有的当业资本呈下降的趋势。在长期的博弈中，当商虽始终没有让政府成立公典，但依靠政府打击非法的小押当。

第三章 近代天津典当业的组织与运作

典当业在中国主要有晋商和徽商两个大的帮派,分别代表了南北两种具有不同特点的典当运行模式。天津典当业属于晋商模式,同时也具有一些天津地方区域特点。本章就近代天津典当业运营的一般组织状况和日常运作进行具体描述。

第一节 典当业建立的程序

天津当业的建立程序大致如下:首先需要筹集资本,然后是选择稳妥的地址,之后是召集伙友。如果在华界开办,还需要同业两家的介绍,成立后入为典业公会会员,然后向财政局请领当帖,缴纳当税。民国时期需要向社会局及市党部备案,方可开市营业。如果是在租界开设,就只需要取得保证,加入商会,得工部局许可,即可开办。①

筹资本 建立当铺首先需要集资。当铺的资本分为两部分,一部分为建筑当铺等固定投资,另一部分为日常营业的架本。固定投资的部分由当铺股东自己前期筹备,有合资和独资等形式,数额为4万到10万;架本也就是流动资本最多有几十万的。② 清代天津典当业的出资者多为地方上有实力的大商人、周边大地主以及山西的经理人等,清代官员很少直接投资,多是暗中以财东名义出资,觅人代为经营,借以谋取红利或放款利息。③ 民国时期,一些军阀、官僚、遗老遗少等开始大力注资天津当业。④

采地址 典当业的选址非常重要,在天津华界则需要经过典当业公会的同意。开设典当的地址,应当注意吸收当户的范围,应拣适中的处所,

---

① 吴石城:《天津典当业之研究》,《银行周报》第19卷第36期,1935年9月17日,第13页。
② 张中龠:《天津典当业》,第14页。
③ 高叔平、高季安:《北京典当业内幕》,常梦渠、钱椿涛主编《近代中国典当业》,第69页。
④ 《漫画典当》,《天津市》第4卷第2期,1947年8月30日,第10页。

使较远的当户亦可顺脚奔来。更须以不距近原设之其他同业为原则，以免互受胁滞，造成两家竞争的局势。选好了地址，或购置或租赁，然后兴工建造通风的库房，扎起秩序井然的货架。① 可见，当铺地址的选择是天津典当业内部长期博弈的结果。位置的博弈会导致当铺间扎堆现象的发生，引发典当业内部同业竞争的加剧，从而不利于典当业赢利。

在建筑方面，按当行旧制，所有城区老当商，均是自建高大坚固的铺房，铁门铁窗。库房、首饰房内部均有护墙板，尤其是首饰房，多建在天井中心，四面不靠街道，除经管人和副理坐柜以外，其他同人一概不准进入。当铺的门柜比一般商号高出一尺以上。租界内的当商限于地势多系租房改装，很少自建铺房。约在1924年，法租界义生当白天被抢，各当商纷纷在门柜上安设木质或铁质的栅栏。②

当铺的外部设备有牌匾、招幌、高墙，以巡视防盗，门前有栅栏。内部设备有对外营业的柜房、接待贵客的客房，点清当日进物的卷包房，用来登记的账房，保存当物的库房，保存珍贵首饰的首饰房。职工的食堂和宿舍，此外还有更房或更楼。③ 由于当行制度严苛，建筑特殊，柜房、宿舍很少见到阳光，人久居其中，多面色苍白，精神不振，偶尔外出，走在路上，人们一看便知是当铺的"老西"。因此当时山西人都说送孩子做当铺学徒，和坐牢一样。当铺的建筑非常坚固，1912年兵变抢当铺时，长源杨家在满门里的中昌当和在河东西方庵的中祥当，曾遭到士兵集中力量猛扑，但终不得逞，后改用炮打。当时有摆地摊的小贩绕到中昌当的后门，建议该当从房顶上往外扔钱。通过小贩的调停，这些士兵反而成为中昌当的守卫。事后杨家为了酬谢该小贩，许以终身吃股。这家当铺的营业结束后，杨家拆卖砖瓦木料，仍得数万元。④ 由此可见，当铺建筑设施投资巨大，坚固异常，既是营业的需要，也对其维护社会信誉具有重要作用，是其信任博弈的重要手段。

天津的典当业和盐业一样，在清朝都带有浓厚的官办色彩；在迎门影

---

① 张中龠：《天津典当业》，第14页。
② 王子寿：《天津典当业四十年的回忆》，《文史资料选辑》第53辑，第39页。
③ 顾传济：《典当业的组织管理和业务经营》，常梦渠、钱椿涛主编《近代中国典当业》，第33~36页。
④ 王子寿：《天津典当业四十年的回忆》，《文史资料选辑》第53辑，第47页。

壁上高悬着"裕国便民"的大牌匾，甚至在门外悬挂着红头军棍。① 典当招幌是典商用以标示经营内容、规模和招揽顾客的特殊标志，也是一种有特别意义的装饰。② 一般来说，在50～200平方公里内开设一家当铺较为合理，可以避免同业的恶性竞争。③ 但是天津人口密集，当铺的分布范围可能要低于这个数字。天津的赌场附近一般有典当行，以方便赌徒。④ 清代以来典当业有所发展，至清末达到44家，分布也较为合理。民国时期，一些军阀、官僚投资典当业，尤其是在租界进行了恶性竞争，导致典当业的分布不是很合理。日伪时期，小押蜂起，典当业只有15家营业。可见，天津华界当铺的分布因为受到了当业公会的限制而较为分散，而租界中因为竞争而相对集中，这与博弈论中的纳什均衡理论是相符的。

领当帖 当帖是清代以来对典当业管理的方式，清代当帖也被称为"龙票"，是典当业合法营业的标志。⑤ 近代当铺的设立往往需要登报公示。公示的程序如下："天津县公署昨接裕昌当商人赵裕昌呈称窃商现备资本，在县治毛贾伙巷地方开设裕昌当官典一座，尊章纳税，一切均照天津当商同行章程办理，并无违例取息，及短限累民等项情弊。兹已择吉应当，惟津邑五方杂处，良莠不齐，诚恐有无知之徒，借端滋扰，有强当硬赎等事，仰乞恩施俯予，一面遽请转请四等当帖，颁发执照纳课，一面先期出示公布以安商业，实为公便，除照章取具同行当商及左右互保各结，另票呈递外，伏乞公鉴云云。"⑥

清末华界当铺开业领有当帖，"这一点为华界之仅有……便须征得其他同业两家以上之同情，加以介绍，为典当商同业公会之会员"。然后向财政厅呈请，领得准许营业之当帖，便可竖起金字匾额，挂起布卷招幌，开始营业。租界则只需要取得保证，加入商会，得工部局许可，即可开办。⑦ 从缴帖的程序看，保人以示信用，团体保证可以减少监督成本，并且取得合法性。如"有益兴当商人卞耀昌并当商董事李元善具有保结，在

---

① 《当铺善恶之分》，天津《益世报》1919年3月24日。
② 刘建生等：《山西典商研究》，第220页。
③ 潘敏德：《中国近代典当业之研究（1644～1937）》，第234页。
④ 曲彦斌：《中国民间秘密语》，上海三联书店，1990，第212页。
⑤ 张中龢：《天津典当业·序》，第1页。
⑥ 《裕昌当之旧店新开》，天津《益世报》1922年4月20日。
⑦ 张中龢：《天津典当业》，第15页。

天津县署禀请发给当帖给领并请公布保证等情，当奉似锡章知事批示后转请当帖给执纳税，候奉核准即行，出示公布，以安商业。惟应缴帖捐洋一百五十元及帖费二元，即补缴来县，以凭一并详缴云"。① 如果是公司可以依公司条例由实业部备案、缴费、保证纳税、领取营业执照。有的地方的典当业归财政部门管理，有的地方认为典当业涉及治安，所以由警察部门协助管理，② 这与天津有所不同。

领当帖的时候需要纳税，一般按照资本等分成不同的等级。康熙三年赋税年纳银5两、4两、3两、2.5两不等。雍正六年领龙票，年纳银甚少。光绪二十六年，每年增为50两。1915年改当帖，以10年为期更换，帖费分为四等：300元、250元、200元、150元。年纳税分别为：250元、200元、150元、100元。铺捐分三等：40元、30元、22元。特别区铺捐头等60.3元，二等30.2元，三等15.1元，10元以上当票贴印花2分，不满10元贴1分。③ 后来财政部还规定当票要贴印花税，当价在10元以上的一律2分，不满10元的一律1分。④

在1921年的时候，北洋政府一度要将当帖印花改为1元，引发了全国当业的反对。⑤ 当税在清代中叶约占税收的5%。⑥ 清代对当铺的管理是消极的，有"寓禁于征"之意，并屡次利用典当商人的"捐纳"来解决财政上的急需。民国以后，基本上采取较积极地将当铺纳于正轨的方针。⑦

在天津开当铺也有不按照以上程序的，这就是金云墀开设的庆德当。金云墀是天津道台手下的小吏，为人精明而且非常善于官场逢迎。庚子事变后他在家里（今南开区东门内石桥胡同十一号）前部北跨院开设了一家小押铺。后来以独资形式出3万元，将小押铺扩充为当铺，起名庆德当，

---

① 《当商请帖之批示》，天津《益世报》1915年11月2日。
② 顾传济：《典当业的组织管理和业务经营》，常梦渠、钱椿涛主编《近代中国典当业》，第30页。
③ 陈静竹：《天津之典当业》，天津《益世报》1936年5月24日。
④ 许树华：《解放前天津的典当业》，《天津文史资料选辑》总第77辑，第96页。
⑤ 《当商请求缓贴印花》，天津《益世报》1921年9月25日。
⑥ 罗炳锦：《近代中国典当业的分布趋势和同业组织》（上），《食货》复刊第8卷第2期，1978年5月，第57页。
⑦ 罗炳锦：《近代中国典当业的分布趋势和同业组织》（上），《食货》复刊第8卷第2期，1978年5月，第65页。

俗称金家当铺。在它经营的20年（1901～1920）中始终未加入天津当行公所，这在当时的天津是绝无仅有的。①

典当业的内部组织　从当时全国当业内部的管理模式看，可以依据地域分为山西模式和徽州模式，全国经营的当业以二者为主。山西模式与徽州模式总体上相似，但是山西模式不如徽州模式管理严密。②天津当铺采用山西模式。从典当业内部劳动性质和形态来看，主要有个体劳动（多暴利和非法的活动）、依附劳动、雇佣劳动（明清时期最盛，内部按比例分成）。③

天津的典当组织与旧式商店大体一样，不同之处在于：其一，劳、资同为股东，资方出资为银钱股，劳方之重要职员亦能得身份股或人力股若干，如有盈余按股均分。其二，当内职员皆由学徒晋级升迁而得，学徒有擢为经理之希望，职员有按股分红之权利，故皆兢兢自守，为店务求发展。其三，包钱按人均分，轮流守业，无贵贱之分，有类家庭之互助，更为当商独具之特点。④可见当铺组织利用家族和地缘等传统因素形成较为密切的团体，同时也采用具有现代色彩的激励机制。

天津典当业一般在开业之初由劳资双方订立合同。首先，资方开列出资若干，定为若干股，劳方自经理及以下主要职员入股若干，获利时按股分之。⑤其次即为雇员，由经理视才学按职级分定薪金。⑥一年纯利分红的比例一般为东伙七三分，伙方再依照一定的比例在管理人员中分配。⑦按传统的惯例，职员都由经理雇佣，多由亲属或者熟人介绍，在旧历年初的时候决定职员的去留。每年正月初一到十五为当行解雇职工的日子。在这半个月中，人人提心吊胆，尤其是学徒，唯恐当铺找保人，要卷铺盖走人。到正月十六，各当行都要吃一顿好的，谓之"家宴"，通过家宴，大

---

① 金继光：《"金家当铺"始末》，《天津文史资料选辑》总第65辑，第168～170页。
② 潘敏德：《中国近代典当业之研究（1644～1937）》，第142页。
③ 刘秋根：《中国典当制度史》，第76～80页。
④ 吴石城：《天津典当业之研究》，《银行周报》第19卷第36期，1935年9月17日，第14～15页。
⑤ 《当铺善恶之分》，天津《益世报》1919年3月24日。
⑥ 张中龠：《天津典当业》，第46页。
⑦ 俞耀川：《漫话天津的典当业》，常梦渠、钱椿涛主编《近代中国典当业》，第120页。

家才安心做生意。① 民国时期，有了新的规定，1927年后，劳资双方订立合同，一般按照规定以三年为期，"计算得利除开支外，所余三成归劳方，七成归资方"。②

天津当铺中职员之给予、月薪及红利均有，红利所得往往超过月薪所入。京帮以一年盈余的20%为红利，晋帮则为30%，而高级职员则获大半，其中总理30%，经理25%，副经理20%，襄理12.5%。所余分给其他职员。高级职员责任重大，对后起之秀也多给予鼓励。学徒期限为一年或一年半，以后依能力晋级。③ 职员薪水高者如经理得百元，低者如学徒为一二元。也有一些分红和零钱，如存箱金、使用金、扣利金、柜息串、盈余金等，此外还有即取（当天取也计一个月）、巧日（如逢一六等收全月利息）等。④ 典当业旧时多为年薪制，⑤ 自1935年起均改为月薪制，月薪为3元至30元不等。⑥ 年薪制时，铺员可将部分薪水邮汇或托人捎回家，养成节俭的德行。薪水之外，雇员还有"包钱""包皮""馈送"三项收入。包钱为按期售卖估衣时照架本多寡拨2%；包皮则为买货时所有，全部包皮皆为同人应有之所得；馈送则是年终时视全年营业的好坏和雇员的绩效分配。⑦ 经理决定是否馈送酬金，由10元到200元不等。⑧ 雇员的吃住由当铺提供，有时可以得到估价便宜的估衣。工作时间随季节变化，一般天长时早晨6时开门，下午8时闭门，工作时间常在14小时之上；天短时早8时开门，下午7时关闭。当铺平时对同人管束极严，无事不许外出，若请假外出，必须4点以前回柜，不许在外吃晚饭。遇有病号，柜上照例不管医治，只许喝小米粥。每年春秋，两次查对架货，谓之"对点"，又称盘货。对点完毕，休息一天，学徒每人得两三毛钱，出去看戏，谓之"听官戏"，或者洗澡；每年仅有两次洗澡的机会。⑨

---

① 王子寿：《天津典当业四十年的回忆》，《文史资料选辑》第53辑，第39页。
② 《当商公约，限期三年，红利三成》，天津《益世报》1931年3月3日。
③ 《天津当铺业之概观》，天津《益世报》1927年2月21日。
④ 顾传济：《典当业的组织管理和业务经营》，常梦渠、钱椿涛主编《近代中国典当业》，第35~36页。
⑤ 张中龢：《天津典当业》，第46页。
⑥ 郭凤岐总编纂《天津通志·金融志》，第85页。
⑦ 张中龢：《天津典当业》，第46页。
⑧ 郭凤岐总编纂《天津通志·金融志》，第85页。
⑨ 王子寿：《天津典当业四十年的回忆》，《文史资料选辑》第53辑，第39页。

平时"自经理至学徒出入携物皆须受一番检查，即空身出入亦多限制，但在春冬盘点架货完毕，秋夏抖晾皮毛架货竣事，方可分班聆歌"。① 学徒入号，第一年，谓之"浮住"，即考验时期，不给工资。在这一年中，先学珠算，认当字，有当字本，又称"当字谱"，一千余字。以后练习写当票，在北京谓之抹黑。到年底馈送两元，至多四元。一年期满后，大多数总是被留用的，每年薪金，不过四元，生意好的，年底给些馈送，但是最多也不能超过原薪。再过一年，照例调薪，辛苦一年，不过加薪两毛。②

天津学徒在入号3年后，可自由请假回家结婚并按章依期住家。住家章程各家不同，大约分两种：一种为两年中住家6个月，另一种为3年中住家9个月。由柜上发往返川资，其所赚薪金及其他应有之所得，皆照常支用。③ 1919年，改为3年回家一次，期限6个月，柜上负担一半旅费。但仍有老年人，坚持旧制，5年回家者。如松寿当老掌柜雷虞卿，山西介休人，就是典型的顽固人物。④

天津当铺的薪酬似乎较上海为多，除薪酬之外，还有股份。1926年前，上海典当人薪酬：经理16元，管包8元，钱房7元，饰房6元，头柜5元，二柜4元，三柜3元，写票3元，卷包、清票、挂牌均2元，学生头2元，其余1元余。之后，均增加不少，大概是要求加薪的结果。⑤

另外，当铺的经理还有长支的习俗，也就是预支。这是旧时商业中的普遍现象。等到结账分红的时候扣抵，数额并无明定，以要结账时可分得的红利为准（即以月薪与劳力股多少为比例，月薪多者借支可较多）。长支的习惯是因旧式商店薪金微薄而规定之，大账之期以3年结算者为多，在此期间仅以薪水之数不敷平日生计之用，则有以预借长支的习惯作为

---

① 张中龢：《天津典当业》，第47页。
② 王子寿：《天津典当业四十年的回忆》，《文史资料选辑》第53辑，第38页。
③ 张中龢：《天津典当业》，第48页。
④ 王子寿：《天津典当业四十年的回忆》，《文史资料选辑》第53辑，第38页。与其他行业相比，在制度方面，当商更有其独特的规矩，如：上自经理，下至学徒，无论何人，均不许带家眷，必须经过5年才许回家一次，期限是10个月，往返路费自备。一般同人回家时，不许自己打包行李，由经理派人检查后，方准包裹衣物。
⑤ 宓公干：《典当论》，第148页。

调剂。①

是否招揽到人才是典当业成败的关键。在人事方面，天津当铺内部的组织方式有三个层次，即股东—经理—雇员。② 股东一般不负责日常营业，具体事物由掌柜或经理负责。③ 经理以下分为营业、保管、出纳、会计四个部分。④ 经理等职员各有不同的职能，也有不同的要求。铺中居最高地位的是正、副经理，受股东的委托掌管全铺业务的运作和人事任免的全权。其次为坐柜，负责辅佐经理，赞襄铺务，监督各级人员工作，及主持业务与日常营业评价和售出号件主盘。再次为司柜，负责直接营业，需要有清楚的头脑和流利的口齿，并且善于逢迎，是最难选的。管财务的有内外两部分，内账最为重要，处理、保管全铺一切金钱的收入与支出以及银钱号存储，还要负责库房的收取和保管，需要稳重和诚实的人。管外账的负责写当票，记底账及管理日用杂费支出等零琐账目，需要聪明敏捷的人。其余查号、卷号都由练习生和小职员担任。还有管理号房的人员负责号房的开关、灯火和照料架货，需要吃苦耐劳的人担任。此外，所有人都要分担一种重要的职责，便是依次排班守夜打更。自经理至学生意者，分开前后夜两班，逐日轮流。⑤ 职员生活大多清苦，每日两餐都是山西式的麦饭，很少用大米。肉类亦是少用的，吃饭的时间在早10点和午后4点，每餐都有烧酒。除去节日外都很简单。⑥

按天津当行而论，每家经常有学徒十余人，他们的主要任务是卷号（收当品）、查号（取当品），并干杂活。此外，在天津当行公所组成后，经常雇佣两个特殊人物，通称"小子"。这两个人的主要任务是替当商顶名打官司。因为天津在旧社会时多有流氓地痞（即所谓"混混"），不断找当铺滋事。因此当商公议，预备两个人，顶着打架，或者是到官府打官

---

① 《典当业公会民国三十三年六月禀帖底稿，天津市典当业同业公会》（1933年），天津市档案馆，档案号：J0129-2-004317。按，文献时间与文件名不一致乃工作人员录入有误所至。下同。

② 子珍、朱继珊：《天津典当业及其同业公会》，常梦渠、钱椿涛主编《近代中国典当业》，第132页。

③ 王子寿：《天津典当业四十年的回忆》，《文史资料选辑》第53辑，第38页。

④ 顾传济：《典当业的组织管理和业务经营》，常梦渠、钱椿涛主编《近代中国典当业》，第35~36页。

⑤ 张中龠：《天津典当业》，第39~42页。

⑥ 张葆琦：《天津典当事业的概况》，《铃铛》第2期，1933年6月30日，第150页。

司。"小子"是"世袭"职。就史料所记,最后两名"小子",一名田丰,另一名张顺,都是天津当地人,他们都三代人干这一行。在没事的时候吃得胖胖的,遇事顶着打架,挨揍。每逢新年元旦,他们必到各当铺给掌柜拜年,照例得赏一块钱。①

当铺内部有较为严格的职业道德规范。主要内容各地不同,大概都有禁止投机放债、浮借赊欠、为人作保、流号、嫖赌吸毒等。② 丁红和齐思整理的《典当必要》《当行杂记》两书大概是北方当铺的铺规,对典当业人员提出了较为严格的道德标准。《典当必要》第一部分主要是针对入门学徒所进行的行规的训诫,多引用儒家经典的言辞。主要有勤俭、恭谨、谦虚、慎言、诚实、好学、习字、敬长、慎交友等在柜内柜外的行为规矩。③《当行杂记》注重对当行内部的学习,认为要根据个人的才干不断学习,不要懒惰,要谦虚等,并且以为做当行事业的价值在于"如得势有势力,利得以富贵润屋,才足以得人之亲敬,德足以使人之悦服。如有余力,教诲童蒙,以成人之才干,携提亲戚子弟。行为如此,岂非贸易中之宜哉?且如当先重任为首领者,又当别论,不在艺强,而当先重在智,智足以知人之才力。用人而得宜仁,仁足以恩泽施人,与人不是费公则济私恩"。④ 典当业"对于从业人员,在开始进店学徒时,即须对他们灌输本业特有的行业成规,嘱令信守不渝"。⑤ 对从业人员的教化有技术和道德两个方面。学徒的上进心和对介绍人的责任是联系起来的。典当业的职业道德为"慎于行,忠于事",小节委曲求全,以不妨大局为原则。⑥ 不同岗位的雇员也有不同的标准,如坐柜者应"绝对宜求平和,不应故意压低其值"。"温和对待"典者,"万勿语辞高傲不屈",收号者当存"人物如己物之公德心理"等。⑦

---

① 王子寿:《天津典当业四十年的回忆》,《文史资料选辑》第53辑,第37页。
② 潘敏德:《中国近代典当业之研究(1644~1937)》,第142~146页。
③ 丁红整理《典当必要》,《近代史资料》第71号,中国社会科学出版,1988,第42~87页。
④ 齐思整理《当行杂记》,《近代史资料》第71号,第91页。
⑤ 高叔平、高季安:《北京典当业内幕》,常梦渠、钱椿涛主编《近代中国典当业》,第68页。
⑥ 张中俞:《天津典当业》,第43页。
⑦ 张中俞:《天津典当业》,第58页。

在人才职业技能和职业道德的培训方面，天津较南方的广东为正规。广东典业用人较为随意，没有严格的标准。在培养人才方面更无法与徽商、晋商比较。薪金方面无工金，唯有分润花红。①

但是，随着时代的变迁，典当业对铺伙的要求和规范也日益松弛，铺伙的道德和职业水准也有所下降。如"日租界庐庄室恒义当铺于二十一日被学徒董某窃去有钱折一个，共取去大洋一千六百元，现已由公安局通令缉捕"。这个学徒是"与恒义当交往之义恒昌银号司帐人姜幼安，向王某介绍，谓有一友之子，新近来津，请王某允诺在当铺内学徒，王当即应允"。这个学徒因为嫖娼欠债而将号内存在银号的钱折偷取。② 从这则材料可见，此时的当业的学徒管理不如以前那样严格了。1927 年后，典当业内部之旧有纪律早已被破坏殆尽，职员解雇要有巨大的解雇费，经理不敢严格管理。③

天津典当业招揽的经理和铺伙除来自北京的四大顺以外，多为山西人，山西人一直是天津典当业经理和铺伙的主体人员。究其原因，乃是典当业具有很强的专业性质，在过去没有专门学校培养典当业人才的情况之下，就业人员"多数是父子相承，或者是亲戚故旧"，④ 而且山西人来自远乡，"向守勤劳朴诚之美德，典当事业在经营上如打算造成稳健跟脚，第一即为取信于社会，质物中絮纽之差，在所不容"，⑤ 而且当铺较为专业，因此很少有跳行的。在传统社会中，典当为穷人解决一时之困难，因此成了一般人既敬畏又羡慕的行业。典业员工在传统社会属于高收入阶层，工作稳定。因此，典当在引进员工时多采取保护措施，以同乡或同侪之子弟为优先考虑，因此形成一个强固的团体。⑥ 正如宾默尔所言："当亲属们一起进行博弈时，此时的收益就需要考虑他们之间的相容适应性，

---

① 刘建生等：《山西典商研究》，第 344 页。
② 《日租界恒义当一学徒拐款潜逃盗去存折支款千六百元，原荐人离津返籍》，天津《益世报》1935 年 7 月 22 日；《津市典当业的店员生活亟应改善：报酬菲薄、工作时间太长、精神痛苦、业余没有消遣》，天津《益世报》1935 年 7 月 6 日。
③ 宓公干：《典当论》，第 302 页。
④ 高叔平、高季安：《北京典当业内幕》，常梦渠、钱椿涛主编《近代中国典当业》，第 95 页。
⑤ 张中龠：《天津典当业》，第 45 页。
⑥ 潘敏德：《中国近代典当业之研究（1644～1937）》，第 339 页。

而非个人的适应性。一般而言,我们期待在一个家庭成员之间进行的博弈,其均衡比在陌生人之间的博弈包含更大程度上合作。"① 亲缘与地缘关系是天津典当业内部的基本关系,对维系成员之间的信任与合作起到了很大的作用。

除了新开设的典当须全部聘请各级人员来服务之外,其他大半皆取晋级制。初荐入号者为练习生,以他们个人天才性灵和学习的程度来做是否提高业级的标准。精于笔杆者便提拔他管账,富于力气者便提拔他管库房。遇到何项业务上有了空缺,便随时派人员去补充。但是,在人事上常常出现偏护私人及情面而压制优秀分子的现象。② 这也导致天津典当业内部在任用和升迁时常常依据的是人际关系,而不是个人的能力,典当业内升迁方式僵化,③ 而且天津典当业官气很浓,各种称谓类似于官吏的称呼,内部等级森严,各店管理都有店规,论资排辈的现象非常严重。④ 这体现出天津典当业具有一定的保守性,阻碍了近代典当业的发展。

从表 3-1 中可见,山西人明显占据了主体。⑤ 任经理者 80% 为山西人,其余为北京人与本地人。⑥ 据 1940 年同业公会的统计资料:一个当铺职工人数(不含经、副理)最多有 38 人,最少只有 8 人。投资人属于晋籍者达 32 家之多,其次为河北省籍 6 家,天津籍 5 家和北京籍 1 家。44 家的职员上自经理下至学徒几乎全为山西人。据业内人士称,晋籍典当有些是祖传下来的,甚至个别典当有祖孙三代在一起工作的。⑦ 店员的受教育程度也多为私塾或者小学。⑧

---

① 〔英〕肯·宾默尔:《自然正义》,第 182 页。
② 张中龠:《天津典当业》,第 42 页。
③ 潘敏德:《中国近代典当业之研究(1644~1937)》,第 142~146 页。
④ 顾传济:《典当业的组织管理和业务经营》,常梦渠、钱椿涛主编《近代中国典当业》,第 35~36 页。
⑤ 《典当业公会,天津市典当业公会》(1946 年),天津市档案馆,档案号:J0025-2-002474。
⑥ 吴石城:《天津典当业之研究》,《银行周报》第 19 卷第 36 期,1935 年 9 月 17 日,第 13 页。
⑦ 许树华:《解放前天津的典当业》,《天津文史资料选辑》总第 77 辑,第 95~96 页。
⑧ 《天津市典业同业公会店员调查表,天津市典业同业公会》(1938 年),天津市档案馆,档案号:J0129-2-004242-001。

表 3-1　天津市质业同业公会会员代表

代表姓名	别号	性别	年龄（岁）	籍贯	营业种类	商店名称	本店职务	受教育程度	地址	备注
王子寿		男	43	山西灵石	质当衣物首饰	公茂当	经理	私塾	特一区芝罘路	公会会长
王纬堂		男	55	山西灵石	质当衣物首饰	聚顺当	经理	私塾	特二区西方庵后	常务董事
李子厚		男	51	山西介休	同	集通当	同	私塾	特二区大马路	常务董事
王馨山		男	59	山西灵石	同	天德当	同	私塾	特一区一号路	董事
李文轩		男	66	河北武清	同	同义当	同	私塾	特一区下瓦房	董事
魏西江		男	56	天津	同	同升当	同	私塾	特三区大王庄	董事
温建庭		男	43	山西灵石	同	天德当	同	私塾	特一区一号路	—
王子青		男	59	山西介休	同	同圣当	同	私塾	特二区地藏庵后	—
王需然		男	44	山西灵石	同	同义当	同	私塾	特一区下瓦房	—
马廷珍		男	51	山西灵石	同	德昌当	同	私塾	特一区福州路	—
陈厚斋		男	51	山西灵石	同	永圣当	同	私塾	特二区十字街北	董事
罗介民		男	39	山西灵石	同	福和当	同	私塾	特一区海宁路	—
陈子安		男	49	山西	同	富盛当	同	私塾	意租界二马路	—
宋楚卿		男	54	山西介休	同	隆顺当	同	私塾	行政区广东路	—

续表

代表姓名	别号	性别	年龄（岁）	籍贯	营业种类	商店名称	本店职务	受教育程度	地址	备注
郑荣堂		男	39	山西	同	松昌当	同	私塾	行政区26号	—
陈松涛		男	47	河北	同	聚丰当	同	私塾	行政区十一号	—
茹仰山		男	52	河北	同	恒顺当	同	私塾	法租界梨栈	—
张子敬		男	45	山西	同	益丰当	同	私塾	法租界二十四号路	—
阎俊三		男	60	山西	同	同吉当	同	私塾	法租界二十一号路	—
张育堂		男	50	山西	同	孚中当	同	私塾	行政区五十六号路	—
梁石臣		男	50	山西	同	松寿当	同	私塾	法租界绿牌电车道	—

资料来源：《天津商会档案汇编（1937~1945）》，第490~491页。

表3－2　天津市典业公会会员名册

会员商号名称	商号地址	经理姓名	使用人数（人）
和顺当	北门内府署街	俞耀川	38
天聚当	特二区兴隆街	杨晓圃	22
太和当	河北大街	郝赞荣	31
协合当	西头双庙街	杨绍圃	37
同福当	河东小关大街	梁子寿	34
麟昌当	西头太平街	冯宜之	22
德昌当	南市华楼	郭镜泉	20
德华当	西门内大街	耿松龄	26
福源当	南门内	封静庵	27
裕生当	西北城角	王瑞宸	22
中祥当	河东西方庵后	古忠甫	38

续表

会员商号名称	商号地址	经理姓名	使用人数（人）
中昌当	鼓楼南	张子润	38
源祥当	西北城角	杨润斋	20
同和当	南门西	李子良	26
天兴当	河东郭庄子	郑根祥	28
颐贞当	特二区十字街	胡睿三	28
颐贞分当	河东李公楼	胡睿三	20
万成当北号	河北大街	乔厚庵	22
同聚当	鼓楼东	王子青	36
辑华当	宫北毛贾伙巷	程子宽	38
和祥当	河东沈庄子	陈子安	22
万成当	南关大街	乔厚庵	28
福顺当	南市建物大街	袁仙洲	26
裕和当	东门外	王舒丞	28

资料来源：《典当同业公会职会员名册：天津市典当业同业公会》（1940年），天津市档案馆，档案号：J0128-2-001387。

从表3-2可知，一个当铺的人员最多38人，大多数在20人左右。

总之，传统选拔的典当员工必须是山西人，还要有殷实家道做担保，而且测试合格才能入当，即往往经过有限次的博弈才能入行。[①] 当铺的用人机制具有重复博弈模式的特点，采取地缘、担保举荐和考察的方式，便于监督成本的制度安排。入股制度使经理人和铺员产生强烈的归属感，财东与经理人之间的忠诚度是通过长期博弈形成的。[②] 按照博弈理论，"除非人们在进行无限期的重复博弈，否则，在可以预见他们的关系终结的时期，理性的互惠就不可能运作起来"。[③] "在由无限次重复囚徒困境构成的博弈中通常能找到博弈方总是合作的纳什均衡。"[④] 典当业正是利用这种近乎无限的长期的重复博弈心理形成了稳固的内部关系。

典当铺内股东、经理人和雇员的关系随着时代的变迁有了巨大的变

---

① 刘建生等：《山西典商研究》，第134~135页。
② 刘建生等：《山西典商研究》，第136页。
③ 〔英〕肯·宾默尔：《自然正义》，第18页。
④ 〔英〕肯·宾默尔：《博弈论教程》，第26页。

化。在近代之前，当铺中的人际关系还是传统的东伙关系，他们之间往往互相依赖、信任，为传统的主仆式关系。例如庚子事变后，铺伙王云亭（从九职衔，年67岁，住户部街）所在的当铺星盛当在庚子年间被抢现银计3万两、架货29万吊。他的铺东山西介休县冀姓，自出资本，在天津户部街开设星盛当，又开连号星盛聚钱铺。庚子年遭乱后，掌柜任锦斋来津办理，催讨连号星盛聚外欠，将欠40多万吊推缓8年，减利付息换票。本有设法振作复兴的想法，但是光绪二十九年天津市场发生危机，任锦斋无法办理，回山西找东家。而东家因津、京连号均已因乱被抢，家产净尽，实系无法筹措。任锦斋忧虑成疾，在原籍病故。作为铺伙，王云亭被东家派来查看号事，设法清理债务，并照顾经理人的家属。从这则材料中可见当时当铺铺东、经理人、铺伙相依为命，共同为当铺的维持竭力奔波的情形。①

原来当铺待遇好，在典当业中的职工"一向关门自大惯，一派充壮惯，目看排场惯，耳听阔气惯，吃穿惯，懒惯用惯，高楼大厦惯，粗工打杂使惯"，② 到了民国时期因为社会大环境的变化，典当业社会地位下降，典当业职工的待遇较从前有了比较大的落差，典当业铺伙对当铺和铺东的态度有很大的不同。在张中龠所写书的附录中，收录了一些当业铺伙看到他的书后给他写的一些信件，其中反映了铺伙对当铺和铺东、经理人的情感弱化，当铺东伙之间关系恶化的趋势。一个铺伙抱怨自己多年在典当业的从业经历："印象的确太坏！""因为一班居领袖地位者，练达人情者实在很少，腐旧思想深刻的存留在他们的心坎中，一切不思改革""每天尽力工作，绝少休息时间""以逢迎经理为第一特长！"另一个铺伙宛青则因家庭不幸，托人加入此业，自曰处境如"一个从前草刺配的重犯"，"一个供人驱使的奴仆"，"卑辱的活计……不堪的言词"，"笨重的当物，危险的高梯，见而生畏！"另一个叫作大水的铺伙抱怨道："我只有凤夜匪解以从事，但所得到的代价，仅仅月薪数元，家里那里会落钱过度？到现在我的身体消瘦得多了！""薪额是不应当太定得上下悬隔"，"同样才力，同样位置，同样劳动而取得的报酬竟相差太多，这种种都是随时可以发现

---

① 《天津商会档案汇编（1903~1911）》（上），第717~718页。
② 《典业须知录》，转引自罗炳锦《近代中国典当业的分布趋势和同业组织》（下），《食货》复刊第8卷第3、4期，1978年6月，第163页。

的"。一个叫定道的铺伙则称自己对资本家的支配和资本家的威胁委曲求全，他渴望求学，以读书写作补工余之暇："唯一的志愿：打破了桎梏的生活，走向光明的疆域。"①

从这些抱怨中可见，当时铺伙对铺内的薪水、工作条件都非常不满，对铺东和经理以及铺内的升迁规则也有许多的怨言，尤其值得注意的是，有的铺伙以资本家称呼铺东和经理人，以被剥削来形容自己的处境，这些体现了时代变迁的印记。铺伙与铺东等相依为命、互相信赖的关系已经一去不复返了，当商需要在新的条件之下进行调整，以形成新的博弈关系。

典当业做业务记录的有大账，是主要的账簿，还有柜上草账、草赎簿、挂号簿、留取簿、日清簿、卖簿、总簿和架本簿、存箱簿、差失票簿；此外，管理账目的还有流水簿、轧清簿、股本簿、往来簿等，以及供店内核查的看红账等。②

收兑和清理 典当业与普通商店不同，如欲收歇不能立即关门，只能止当候取，等到18个月当期终满后，方可停止营业。其间营业开支的固定费用，虽已止当，但不能大减，损失很大。所以典当业既要歇业，又要避免损失，大多采取推盘倒税的办法。兑价率为架本加计利息外，给伙友包钱当本2%，经推受盘的，清点号件，加算架本，订立正式契约，即可由新业主依法呈报营业。③ 清理时往往登报声明，如："鄙人在本埠河北第二特别区西方庵后接办益泰典当一座改为聚顺当字号，由三月初八接收清楚。所有以前益泰欠内欠外均由旧当铺东杨益斋自行清理不与新铺东锡益堂卞相干。所有以后聚顺当生意盈亏由锡益堂自行担任，亦不与益泰当旧东杨益斋相干。除再特别第一区公署立案外，理合登报声明。锡益堂卞具。"④

近代天津还有典当公司转型为当铺的情况。如1913年1月天津益成当公司因周转不灵而决定"将各股票有现出售者另觅财东收买，借期财力

---

① 张中龠：《天津典当业·附录》，第9~13页。
② 顾传济：《典当业的组织管理和业务经营》，常梦渠、钱椿涛主编《近代中国典当业》，第35~36页。
③ 吴石城：《天津典当业之研究》，《银行周报》第19卷第36期，1935年9月17日，第14~15页。
④ 《声明》，天津《益世报》1918年4月26日。

推转","尚有股票未在原主收存或股票未在津地者,皆经友人担负,以便新财东得手布置。现已布置就绪,更改益成当为同盛当"。①

天津当业于1812年成立当商公所,选当商中有威望者为董事。1928年,华界的当铺改组为典业公会。1937年,原来在租界区的一些质铺,组成了质业公会。抗战期间,与原租界中的质业公会合并为当业公会。1946年改组为典当业公会。随着国家与社会经济制度的变迁,天津典当业组织从古老的行会向近代的同业公会转变,在制度规范方面也日趋完善。同时,公会也是当业内部各派系博弈的场所。②

第二节　典当业的运作

典当业的营业程序各地不一,大致有收当、赎当、各种规费(如挂失费)、看货费(在买卖当票时看货的收费)、存箱费、赔偿等。流当品的处理,各地时间不一。③

当户　当户的变迁体现了近代天津社会经济变化的一个侧面。近代天津当业的当户随时代的变迁而有所变化,其经营对象主要为下层贫民。④天津市内当铺的主顾多为下层市民,租界中有上等富户。⑤当铺大体上是为了个人消费方面的借贷融通,也有为一些小商人求得临时资金。⑥天津开埠后城区人口增加很快,消费增多,加之洋货大量倾销,小生产者破产的也较多。劳动人民贫困,不得不依靠借贷维持生产和生活,从而促进了典当业的发展。城区当户多是劳动人民,包括小生产者、贫民、脚行、洋车夫、小贩和郊区农民;租界当户除劳动人民之外,还有一些没落的官宦人家。赌徒、小偷和扒手也是当铺欢迎的顾客。在日租界当铺的当户中,妓院老板和妓女竟约占当户总数的30%。⑦天津工业不太发达,因此,当

---

① 《天津商会档案汇编(1903~1911)》(上),第725~726页。
② 参见本书"附录"。
③ 潘敏德:《中国近代典当业之研究(1644~1937)》,第142~146页。
④ 吴石城:《天津典当业之研究》,《银行周报》第19第卷36期,1935年9月17日,第11~12页。
⑤ 俞耀川:《漫话天津的典当业》,常梦渠、钱椿涛主编《近代中国典当业》,第124页。
⑥ 〔日〕中国驻屯军司令部编《二十世纪初的天津概况》,第217页。
⑦ 郭凤岐总编纂《天津通志·金融志》,第276页。

户中工人的比重不是很高,这与广东、上海等地有所不同。如1933年广州市工人占全市人口的25.8%,日常生活多入不敷出,需要借贷。受调查的311家中有167家曾经典当。调查上海纱厂工人家庭230家,118家入不敷出,其中当物者45家,赎当者62家。① 都市人们典当多为维持日常生活,农村典当资金的1/3用于生产。②

当物 当物可分为动产与不动产。随着时代的变迁,当物也不断调整变化。典当业所收抵押品多为衣饰等轻便动产,③ 不动产在近代已不多见,当物成分以衣服、首饰最多。④ 衣服又分为棉、毛、麻、丝织品及毛皮五种;以珠宝、首饰为其次;钟表器皿、字画等物由于出估困难,当商不大愿意收,且曾拒收。⑤

20世纪30年代以后的当物一般为动产,具体可分为三大类、九小类(见表3-3)。

表3-3 近代天津当铺当物

细 软	粗 硬	其 他
衣服类	家具类	古玩类
首饰类	器皿类	机件类
被帐类	农具类	农产类

资料来源:吴石城:《天津典当业之研究》,《银行周报》第19卷第36期,1935年9月17日,第15页。

表3-4 天津特别市典当业同业公会会员名册

商号名称	代表姓名	年龄	籍贯	在店职务	资本金额(元)	缴纳会费金额(元)	营业种类	营业知照号数	商店地址
公茂当	王子寿	46	山西灵石	经理	2万	100	衣物首饰	00998	第六区南纬三十路

① 宓公干:《典当论》,第39页。
② 宓公干:《典当论》,第46页。
③ 吴石城:《天津典当业之研究》,《银行周报》第19卷第36期,1935年9月17日,第11~12页。
④ 陆国香:《中国之典当》(四),《银行周报》第20卷第6期,1936年2月18日,第19~23页;顾传济:《典当业的组织管理和业务经营》,常梦渠、钱椿涛主编《近代中国典当业》,第35~36页。
⑤ 吴石城:《天津典当业之研究》,《银行周报》第19卷第36期,1935年9月17日,第15页。

第三章　近代天津典当业的组织与运作

续表

商号名称	代表姓名	年龄	籍贯	在店职务	资本金额（元）	缴纳会费金额（元）	营业种类	营业执照号数	商店地址
永义当	张志远	40	河北昌平	经理	2万	100	衣物首饰	00020	第一区中经三路177号
聚兴当	葛善甫	68	北京	经理	20万	100	衣物首饰	004002	第一区大和街
孚中当	张育堂	51	山西介休	经理	15万	100	衣物首饰	0032	第六区南经二十八路
聚顺当	王纬堂	58	山西灵石	经理	2万	100	衣物首饰	01044	第二区吉家胡同
富城当	陈子安	52	山西灵石	经理	6万	100	衣物首饰	01006	第二区金汤街四十七号
集通当	李子厚	54	山西介休	经理	3万	100	衣物首饰	01007	第二区金汤街五十三号
馥成当	何少珊	41	山西灵石	经理	5万	100	衣物首饰	409	第一区大经南路
裕丰当	韩景陶	45	天津	经理	10万	100	衣物首饰	403	第一区荣街三十三户
东信和当	秦植梅	32	河北献县	经理	3万	100	衣物首饰	1722	第六区海天大道三十八号
万昌当	任子兰	54	山西介休	经理	4万	100	衣物首饰	00800	第一区中纬三路七十九号
聚丰当	史登瀛	40	河北献县	营业主任	7.5万	100	衣物首饰	364	第一区旭街1502号
达新当	伏庆廉	40	河北任丘	营业主任	5万	100	衣物首饰	339	第六区中经三路240号

续表

商号名称	代表姓名	年龄	籍贯	在店职务	资本金额（元）	缴纳会费金额（元）	营业种类	营业知照号数	商店地址
东兴当	鲁汉兴	34	河北献县	经理	5万	100	衣物首饰	274	第六区南纬二路121号
同升当	魏雨江	59	天津	经理	3.5万	100	衣物首饰	00552	第五区大王庄七经路七号
聚和当	杨墨林	45	山西灵石	经理	1万	100	衣物首饰	00543	第一区西开二纬路
永聚当	陈厚斋	61	山西	经理	3万	100	衣物首饰	7	第二区河东小关
大昌当	李麟生	40	河北昌平	经理	6万	100	衣物首饰	00437	第一区北旭街
隆顺当	宋楚卿	57	山西介休	经理	8万	100	衣物首饰	333	第六区南纬二路
松寿当	罗子明	37	山西介休	副理	6万	100	衣物首饰	00423	第一区府西街
利和当	李华安	63	山西灵石	经理	20万	100	衣物首饰	00404	地区旭街
福祥当	赵巨源	58	山西汾阳	经理	4万	100	衣物首饰	01043	第二区河东金汤街八十号
东记聚丰当	张瑞恒	43	河北武强	营业主任	7万	100	衣物首饰	503	第一区旭街二十□地二户
恒顺当	刘景贤	42	北京	副理	2万	100	衣物首饰	00635	第一区大经南路
太和当	郝赞荣	66	山西汾阳	经理	20万	100	典衣物首饰	238	第八区西经北路河北大街276号
中祥当	古忠甫	54	山西介休	经理	20万	100	衣物首饰	1262	第二区河东西方庵后

续表

商号名称	代表姓名	年龄	籍贯	在店职务	资本金额（元）	缴纳会费金额（元）	营业种类	营业执照号数	商店地址
源祥当	刘海亭	59	北京	经理	10万	100	衣物首饰	01433	第八区西北角
同聚当	王子青	62	山西介休	经理	20万	100	衣物首饰	1264	第八区鼓楼大街
德昌当	郭镜泉	58	山西灵石	副理	2万	100	衣物首饰	00015	第七区广兴路
颐贞当	胡睿三	45	山西	经理	2万	100	衣物首饰	01040	第四区李公楼前街
福顺当	仝迓东	49	河北献县	总经理	6万	100	衣物首饰	24963	第七区建物大街
和祥当	郑凤鸣	62	天津	经理	3万	100	衣物首饰	01039	第四区沈庄子大马路
协合当	杨绍圃	62	山西介休	经理	20万	100	衣物首饰	1263	第八区西头双庙街四十二号
同福当	梁子寿	42	山西	经理	5万	100	衣物首饰	1142	第二区河东小关路二十六号
和顺当	刘若尧	32	北京	总经理	8万	100	衣物首饰	408	第八区府署街151号
福顺当	袁绍曾	37	河北献县	经理	4万	100	衣物首饰	00730	第六区南纬十一路八号
德华当	耿松龄	63	山西灵石	经理	4万	100	衣物首饰	1008	第八区西门内大街73号
万成当	乔厚庵	62	山西	经理	4万	100	衣物首饰	1166	第七区南关街141号
辑华当	王子寿	46	山西灵石	经理	4万	100	衣物首饰	1432	第八区宫北大街毛贾伙庵

续表

商号名称	代表姓名	年龄	籍贯	在店职务	资本金额（元）	缴纳会费金额（元）	营业种类	营业知照号数	商店地址
瑞和当	郭松延	43	河北献县	经理	3万	100	衣物首饰	00731	第一区西开二经路
同义当福记	张居仁	36	河北抚宁	营业主任	0.5万	100	衣物首饰	00623	第六区下瓦房
德昌当	马廷珍	50	灵石	营业主任	1万	100	衣物首饰	正在换发	第六区南纬十路宝德里

资料来源:《典当业职员名册及章程，天津市典当业同业公会》(1948年)，天津市档案馆，档案号：J0129-2-004254。

从表3-4可见，近代天津当铺的收当物以衣物和首饰为主。但是，近代服饰变迁很快，给以衣物为主要当物的天津典当业带来了很大的冲击。① 与此相对，上海当铺收当的物品除了有古董、珍宝玉器、字画等外，还有衣服、用具等。此外，小商户的产品如布匹、铜器、服装、被面等，甚至小轿车都有典质的。② 广东则更具有地方特色，省内当押店当物各地不同，繁华的城市收金银珠宝、衣物等，工厂集中的地区收工业品和原料等，沿海地区则收铁锚、铁链、帆布等。③

营业时间 当铺的营业时间一般长为早6时至晚8时，短为早8时至晚7时，④ 但是在动乱或者特殊时期也有所变化，如七七事变后改为每日以3个小时为限，由上午10时起至下午1时止，以资保护。⑤ 抗战后因为资本周转金有限，"每号当本最多不得超过千元以资限制而便普济，其营业时间亦经改定由上午9时起讫下午4时止当"。⑥ 典当业有年终减息的习俗。每到旧历年终，一般要减息半个月，灾荒之年要减息一个月，减息一般为5厘。每到年终，正是人们需要结账还债时，所以典当

---

① 张中儁:《天津典当业》，第29页。
② 孙翔云:《上海的典当业》，常梦渠、钱椿涛主编《近代中国典当业》，第222页。
③ 林仲菜等:《广东的当押店》，常梦渠、钱椿涛主编《近代中国典当业》，第366页。
④ 陈静竹:《天津之典当业》，天津《益世报》1936年5月24日。
⑤ 《天津商会档案汇编（1937~1945）》，第318页。
⑥ 《典当业理事会纪录簿，天津市典当业同业公会》(1945年)，天津市档案馆，档案号：J0129-2-004253。

业在此都很晚关门,除夕往往深夜时分依然熙熙攘攘。除夕为当铺一年中减息最后之一日,也是通年中营业最繁忙的一日。当铺习惯一到这一天,收当与赎取各司各事,收号与查号亦各负其责,其他各部分亦操职守。这一天从晨至夕忙个不休,往往又要一气从黄昏到子夜再干到天明才能上门休息。但在动乱时期,"至迟至夜十二时即停止应赎矣"。① 小押当的营业时间较典当业长,一般每天9~14个小时。②

估价 明清以后值十当五之制形成。③ 一般来说原则是:价高者折扣小;保管便利者折扣小;无死当、期短者折扣小;满当后好处置的折扣小。各地当物估价自三四成至六成不等。赔偿多为值十当五赔五,但因当物不同而不同。④ 天津当物的当价以八折之下为最宜。不同的当物有不同的标准,金银饰物等以分量为标准,衣服则当以现市销售价格评物值,其他钟表、器皿其当价更在原购价四成之下。⑤ 一般情况下,衣服类当价为估价标准的六折或七折,珠宝首饰的当价为估价标准的七折或八折。当物估价以当物买卖为标准,当物原价与买卖价格之差异除营业费用、市场变动、折旧外,还要考虑利息损失和伪造损失等。⑥ 此外,不同地区和同业竞争也导致折价高低不同。⑦ 比如,20世纪30年代因为天津典当业竞争激烈,典当者有的竟挟着包袱跑遍全市,非给高价不成交。⑧

当铺有各自的暗语,如数字等。⑨ 术语与暗记是当行商压低当价的一种惯用的手段。术语是代替数字的隐语,如"道子"是一,"眼镜"是二,"炉腿"是三,"叉子"是四,"一挏"是五,"羊角"是六,"镊子"是七,"扒"是八,"钩子"是九,"拳头"是十。如果当户因为嫌价低,

---

① 张中龠:《天津典当业》,第37页。
② 《关于代当局之调查取缔等市署局训令所属呈报办理情形等件,日伪天津市警察局》(1941年),天津市档案馆,档案号:J0218-3-005224。
③ 刘秋根:《中国典当制度史》,第155页。
④ 陆国香:《中国之典当》(四),《银行周报》第20卷第6期,1936年2月18日,第22页。
⑤ 张中龠:《天津典当业》,第28页。
⑥ 陆国香:《中国之典当》(四),《银行周报》第20卷第6期,1936年2月18日,第22页。
⑦ 刘秋根:《中国典当制度史》,第156页。
⑧ 张中龠:《天津典当业》,第27页。
⑨ 子珍、朱继珊:《天津典当业及其同业公会》,常梦渠、钱椿涛主编《近代中国典当业》,第132页。

在他拿着当品要走的时候,坐柜和站柜就过来打圆盘。比如站柜的说拳头眼镜,用意是已经给 12 块钱了,坐柜的认为可以再加两块,就说拳头叉子,给 14 块钱。如当户坚持高价,不能达成协议,一定要往别家去当。当家照例把所当衣物给当户整理好,但是在整理中,他们就用一定的技巧使第二家当铺打开时就知道已经去过当铺了。一般的方法是:上身衣物,在折叠的时候,把一个袖子反叠,袖口朝下,裤子折三折;金货用试金石轻磨一下;表类则将表盖微启一点。第二家当铺一看,就心里有数,所给当价,与第一家上下差不了多少。这样,当户最后还是只得以低价当出。①甲当给价后,如当物者认为当价过低,转向乙当抵借,以甲当于当物上做有暗记,乙当给价最高不能超出原当出价,这是天津当行中的一般规矩。②

当价的确定是业务中最为重要的环节。估计当物的当时价值,估计当物当期内的价格波动。从静态博弈中可见,当铺定价有两个因素:一是当户赎当可能性的高低,这取决于当户的信用,商号的实力、当者的家道。二是死当销售的难易程度。此外,还要把握当时社会经济状况,时局稳定,则当物容易销售,时局不稳则不易销售。按照动态中的博弈模型理论分析,违约风险在于理性违约,是当物的价格在市场中的波动引发的。价格定得低,则收益低,但风险小,价高则收益高,风险大。合理定价为当价乘以利率大于风险补偿、流动性补偿运营成本与交易费用之和。③

从博弈论看,估价是一个不完全信息的博弈。当铺因为掌握完全信息而在博弈中处于优势,在全行业垄断价格信息的情况下,当户因为信息的限制而吃亏。当户有两个策略:当和不当。出当,但是当铺的价格垄断行为导致更换哪家当铺都是一样的;不当则会受到高利贷等其他借贷方式的盘剥,或者处于无钱周转的状态。这样看来,总体上这个博弈必定成为一个输赢模式的博弈,当户处于弱势地位。

收当 司柜与当物者商妥当价后,当物从柜台上取下,算清当物件数及总数和当价,并依次向司帐人报明。由司帐人写好当票,记上底账之

---

① 王子寿:《天津典当业四十年的回忆》,《文史资料选辑》第 53 辑,第 44 页。
② 吴石城:《天津典当业之研究》,《银行周报》第 19 卷第 36 期,1935 年 9 月 17 日,第 15 页。
③ 刘建生等:《山西典商研究》,第 103 页。

后，同时司柜更须于备好之纸号条上（有用竹签者）签写种类、件数及当价，同当物一并交给收号人。① 号签是三寸多长、一寸多宽的毛头纸条。一张号签要分三部分：下半段的字体较大，写出与原当票相符合的号码，谓之大号，露在包裹外面；左上角的小号码，收入包裹内，右上角的小号码放在衣服里。这是为了外面大号如果丢失，就用里面的两个小号查对。② 收号人先点对了件数，再用纸包好，将号条用针穿钉，然后搁入临时存放的抽屉里。收存衣物第一要点即为辨别物质，除破旧糟烂之衣物可予卷收外，其余皆折叠。如皮毛、哔叽、呢、绒及其他易虫蚀的，须加入樟脑，以防损毁。要一号号地包裹好了，除预将小号收入包内，再将"号条"用针钉于前端。分清箱、盒、大揲扁包、长卷、条包以及正号各项类别，然后排列号码次序。行中将铜锡器俗称为"下架"，因其在号库房之存在地在号架之下，就地沿次排列。收"下架"手续，先将号条用细绳系于上端，再用墨笔在器物上逐件批明号码。但钟、表、字画、瓷器等类，多数当家以保存困难而拒之不收。在多番手续后，逐号卷包，由练习生依次朗声高唱，司帐者同时逐号封清，记以"收"印，然后分类送入库房。③ 当铺对当物的保管制度非常严格，春冬两季，各须盘点清查一次，如为毛呢衣服，须于春秋雨季曝抖一次。④ 由经理人委一负责者充任印长，其下分下号、上号、补号、念号四部，分任干事，须将全部架号依次清点，才能算交代完事。皮毛呢质号件，收号时即标明品类，在库号房也是单独存放。⑤ 当铺对当物基本上能够杜绝虫鼠咬、霉潮、盗窃、差错等事故。有人在治安不佳时将重要衣物当给当铺，不是为了用钱而是为了保险。⑥

当铺收当也常常会遭遇欺诈。如在天津西头双庙街协合当，1935年的一天下午，有一个中年妇女手持手镯、耳坠各一副，戒指两个来求当。她声称是赤金，要典卖洋钱若干。经该当同人接过查视，见手镯等物式样

---

① 张中龠：《天津典当业》，第31页。
② 王子寿：《天津典当业四十年的回忆》，《文史资料选辑》第53辑，第44页。
③ 张中龠：《天津典当业》，第31页。
④ 吴石城：《天津典当业之研究》，《银行周报》第19卷第36期，1935年9月17日，第15页。
⑤ 张中龠：《天津典当业》，第33页。
⑥ 郭凤岐总编纂《天津通志·金融志》，第278页。

异常精巧,上并刻有某大金店字样,但是质量异常轻飘,于是心怀疑忌,经查发现该手镯及戒指竟是铜镀金,耳坠则是包金。于是质问这位妇女,这位妇女反骂当铺调换,该典认为该妇实存心诈骗,之后叫来警察,该妇供认自己是诈骗。①

当票 当票是赎当的凭证,即为双方之契约,又可作为有价证券。②当票多由当铺自行印制,以防伪造,多不记当人姓名,认票不认人。字体自成一家,"斯种文字实为典当商鉴于书写敏捷作伪不易之用意","现行写法,来自草文正规十七贴,练习生除练习珠算外还要习'当字谱'认写字次序为:第一钱数,二颜色,三质料,四残点,五物类品名,六单件写法,七联书法。"③ 写当票时,多记当物的缺点,无论所当物品新旧,一律冠以"破旧"字样。比如:一般衣物,每每冠以"虫吃鼠咬"字样;完整无缺的皮袄,也要写成"光板无毛";金表说成破铜表;等等。其目的是预防在储存期间有所蚀损,以杜绝与当户起争执。但当行对架货保管特别经心,多年从无蚀损,为的是死当时可以多卖钱。④

旧时当票多为粗糙纸张,用木板印成的(后期当票的用纸和印制都有变化,但式样依旧)。1952年后,天津市民贷款处的市民贷款凭证为横式五联复写:第一联为放款时传票;第二联为押品收据,贷收款者都凭此取回押品,归还贷款;第三联为押品保管通知单;第四联为本息收回时传票;第五联为押款分户账。贷款金额有大写和阿拉伯两种数字,凭证上的姓名、住址与户口本相符,利率、还款期限都详细写明,第二联凭证加盖贷款处的正式长型公章和负责人名章。⑤

当票遗失,按说便失去了取赎的权利,因为当票上印有"认票不认人"的字样。但在当票遗失后即前来声请挂号,则仍可以允准其请。除办理手续中觅铺保具单盖章负责外,应作书面声请,参见表3-5。

---

① 《一妇人以伪制首饰向当铺质钱为识出后送官》,天津《益世报》1935年4月13日。
② 陆国香:《中国之典当》(五),《银行周报》第20卷第8期,1936年3月3日,第25~27页。
③ 张中龠:《天津典当业》,第67~68页。
④ 王子寿:《天津典当业四十年的回忆》,《文史资料选辑》第53辑,第43页。
⑤ 郭凤岐总编纂《天津通志·金融志》,第280页。

表 3-5　当票遗失挂号

1	2	3	4
声请挂号姓名：	住址：	原当期日：	当物：
5	6	7	
当价：	遗失理由：	负责担保字号：	年　月　日

典方在接收此项声请之后，除在盘点架价及其他号账不能随时动用时期外，即当为其查找，以免被他人执票赎去。① 20 世纪 30 年代，天津社会人士对天津典当业提出了三点意见，其中有当票之字难辨，市民多不认识，应用正楷。当商将金表记为铜表，任何衣服均书为旧衣服一件，应予纠正。② 可见当时人们对当铺的信任度不高。

利息　利息（成当息）是典当贷放基金所提供的劳务报酬，③ 当息因各种因素而不同。①种类差异：典当比质押为轻。②地域差异。③今昔差异："今之利率比昔为高。"④质额差异：质额大小与利率高低成反比。⑤当物差异：利率之高下，又按当物而有差异。⑥面议利率：广州、厦门当额大的面议。⑦年节减息："惠于贫民而利于当铺缓解银根在年底之紧张。"⑧计算方法：如过十、过五等分别。⑨变相之利息："自国定利率年息二分颁布后，国内当铺格于政令，不得不表面加以服从，于是又名异质同之变相利息发生。此种变相利息之名称各地不同，但其计算方法均与利息同出一辙。"有的叫保管费，有的叫存箱费，有的叫手续费，有的还转嫁印花税等税种。⑩虚本足利，如"九八出，满钱入"，"九出十三归"等。④ 天津当铺同业为了竞争，也有各自不同的当息。如庆德当为了和同业竞争，利息比别人家轻一些，从腊月初一开始减息，比其他家提前半月。在计息方面，一般当铺都是过月三天即按一个月收利，民初才改为过五不过六，而庆德当则定为五天，之后又改为过七不过八。此外，优待一些有用的老街坊，收他们不值钱的东西。⑤ 典当业直到 1929 年才改变用阴

---

① 张中龠：《天津典当业》，第 20 页。
② 《当铺市民呈请改革三点，社会局已采纳审核》，天津《大公报》1932 年 12 月 25 日。
③ 潘敏德：《中国近代典当业之研究（1644~1937）》，第 297 页。
④ 陆国香：《中国之典当》（二），《银行周报》第 20 卷第 3 期，1936 年 1 月 28 日，第 11~16 页。
⑤ 金继光：《"金家当铺"始末》，《天津文史资料选辑》总第 65 辑，第 171 页。

历计息的方法。① 广州押行业共同议定之利率为按月每两三分，五十两二分半，一百两分半。② 广东规定，当店每年冬季减息三个月。上海典押让利必遇年岁荒歉，乃以地方官厅命令行之。③

期限 满当期限因时间空间而不同，并按各类典当而相异。最长者为36个月，最短者为3个月，其中又有30个月、27个月、26个月、24个月、20个月、18个月、16个月、15个月、14个月、13个月、12个月、10个月、8个月、6个月等，"以18个月为最普遍"。"满当期限之长短与典当规模之大小成正比例，与社会经济发展成反比例。"①种类差异：典与当较长者36个月，质押较短最长不过18个月，处在当押之间，最长2年。广东当3年，按2年，押1年，小押1年以下。江苏当18个月，押则不一。安徽分质、押两种。上海当18个月，押8个月，代当则与当同。湖北当为12个月，或16个月，代当6～8个月。②时间差异："今日期限较昔日为短"。③空间差异。④面议期限：对人或对物差异，但不多见。⑤宽限：原因记入账簿内，在北京入利钱就换新当票。或更换质物，现金清理为项当。⑥当物差异：农作物与其他不同。④望牌是查对期限的牌子，木质长方形，挂在门柜对面，为每家当商必备的用品。因为当票编号，系按千字文从天字编起，所以望牌上面也要按期限悬挂若干用千字文书写的小木牌，分作四行，由下而上，由左及右，以两行挂小牌，每行下面用苏州码写成固定数字，代表月份。如期限为18个月，按照明一暗二的规定，应该保存20个月，小木牌要从天字起，写至第20个字，即"往"字。下面数字，要从1到20。望牌的运用，上按月往上推动，如天字当票到两个月的时候，天字小牌挪到二字上，而地字换到一字上。当户来倒当或赎当时，站柜根据当票编字，一看便知这票货经过多少个月，如天字已经推到18，便说明期限已是届满，但仍要等到天字推到20才做处理。⑤

---

① 顾传济：《典当业的组织管理和业务经营》，常梦渠、钱椿涛主编《近代中国典当业》，第54～56页。
② 宓公干：《典当论》，第100页。
③ 宓公干：《典当论》，第108页。
④ 陆国香：《中国之典当》（三），《银行周报》第20卷第5期，1936年2月11日，第23～25页。
⑤ 王子寿：《天津典当业四十年的回忆》，《文史资料选辑》第53辑，第44页。

当户和当铺一般是用不同的眼光来看待当期的,在实践中,二者的态度截然相反。总的来说,当期过短,当户难以接受,当期过长,当铺也不愿意。这种对立决定了期限长短及处理方式都不是由典当者或典质者任意设定的,而是在一定习惯、政策及法律基础上形成的一套比较固定的制度。①

赎当 司柜者接收了当票,先按月计算息钱,本利收清后,再在当票左端签署"各人手字",之后便发下去由查号者查取;查号者为学徒们的工作,查觅既得,将当票折叠下端,掖于号腰绳捆上,使司柜者所签之手字明显在外,然后取出置于取票原地。司柜对准号码,将号包上所钉号条解下,与当票之号码相对无误。再连同所收之钱,一并交割。过手人将号码及本利银清收无讹,找出准确数目,然后才清点衣物件数,交付给当主。② 典当业受银钱通货变化的影响极大,其从中赚取的大量利润也易受到巨大的损失,但是政府基本的政策是以何种货币收当,便以何种货币赎取。③

留当、顶当和抽当 留当就是存留,可以交一部分资金;用别的东西换叫顶当;如新的当物价值低,可付给一部分差额,叫抽当。④

死当 按照当铺规定,当物到期不赎也不转期,就任由当铺变卖充当本及当息,这种原当物被称为死当物品,也称满货。不取赎原因:死亡;无力;不要;不划算;迁移;遗失当票;津俗:死亡婴儿之一切衣服被褥等皆须送入当铺,以免生母碍目心痛;忘却。⑤ 上海满档多为 8 个月或 18 个月,天津多为 18 个月。⑥

死当的处理 死当多由当铺售卖以弥补损失。满货发售各地的叫法及时间不一。有每月一次或一年两次。一种是自行设庄零售,另一种是包商趸卖。前者多在繁盛之地,如杭州,后者整票售出或由中保人介绍立约,中保人有一定的佣费。死当的多少是社会经济兴衰的指标,也是典当营业

---

① 刘建生等:《山西典商研究》,第 105 页。
② 张中龢:《天津典当业》,第 35 页。
③ 刘秋根:《中国典当制度史》,第 162 页。
④ 顾传济:《典当业的组织管理和业务经营》,常梦渠、钱椿涛主编《近代中国典当业》,第 35 页。
⑤ 张中龢:《天津典当业》,第 85~90 页。
⑥ 宓公干:《典当论》,第 321 页。

盛衰的关键。社会经济繁荣死当少，反之则多。死当占10%时，则当业无法承受，或死当出手得利少则有倒闭的危险。① 死当出售的为正货，留在手里的为陈留，还有的让自己的店员先选购。② 处理办法先是于二月、八月查出、售卖，后改为月底清查一次，死当号件按月售出，如为衣服多由衣商收买，大估衣商以估衣街与北马路为集中点，小估衣商则散于北开、三不管、谦德庄等地。售卖方法或按包点原字依号批售，或拆包零售，按件计值，皆经买卖双方同意后行之。如为金银首饰、珠宝玉器，则多集中于北门内之金珠店、日法租界之古玩商，与侯家后宝和轩茶馆之跑古董商等，按件计值，零整收买。③ 早时当铺一般是"十当九赎"，可售出的死当物品仅占总数的1/10。20世纪30年代，战事频繁，时局纷乱，外货倾销，各类物品价值低贱，当主多不愿赎当。致使当铺死当物品出售率占30%。当铺对大量物品无法直接零售，也就产生了中间商。④ 提庄就是把当期满了没有赎回的下架卖给估衣店或旧衣店，北京叫贯头，天津叫打当。⑤ 货物往往由估衣铺、金店、来号竞买。以天津而论，估衣街各大估衣铺和一些金店，不断请当铺掌柜吃饭，过年时必到当铺拜年，为的是可以多买些处理品。⑥ 每年天津出售的估货多达上百万。估衣商在天津是一大商业主体，在估衣街北马路一带。每日下午喝唱拍卖，有包点原字：把某月的过期衣物依行市估计，给利若干，或当商让本若干，清点对账后交接。对信用好的当铺可从多捆中抽出几件标本，俗称"点子"；而一般当铺则往往全部查看后才有议价，俗称"抖柳"。估衣价值大半都在新衣五成以下。又有零捆出售：把过期货分类，好坏搭配成若干零捆，延请估衣商们随意看购交易。估衣价为新衣半价，还有北开、三不管、谦德庄的小贩，从当铺或估衣商贩卖。金珠店也是津埠商业之巨擘。20世纪二三十

---

① 陆国香：《中国之典当》（六），《银行周报》第20卷第9期，1936年3月10日，第29～30页。
② 顾传济：《典当业的组织管理和业务经营》，常梦渠、钱椿涛主编《近代中国典当业》，第36页。
③ 吴石城：《天津典当业之研究》，《银行周报》第19卷第36期，1935年9月17日，第15页。
④ 子珍、朱继珊：《天津典当业及其同业公会》，常梦渠、钱椿涛主编《近代中国典当业》，第132页。
⑤ 曲彦斌：《中国民间秘密语》，第238页。
⑥ 王子寿：《天津典当业四十年的回忆》，《文史资料选辑》第53辑，第40页。

年代金盘市大兴，典业过期金银饰物皆被其吸收。古玩商在近代销售货物给洋人，发了不小的洋财，而古玩市场亦渐由华界迁到租界。侯家的三达轩每早有一些小交易，多为挟包走贩于市场，物品为珠玉、翡翠、宝石、钻石、器皿、字画、钟表、瓷器、铜锡等。① 上海满当货物的销售是以本地提庄居首，外埠衣客次之，典当满货每6个月为一期，押店每月为一期。②

当时天津市场上有些人采取种种手段欺诈当铺，这些人叫作"估衣腿子"。估衣商售货的方法可分两种：一种为包房，是将从当铺买来的货物或原捆或零件卖给小行商人，由这些人再去出售。但是等货一件件出售不易，积压又不经济，所以不少人便想出另一种特殊售货的方法：将售卖不出的余货，或零件或搭配成包，派出若干老少男女给他们跑腿，专去全市各当铺典当要高价，当铺司柜人稍有不妨或受他们花言巧语的愚弄，给价便堕入圈套中。这些人多在华灯初上时出发，漫布全市。还有当假首饰或者残表的。又有许多到当铺门口来行骗的，如有的派小孩骗买一些老人假当帖；有的拿着一个金戒指，当着众人当十几元，要20元，在当铺不成交后，在门口托卖，遇到老人或妇女上前便以破代换，再拿去典当时不过几毛钱。③

损害赔偿 当铺因为各种原因如兵灾匪患，盗窃诈骗如伪骗、讹诈、监守自盗、他盗，风火之灾等而损坏当物，应该赔偿。损害分全部损害和部分损害，又分为可避免和不可避免。不可避免的如战争和自然灾害等，由不可避免的原因造成的损害一般不赔，如动乱时期当铺被抢往往声请免赔。④ 可避免的各地赔偿不同，一般除本息后半数赔偿，近代各地当铺购买保险的不多。⑤ 天津的当铺后来大多购买了火险。因管理不善导致的损坏要赔偿，清代有以出款为基准加倍赔偿的惯例，清代的法律对不同的情况如盗窃和失火等分别有不同的规定。⑥ 有的当铺故意制造损坏，如1923年裕丰当和1934年恒裕当起火就引发了人们的怀疑，因为二者都有保险，

---

① 张中龢：《天津典当业》，第85~90页。
② 宓公干：《典当论》，第111页。
③ 张中龢：《天津典当业》，第50~54页。
④ 《被抢典商声请免赔》，天津《益世报》1922年9月5日。
⑤ 陆国香：《中国之典当》（四），《银行周报》第20卷第6期，1936年2月18日，19~23页。
⑥ 刘秋根：《中国典当制度史》，第206页。

"关系方面,颇有料及此者"。市面不振,而且该当借贷货栈 2 万元。① 当铺利用自己的关系减少赔偿,也是对人们的一种盘剥,如恒裕当因为托妓院"运动"了租界当局照 3 成付价,日本工部局竟在付价当天派兵保护。河北二马路傅张氏把大量的衣物和首饰低价存入当铺 44 只皮箱,1 只 1 元,不到一年,全部烧掉,仅得 13.2 元。② 江南如上海的典当业徽商占据了主导地位。与徽典相比,北方以晋商为代表的典当业有着不同的风格。晋商主要以地缘为纽带,徽商主要以血缘宗族势力为纽带。如上海大典当户 69 户,徽州人占一半以上,他们借助宗族势力垄断市场。晋典注重利益,内部实行人身股等激励的机制,而徽典具有较强的教育理论性和儒商的特色,名利并重。但他们也有许多相似之处,如他们都具有雄厚的财力、灵活的经营策略和多元化的从业领域,也都实行学徒制度,注重对学徒职业道德和业务的培训。在学徒的升迁方面也多论资排辈,学徒待遇方面较当时的一般行业优越。③

与广东的粤典相比,北方为代表的晋典则具有更为明显的特色。粤典追求短利高息,晋典则追求规模与制度化的营业。粤典用人较为随意,没有严格的标准。在培养人才方面无法与徽商、晋商相比,薪金方面也不如晋典优越。山西典商较粤典成熟得多,对外经理和对内管理激励都有固定成熟的机制。在典商建筑方面,不如晋典宏大,偏于小巧。④ 天津的山西当商也是如此,不仅其建筑宏大,还注重招牌的宣传,采取的是博弈中鹰鸽博弈的纯策略。一方面可以压制竞争对手,另一方面可以显示自己的社会存在的正当性。⑤

小 结

近代天津典当业组织较为严密,内部具有激励机制,员工收入较高,

---

① 《恒裕当大火,损失数目极巨,库楼三层悉遭焚毁,投保火险六万八千两》,天津《益世报》1934 年 1 月 4 日。
② 王子寿:《天津典当业四十年的回忆》,《文史资料选辑》第 53 辑,第 54 页。
③ 刘建生等:《山西典商研究》,第 306~331 页。
④ 刘建生等:《山西典商研究》,第 344~356 页。
⑤ 〔英〕约翰·梅纳德·史密斯:《演化博弈论》,潘春阳译,复旦大学出版社,2008,第 196 页。

以地缘形成的行业团体组织经过长期的重复博弈，内部员工与管理者之间、经营者与投资者之间形成了比较牢固的信任关系。在无限重复的囚徒困境中产生合作。① 因为地缘关系和熟人的纽带，天津典当团体之间结成了密切的关系。在近代社会的变迁中，天津典当业的这种内部关系也受到了时代的冲击。近代天津典当业的组织与运作与山西典商有着密切关系，受晋商风格的影响，与南方的典当业有不同的特点。

---

① 〔英〕肯·宾默尔：《自然正义》，第115页。

第四章 近代天津典当业当息的博弈史

在民间金融关系中,利率史不仅是一个经济现象,还是一个政治现象和社会现象,是在各种因素的相互制约下形成的。宓公干在他的《典当论》一书中认为,典当的当息成分包含四种:对于使用之资本报酬,即纯利息;经营放款之业务费用,如手续费、鉴定费、保管费等;放款不能收回时之保险费或赔偿费;经营放款业务之利润。① 本章所说的当息内容主要有五个指标,分别是月息、经营费用、当期、冬令减息和"过五"。这五个指标都对典当业的利率有一定的影响,是典当业利率的主要指标。

第一节 清末及北洋政府时期关于当息的博弈

天津当业大约兴起于明代,有文字记载则见于清代,以皇室为首的官僚资本通过长芦盐政等机构投资天津当业发典生息,也有官僚私人投资设典的,如琦善即在天津投资有当铺。在近代庚子事变之前,典当业比较发达。张焘在他的《津门杂记》一书中描述:天津当铺有40多家,每到冬季年关时,官方出示减息的告示,原利3分让为2分,2分让为1分5厘。绸布衣服、金银首饰的平时利息为每两2分;羽纱绒呢皮货,每两3分,10两以上则仍2分;铜锡器皿,无论10两内外,概系3分。② 张中龢的《天津典当业》也对庚子前的当业状况有过描述,但关于当息与张焘所记的稍有出入:普通号件为吊二百三,即一吊以上按2分纳息,一吊以下则为3分。其他如皮毛、钟表、玉器则须3分,过10吊者仍按2分纳息。当期以24个月为满期,但可延至30个月。③ 张中龢著作利用了当时典当业的档案,并采访了一些当业元老,说法似更可靠。就总体而言,他们对当业利息的描述是一致的,即:当息因为物品不同而异,普通价格低的一

---

① 宓公干:《典当论》,第305页。
② 张焘:《津门杂记》,第110~111页。
③ 张中龢:《天津典当业》,第2页。

般2分，价格高的3分，当期可延至30个月，冬令减息的时间为1个月。这都是长久以来形成的当息惯例。

从所掌握的资料来看，庚子事变尤其是近代以前，在天津还未曾出现围绕当息发生斗争的事件。之所以如此，一是与天津典当的官僚投资背景有关，因为有此背景博弈现象不易出现；二是政府机构、学校以及慈善机构发典生息，在一定程度上掩盖了当业的剥削，显示了其裕国便民的一面；三是天津当息没有超过法律规定。① 此外，天津只是一个传统的中等城市，典当业牵涉的各种关系与近代不可同日而语。

庚子事变期间，天津当业遭受沉重打击，大规模衰退，当业经营发生了前所未有的巨大变迁："至于利率，在乱靖后，短时期中曾有为月息一律三分；后始减至一律二分五厘。"② 年终减息的习俗也一度停顿。

这一动荡局面直接影响了传统的典当经营习俗，为了应付局面，在当商李安邦的要求下，当时的直隶总督袁世凯同意从光绪三十年（1904）开始将当业利率一律上升为月息3分，并且试办3年，③ 但是典当业在试办3年后又悄无声息地延办了两年多，这引起了民间社会的严重不满。④

庚子事变之后，随着清朝政局的变动，典当业面临着新的挑战。

首先，清末的立宪新政使地方精英有机会走上地方政治的舞台。1907年，天津成立了县议事会，经过选举，一些地方精英进入这一机构。县议事会成立的第二年，就对天津典当业的当息上升表示了不满。有的县议事会会员提议，应恢复传统计息和年终减息的传统，以缓解庚子以来的民生压力。对此，典当业"以三分取息，系禀准有案，每年减息，系照县示遵行"为由加以拒绝。随后，县议事会又向天津县政府提出改正当息的要求，希望"规复二分取息之年限"，恢复冬季减息的成例，"俾利贫民，

---

① 郭凤岐总编纂《天津通志·金融志》，第83页；天津市地方志编修委员会编《天津通志·旧志点校卷》（中），南开大学出版社，2001，第294、321页；罗炳锦：《清代以来典当业的管制及其衰落》（上），《食货》复刊第7卷第5期，1977年8月，第217页。
② 张中龠：《天津典当业》，第4页。
③ 《直督袁饬天津县示谕当商减息札》，沈云龙主编《近代中国史料丛刊三编》第86辑，第1626~1627页。
④ 《天津绅商徐人杰等禀督宪请规复当商典息旧例文》，沈云龙主编《近代中国史料丛刊三编》第86辑，第1832页。

而广惠泽"。① 之后他们还要求追回当业多取的两年多的利益,"作体恤贫民之举"。②

其次,庚子事变后,租界在天津社会经济的地位和影响愈益重要。租界的质业与市内典当业的竞争日益激烈,它们不受中国官方和华界当业的节制,利息低,经营灵活,手续简便,"每银一元,月息取铜子四枚,每角取息制钱八文,当期则为六个月"。③

可见,此时的天津当业开始受到社会精英和同业竞争的双重压力。

1908年5月,天津地方政府、商会及天津县议事会共同议定,依据天津本地情况,规定当业月息从3分降为2分5厘,在灾重之年提前半个月减息,从旧历十一月开始减息,试办5年,"不得变更"。④ 不过,此时有个叫田复滋的人要求将年终减息由原2分利息一律降至1分8厘,这一提议得到县议事会和商会的支持,并交付省参议会讨论。

对于田复滋的提议和县议事会的做法,典当业表示出强烈不满。津邑当商董事李元善和同和当等典铺上书县议事会,指出减免当息问题已有决议,田复滋"不知底蕴,已属妄行干涉"。而且,县议事会本来已有决议,现又支持田复滋,显属前后矛盾,"各典将何以承认"。他们要求县议事会收回成命。12月5日又上诉直隶都督,指责商会无权代表当业减息,表示如果减息一案形成命令,就全体止当,以示抗议。⑤

在此争议之中,天津县政府对县议事会和商会改来改去的做法是不满的,但由于地方精英对县政府的权威已开始形成挑战,为了避免和二者发生正面冲突,它也上书直隶都督,声称当息改动是县议事会和商会的主意,与自己无关,请都督裁决。直隶都督冯国璋站在了天津县政府一边,表示当息立案仅半年,不便立即更改,如果造成当商止当,"反于贫民生

---

① 《天津商会档案汇编(1903~1911)》(上),第720页。
② 《天津县议事会禀筹议当商行息办法文并批》,沈云龙主编《近代中国史料丛刊三编》第86辑,第1835页。
③ 张中龠:《天津典当业》,第5页。
④ 《津邑典当冬令减息,天津商务总会》(1916年),天津市档案馆,档案号:J0128-3-004333。
⑤ 《典当业同业公会民国元年禀稿底》(1912年),天津市档案馆,档案号:J0129-2-004308。

计诸多妨碍",何况,"值此隆冬之际,金融吃紧,转非体恤民生之意"。①

其实,当商认为2分5厘当息还是低了,"非增利三分不足以资挹注",只是考虑到"商等系属典当性质,迥与质铺不同",没有提出增息。因为他们害怕社会舆论和官方要减息到2分5厘以下,故而提出从该年起所有天津城乡典当利息无论当价多寡,一律照旧2分5厘,冬令减息,2分赎取,先予试办20年。②也就是说,他们希望保住2分5厘的当息,不要再因为社会动荡或者社会要求而再一次下调当息。

试办5年之后,当商发现市面经济停滞,2分5厘的利息不利于当业经营,于是希望政府仿照租界办法加息,并缩短当期。这一建议未获政府的认可,因为政府担心改变当息会引起社会震动。被政府否决以后,当商害怕有人趁机提出减息到2分5厘以下,故退而求其次要求按照原案再试办5年,也就是到1921年。③

1921年10月,天津典当业主持成立了直隶典业联合会(直隶省会于1913年由保定迁至天津)。在60多个会员中,天津会员占了1/3,且把持了正副会长等重要职务。④这样,在直隶省范围内,天津当业居于领导核心的地位。

2分5厘的当息虽说到1921年已试办10年,但并未停止,1922年继续实行。到1923年,天津典当业又面临新的风波。

宁河县刘宗诚到省议会控告典当业重利病民,要求将传统的"过五"计利办法(当物在过期月满后,超过五日加1个月的利息)改为:"当期在二十日以内者以半月计算,在二十日以外者以全月计利。"对于这一威胁当业利益的要求,典当业自然是坚决抗议。他们上书直隶省长,表示"实有窒碍难行",理由是典当业运营不仅需要借贷较多资金,而且利率较高,以备特殊需要,即便没有投入使用,也须按月付息。如果按照刘宗诚的办法,典当业"纵或办到,倘使一时不济,即有止当之虞,是该公民欲

---

① 《典当业同业公会民国元年禀稿底》(1912年),天津市档案馆,档案号:J0129-2-004308。
② 《典当业同业公会民国元年禀稿底》(1912年),天津市档案馆,档案号:J0129-2-004308。
③ 《津邑典当冬令减息,天津商务总会》(1916年),天津市档案馆,档案号:J0128-3-004333。
④ 《天津商会档案汇编(1912~1928)》(2),第1579页。

以益民者，适以病民"。①

然而，刘宗诚的要求得到省议会的批准，省议会认为"于商无累，于民有益"。得此消息后，直隶典业联合会会长上书省长王承斌，认为当业取息公平，"过五"习惯本来就使"典商一年之内，收入不过十个月利息，暗中吃亏已属不赀"，因为习惯而一直没有做出改变。他指责省议会"不知典商取息习惯"，不了解"典商宽让五日不另取息，即系便民之处"。倘若实行省议会的决议，典当业就吃亏太大，将导致直隶典当业所有会员反对。所以，恳请省长"俯查直省典商取息情形，仍予照旧办理，免予变更"。也正是在直隶典业联合会会长呈请省长之时，省内数十州县的当业的确掀起了波澜，纷纷表示万难遵办。根据这一情势，直隶典业联合会再次呈请省长，除了继续陈述传统习惯的合理性以外，还指责官府对典当业"捐税繁重，费用浩大"，所谓改革，实质是对典当业的剥削，将会导致典当业"纷纷停歇而后已，人将视典业为畏途矣"。②

尽管如此，省议会经过复议，还是通过了对当商不利的决议。此决议一经传出，各地当业表示无法营业，拟即止当。1924年4月，直隶典业联合会会长又一次上书直隶省长，表示如果遵办，"势必逼成止当风潮，于市面人民均造不便"。③

直隶典业联合会先后三次上书，终于产生了效果。1924年7月11日，省长下达批示，同意当商的请求，认为"商艰待恤，急不可待，亦属实情……暂照旧章办理"。④

从以上当息争议事件可以看出，清末新政尤其是民国以来，民间社会的力量开始增强，民主民生的意识逐步向社会渗透，当息问题开始置于国家、地方社会和民众博弈的场域之内。商会、议会的出现正是地方精英拓展自己势力范围的表现。博弈各方开始利用新的话语为自己的利益辩护，

---

① 《典当业同业公会民国元年禀稿底》（1912年），天津市档案馆，档案号：J0129-2-004309。
② 《典当业同业公会民国元年禀稿底》（1912年），天津市档案馆，档案号：J0129-2-004309。
③ 《典当业同业公会民国元年禀稿底》（1912年），天津市档案馆，档案号：J0129-2-004309。
④ 《典当业同业公会民国元年禀稿底》（1912年），天津市档案馆，档案号：J0129-2-004309。

如都以被剥削者自辩，以争取舆论。不过，从斗争结果看，地方精英的力量依然十分有限；地方政权仍然具有绝对的权力，它在民众、精英以及当业之间力图保持平衡，一面顾及典当业的利益，另一面也要考虑社会的呼声；典当业则受到了民众与政府的双重制约，加上当业其他的竞争，生存日益艰难。但是，典当业毕竟为社会所需要，"止当候赎"是其撒手锏。更何况，许多大商人、军阀、遗老等对典当业也有不少投资，与典当业有很深的利益关系，① 因此典当业最终仍能够得到当局的支持。

第二节　南京国民政府前期关于当息的博弈

何兹全先生在回顾 1926～1928 年时曾经写道："1926～1928 年北伐战争时期，我十六七岁，已稍稍懂事。这是一次革命高潮，在革命高潮中，处处可以感觉到马克思主义的存在，马克思主义是这次革命高潮的灵魂。"②

经过 1926～1927 年的北伐战争，中国革命意识愈益浓厚。1927 年 7 月 19 日南京国民政府颁发借贷利率最高不能超过 20% 的禁令。在此社会背景下，典当业的形象受到民间社会的更大质疑，各方围绕当业当息开始了新一轮的博弈。

在此时期，最先对天津当业发起挑战的是律师高善谦。

天津律师出现于民国初年，人数逐渐增多，20 世纪 30 年代曾达到 200 人。其中虽有利用各种手段骗取钱财者，但也有一些主持社会正义者。③ 1928 年 9 月 27 日，高善谦向天津市政府指控典当业剥削严重，必须整治。他把典当业盘剥比作土豪劣绅："当商向以三分重利盘剥贫民，更以甲付之息转而作乙之本，辗转生息，利上滚利，贫民受经济压迫，呻吟于土豪劣绅威势之下，敢怒而不敢言亦非一日。"他认为全国已经统一，典当业是在公然违背年利率不得超过 20% 的训令，"若不严加取缔，不独以难解民众之倒悬，抑且失国家法令之威信"。在批判当业剥削的基础上，高善谦提出，当息应不得超过 1 分 6 厘 6 毫，最好定为 1 分 5 厘，并且

---

① 王子寿：《天津典当业四十年的回忆》，《文史资料选辑》第 53 辑，第 46～50 页。
② 何兹全：《我所经历的 20 世纪中国社会史研究》，《史学理论研究》2003 年第 2 期。
③ 姚士馨：《解放前天津律师业概述》，《天津文史资料选辑》第 37 辑，天津人民出版社，1986，第 179～181 页。

"为便利贫民御寒起见,历来皆须将利息减低,更请将在夏历冬、腊两月内赎典之利率规定为月息一分",如果典当业不遵守法令或者阳奉阴违而投机取巧,"应按照惩治土豪劣绅条例第二条第四款从重处罚"。①

由此可见,高律师的指责具有鲜明的时代印记,显示出民间人士利用国家法令和新时代革命话语进行斗争的策略。

市政府将高善谦的呈请经由商会转给了天津典当业公会。面对高律师的诉言,典当业的反应相当激烈。他们提出,当息本来就应该比其他借贷利息高:第一,当商取息,与银行、银号、放钱局迥乎不同;第二,当行之资本无几,均赖借用票项为之周转;第三,当商负担扣税过重,占去大部分利率;第四,当商成案取息以二分,取赎居其大半。要求市政府取消高律师的提案,"以免激出倒闭风潮,而杜绝贫民通融之活路"。② 其中第一条理由以前未曾提到过,这表明当商对自己的营业性质及其在近代金融系统中的定位有了较为明确的认识。

这一次典商的诉求又一次得到了政府的支持。1928年底,已由直隶改称河北的省长商震对此事做出批示:近年来的战争已经导致许多典当歇业,如果再行减息,"当商歇业者势必更多,转使贫民有物无处典质,是便民反以病民",所以,"现时本省各当商利率拟请暂行仍照旧例办理,一俟地方元气恢复后,商业稍有转机,再行量予核减"。③ 河北各县典业联合会对此批示进行了传达。④ 应当说,商震的看法比较符合当时典当业的实际。当然这也与天津当业多为山西人所把持有关,商震代表的正是以山西阎锡山为首的地方势力,由此,高律师的提案遭到否决更是可以理解的了。

不过,事情并没有到此为止。1929年4月,高善谦律师再次呈请党部要求执行政府对高利贷限制的命令,当商减息。⑤ 对此,社会局完全同意,他们不久就制定了减息的办法,要求当商按照国家法规减息,否则将设立

---

① 《天津商会档案汇编(1928~1937)》,天津人民出版社,1996,第955页。
② 《天津商会档案汇编(1928~1937)》,第956~957页。
③ 《民国二十八年典当业公庋堂禀稿底》(1928年),天津市档案馆,档案号:J0129-2-004312。
④ 《典当业民国十四年联合会禀稿书信稿》(1925年),天津市档案馆,档案号:J0129-2-004310。
⑤ 《当商减息问题,律师高善谦再呈党部,请转咨市府依法执行,规定利率系属于强行法规,绝不允许任何人违抗或否认》,天津《大公报》1929年4月30日。

公典，资金由当商公摊。① 但是当商依然不依，他们要求免行减息。② 社会局没有退让，而是在 1929 年 7 月依照北平的减息办法制定了一个方案，③ 以待来日商讨实行，④ 并且决定向中央政府行政院上报，要求中央出面解决。⑤ 而当时的中央政府出面支持了社会局。⑥ 1930 年 11 月中原大战刚刚结束，天津社会局就把减息方案再次提上了议事日程。12 月 19 日，由社会局发起当息讨论会，参加者主要有市府、市整委会、公安局、财政局等机关人员以及警区、当商代表。⑦ 社会局提出了 3 个减息方案，以供典当业讨论实施。第一个方案，无论华租界官典、质当、代当一律规定月息 1 分 8 厘，冬季自 11 月 1 日起至 12 月底止，月息均减为 1 分 5 厘；第二个方案，一律规定月息为 2 分，但自 11 月 1 日至 12 月底止，减为 1 分 5 厘；第三个方案，一律规定月息为 2 分，但 11 月至 12 月底则减为 1 分 8 厘。⑧

应当说，社会局这几个减息方案都较高善谦的方案为优，但是典当业仍不认同。典当业于 1930 年 12 月 30 日呈上理由，除了以前的说辞外，还拿出当税和获利单为自己辩护，即除去付息、估衣亏损以及薪水支出、各种捐税和杂费以外，资本 4 万元以下的当铺年获纯利仅为 800 元左右，6 万元的当铺最多获利不过 3500 元左右，与成本、架本等投入相较，利润不多，负担沉重。⑨ 与此同时，仍以止当相威胁。另外，典当业提出了一个变通办法，"别予修改当商收费名词，以示典业与国令

---

① 《当商减息标准社会局会议结果，平时二分，年终一分六，如不可行另设贫民公典，资本由 58 当店公摊》，天津《大公报》1929 年 5 月 5 日。
② 《各当商执迷不悟，坚不承认减息办法，社会局论减轻利息第为贫民略轻负担，各地均已实行，天津何能独异？》，天津《大公报》1929 年 7 月 13 日。
③ 《当商减息问题，社会局决定照北平成例令核减，当商值年商会呈请市府请免实行》，天津《大公报》1929 年 7 月 7 日。
④ 《民国二十九年十月典当业公庆堂禀稿底》（1930 年），天津市档案馆，档案号：J0129 - 2 - 004314。
⑤ 《当商减息问题，呈请国府解决》，天津《大公报》1929 年 7 月 20 日。
⑥ 《当商减息势在必行，市府昨又奉行政院令，着仍照通案饬令减少》，天津《大公报》1929 年 8 月 13 日。
⑦ 《天津商会档案汇编（1928～1937）》，第 958～963 页。
⑧ 《民国二十九年十月典当业公庆堂禀稿底》（1930 年），天津市档案馆，档案号：J0129 - 2 - 004314。
⑨ 《天津商会档案汇编（1928～1937）》，第 958～963 页。其实，考虑到典当业在营业中压低当物价格、做记号串通其他当铺维持当价等情况，这个估计应该是比较保守的。更何况，这个单据为典当业自己提供，其中难免有些水分。

利息两不相背"。①

为此，社会局召开第二次会议，会议主席指出，"决难抗违国府命令，应于上次政府规定之三项办法中，研究实施办法，或由当商另提切实具体办法亦可"。但当商代表祁云五等决定采取拖延战术，借口当商代表只是股东代理，没有决定权力，还建议"就近调查租界当息，以求划一，以免徒苦华界同业"。会议听从了当商的建议，由政府及当商公会分别派遣代表到上海、南京两市调查当业利率，并要求1931年1月20日前调查完毕，根据两市先例再"核议本市减息办法"。②这个结果表明当商的反驳取得了一定成效。

调查期间，当商公会仍是能拖就拖，称"因该地当业情形尚不一致，调查颇为迟滞"，要求延展时日回津。但是，逃避和延期终究是暂时的，到2月2日社会局主持第三次会议，参加会议的除了当商代表外，还有市政府、市党部、市财政局、市公安局、市社会局的代表，会议由社会局主持。会议上"双方舌战良久"，最后通过3个决议，主要内容为当商月利2分，当期18个月，过16日后按2月计息以及出入辅币，应按市价折合，不得令当户换取银币后赎当等。第二天报纸刊出会议内容，表示一致通过。③不料，2月5日，当商在报上发表声明，表示决议为官方强制通过，当商代表并没有认可，不是合法通过的，要求停止执行，否则全体当商一律歇业或迁入租界。他们不仅上呈社会局表示反对，而且表示要向本省最高行政官府提出诉愿。④当商的声明令社会局大为恼火，社会局揭露当商在会议上先是沉默，后采用以前"推脱之故智"，还老生常谈地要求股东同意。社会局还表示："在会全体代表过半数之决定，于法并无不合"。他们认为当商"竟敢在报纸上宣言否认，蔑视决议，殊属有意顽抗……显系无理取闹，有意与官府为难。尤属非是"，最后表示静候上级的解决。⑤

---

① 《民国二十九年十月典当业公庆堂禀稿底》（1930年），天津市档案馆，档案号：J0129 - 2 - 004314。

② 《民国二十九年十月典当业公庆堂禀稿底》（1930年），天津市档案馆，档案号：J0129 - 2 - 004314。

③ 《划一减轻当商利率，昨日开会结果告一段落，月利二分取消冬季减息制度越过十五日准取利息一月半》，天津《益世报》1931年2月3日。

④ 《当商否认减息议案，分向各方呼吁停止执行，不达目的将歇业或迁入租界》，天津《益世报》1931年2月5日。

⑤ 《当商减息纠纷未已，社会局谓议案通过并无不合，惟既称依法诉愿应静候解决》，天津《益世报》1931年2月10日。

不久，汉口市政府来函咨询天津市政府关于当商减息的办法，报纸舆论对此进行报道并表示："当业减息一案势在必行，故绝不能因一部分典商之狡展而少滞也。""典商与政治当局之争甚力，当局定能以大无畏之精神为贫民造福也。"① 3月2日《益世报》发表社论，指责典当业高利剥削平民，认为划一当息还不足以阻止当商剥削，应该再加以补充，呼吁国家出面取缔高利贷。② 至此政府以及社会舆论与当商的对立达到了天津市有史以来的最高潮，但是事情很快发生了变化。4月初，天津市政府表示要"酌量变通决定，当息按月二分行息。外加栈租三厘，以示体恤"，其余按社会局表决办法办理，并决议从4月16日开始执行减息。③ 接着，当商以账簿繁杂，要求展期减息，5月1日再开始实行。这项请求得到了市政府同意，并要社会局拟定两条过渡办法。④ 到了4月底，减息内容又发生了巨变。政府表示减息不仅要"体恤贫民"，而且要"兼筹并顾"，以免"直接商受其困，间接贫民受其病"。同时认为"过五"的习俗为"各省通例，人民沿袭已久"，社会局前局长将"当户五日免息之利益剥夺，不足以昭平允"，"暂仍其旧"，减息后从前的当赎以"原当原赎"为原则，以免纠纷。⑤ 这样政府和社会局的立场倒退了一大步。自1931年5月1日起，当息改为月利2分，冬令减息为1分8厘，外加栈租3厘。起息除第一个月外，不过5日者免利，过5日者按整月计息，当期限为18个月。这从表面上看是减息了，但典当业的"别予修改名词"的策略也得以实现，以栈租费的名义得到了适当的补偿，当期也从24个月减到了18个月。⑥ 总的来看，当业损失不大。

南京国民政府成立后，1928年天津地区的行政机构发生了变化。天津特别市成立，原四乡组成天津县，由此市县开始分治。1932年

---

① 《剥削贫民生命之当商高利贷，前经市政府决议减低利息，汉口市政府咨询津市办法，当商公会诉愿否认减息》，天津《益世报》1931年2月21日。
② 《典当业之利率问题与国定利率之必要》，天津《益世报》1931年3月2日。
③ 《当商减息十六日实行，按月二分行息，外加栈租三厘，今后以十八个月为满期》，天津《益世报》1931年4月4日。
④ 《当商减息过渡办法》，天津《益世报》1931年4月21日。
⑤ 《当商减息明日实行，社会局补充办法略有变更，届期华租两界决一律核减》，天津《益世报》1931年4月30日。
⑥ 《民国二十九年十月典当业公庆堂禀稿底》（1930年），天津市档案馆，档案号：J0129-2-004314。

10月，天津县政府训令当商，典当利息连保管费共计2分5厘，灾歉之年旧历冬季减为2分，灾重之年提前减半月。① 1933年，河北省政府发布了《河北省典当营业暂行规定》，也规定当息不得超过1分5厘，保管费至多不得过1分，冬令得减息5厘，但是否减息应由当商酌定。② 从这个规定看，既沿袭了民间传统的一些习俗，又给了当商更为灵活的经营政策，"惠于贫民而利于当铺缓解银根在年底之紧张"。③ 1934年3月，天津县政府依此规定再次强调，利息加保管费为2分5厘当息。④

由于市县分治，当息各有不同。从1931年5月的规定来看，天津市当业的利息比县区要低，他们也想争取2分5厘的当息。1935年初，他们向市政府提出，依照《河北省典当营业暂行规定》和天津县的先例改当息为2分5厘，即1分5厘，另加保管费1分。"窃以本省市毗连，商情既同，当息保管费未便独异"，⑤ 4月初，市政府通知当商可以改正。然而，正当典商决定改正之时，事情突然起了变化。4月6日晚，他们接到政府"暂缓实行"的电话通知，第二天社会局李科长解释，"错误乃系市府办稿人疏忽"，但为了"彼此帮忙，维持该员之职务，暂行改为保管费八厘以符旧有利率"。⑥ 不仅空欢喜一场，李科长还要典业公会承担增息事件的责任。⑦

针对这一突然转变，以上解释恐不完全，变动的背后还有其他社会因素的影响。天津《益世报》4月8日对此事件有所披露：市政府核定典业增至2分5厘当息之后，发现各界对此均极重视，有反对迹象。本市市民华子丹、张久宁等联名呈请社会局予以限制，认为在市面萧索、民众生计艰巨、百业凋敝之秋，当商竟借遵照省府当商管理规则，蒙蔽

---

① 《典当业关于改定当县栈租文件》（1932年），天津市档案馆，档案号：J0129-2-004303。
② 《河北省典当营业暂行规定》（1933年），天津市档案馆，档案号：J0129-2-004219。
③ 陆国香：《中国之典当》（二），《银行周报》第20卷第3期，1936年1月28日，第14页。
④ 《典当业关于改定当县栈租文件》（1932年），天津市档案馆，档案号：J0129-2-004303。
⑤ 《典当业关于改定当县栈租文件》（1932年），天津市档案馆，档案号：J0129-2-004303。
⑥ 《典业同业公会民国二十二年至民国二十五年执行委员会议记录》（1933年），天津市档案馆，档案号：J0129-2-004266。
⑦ 《典当会员代表大会、执行委员会、整理委员会、常务委员会董事会改选董事等签到簿记录簿，天津市典当业同业公会》（1933年），天津市档案馆，档案号：J0129-2-004261。

市府，请求增息，殊属直接剥削民众经济；且津市当商，经上度实行减息后，曾有永不再增之条件。他们还声称打算再联合有力分子，必要时进行请愿。① 由此可以肯定，社会的反对声音也迫使政府收回改变当息的决定。

天津当业对政府的出尔反尔焉能甘心，他们认为"市府既已批准备案，决无自行撤销之理"。② 10日下午，典业公会五常委与社会局谈判。但在政府的压力下，五常委被迫屈服，并向典业各会员做了汇报，虽经再三劝勉当业会员，但仍实行利息1分5厘、保管费8厘，即2.3分当息。③ 不仅如此，典业公会还按照社会局的意见，把增息"笔误"的责任承担了下来。④ 18日，天津市政府对此事做了批示，准予典业公会更正当息的决定。⑤

从南京国民政府前期以上三次当息的博弈来看，出现了一些新的精英来为民请命，律师和报业媒体成为可用的新工具，这些反应已经对政府形成很大的压力。为争取最大利益，典当业则以政府的法律和自己在社会经济中的地位在要求减息的呼声中强调自己的慈善形象，指出政府捐税过重，把当息过重的责任推给政府。不过，他们最终还是迫于政府的压力，把自己要求加息的恶果吞了下去。政府在当息博弈中依然把自己扮成替民众说和的代表，但是在实际斗争中力求各方平衡。国家法令在各地虽不能完全得以贯彻，但起到了一定的制约作用，成为地方政府、民间社会与当业讨价还价的依据。

第三节　日伪时期关于当息的博弈

1937年七七事变后，天津市的行政管理机构是于8月1日成立的"天津治安维持会"，年底改为"天津公署"。⑥ 日伪政权将典当业视为控制华

---

① 《当商突增息，各界反对呈请限制》，天津《益世报》1935年4月8日。
② 《典当会员代表大会、执行委员会、整理委员会、常务委员会董事会改选董事等签到簿记录簿，天津市典当业同业公会》（1933年），天津市档案馆，档案号：J0129-2-004261。
③ 《典当会员代表大会、执行委员会、整理委员会、常务委员会董事会改选董事等签到簿记录簿，天津市典当业同业公会》（1933年），天津市档案馆，档案号：J0129-2-004261。
④ 《典当业同业公会民国三十三年一月禀帖底稿，天津市典当业同业公会》（1944年），天津市档案馆，档案号：J0129-2-004316。
⑤ 《典当业同业公会民国三十三年一月禀帖底稿，天津市典当业同业公会》（1944年），天津市档案馆，档案号：J0129-2-004316。
⑥ 1943年又更名为天津市政府。

北经济命脉的一项内容。在日本军部的支持下，1938年日本人谷内嘉作在北京、天津、唐山等地积极活动，劝令典业合流，加入官股，将典当改为官商合办，企图予以控制。

面对日本人的威逼利诱，典当业人士显示了大义凛然的民族精神。以典业公会主席祁云五为代表的天津典当业人士与谷内嘉作极尽周旋，"经本业公会召集会员大会表决，无论合流或加入官股，股东以种种关系均不赞同"。6月，伪实业部拟于9月开会研讨改良典当业办法，与谷内嘉作的想法一样，也是拟定官商合办，商股、官股各500万元，设公司于北京、天津，各地另设分公司，原有当店一律取消。但天津当业公会仍不为之所动，"一再与股东集议，佥以创设一当店，系系相传，经之营之，非常不易，一旦改组化为乌有，虽持股票，字号实力不存，此为人情最不能堪，况各号盈亏不一，盈者尚可，亏者一经改组，其损失又向谁告偿……合办似民众未得救济之实，当商先遭失业之惨，敝等为当店计，为市民便利计，宁可歇业，绝不合办"。①

7月14日，天津典业同业公会的全体会员在《庸报》上发表了《天津市典业全体商号公同紧要声明》，表达了不与日伪政权合作的决心。②

1939年，华北地区发生水灾，天津当业和市民皆损失惨重。一时间，谴责典当业剥削、要求典当业减息的呼声又起。10月初，市民张傅泉在《庸报》上发表文章，认为1928年前天津的典当业较得人心，但北伐成功后主持天津政局的傅作义是山西人，偏袒典质业同乡，不仅否决了高善谦

---

① 《天津市典业全体商号公同紧要声明》，《庸报》1938年7月14日。
② 《天津市典业全体商号公同紧要声明》，《庸报》1938年7月14日；《典当业，天津市政府》（1947年），天津市档案馆，档案号：J0002-3-002304。"《天津市典业全体商号公同紧要声明》：径启者：前有友邦谷内嘉作先生奔走京津，劝令典业合流或加入官股，改为官商合办，当经本业公会召集会员大会表决无论合流或办法，股东以种种关系均不赞同。不意上月三十，忽奉实业部函召定于九月开会研讨改良典当业办法，其办法深恐各典将来经济支绌，拟定官商合办，商股五百万，由旧典集股，官股五百万，由准备银行暂借，设公司于北京天津，斟酌各地情形另设分公司。其原有当店一律取消，嘱即遵办。敝等一再与股东集议，佥以创设一当店，系系相传，经之营之，非常不易，一旦改组化为乌有，虽持股票，字号实力不存，此为人情最不能堪，况各号盈亏不一，盈者尚可，亏者一经改组，其损失又向谁告偿。再此项强制合流合办办法，满洲国亦无此先例，查津市典业，自民国十六年，经市社会局调整后，极为健全，资本金融绰有余裕，无庸外力援助，在营业方面商民相安，更无合流之必要，果使政府有调剂金融之决心，何不以此合办之款另设官典，兼筹并顾，商民两得其便，不此图强，使合办似民众未得救济之实，当商先遭失业之惨，敝等为当店计，为市民便利计，宁可歇业，绝不合办。"

律师的减息提案,还与当业商人联合起来鱼肉人民,把当息改为 2 分 3 厘,取消了冬令减息。而七七事变后,日本人谷内嘉作等要求改良典当业,却遭拒绝。他继而指责典当业在水灾中减息过少,甚至还不如庚子事变时的减息幅度。① 此文很快被其他报刊转载。从张傅泉的言论可以看出,他对典当业的指责不完全是为了减轻民众负担,而且是出于日本人合并典当业没有成功而进行的报复。

尽管如此,天津地方政府还是立刻做出回应,决定派人调查,并拟定减息、平息、递息、特息等办法。② 10 月 19 日,决定对当业实行减息,不过在减息的同时,也强调了典当业的一些困难,如"百物昂贵,一切开支,增加数倍",如再减低利息,典当业"恐难支持,视今之灾况情重,似乎得于救助,但期限过长,亦为实力所不许"。于是规定,凡是当本在 5 元以下的,临时减息 15 天,从 9 月 21 日起至 10 月 5 日止,原来利息 2 分 3 厘的以 2 分取赎,"以示救济多数贫民"。③

在日伪统治期间,日本人、朝鲜人以及天津地方商人开办的小押当泛滥,曾达到 2000 余家,月息达 60 分,当期仅一二十天,对天津典当业构成巨大威胁。④ 由于难以应付恶性竞争,天津当业"能够活动的仅剩十五家"。⑤ 他们强烈要求市政府、警察局对小押当进行整顿和打击。市政当局也感到小押当"盘剥贫民,影响治安",于 1941 年 11 月对天津租界内的小押当进行了调查。不过,因为它们多由日本人、朝鲜人经营,"限于法权关系,未便直接办理"。1943 年,市政当局又打算对小押当进行取缔,但仍因为日本人的纵容,未取得效果,小押当"继续私营者为数仍多"。⑥

随着日本侵华的深入,市面萧条,物质奇缺,物价上扬,典当业经营

---

① 《津市典当业重利剥削,灾民张傅泉详陈经过,呈请市当局呼吁减轻》,《新民报》1939 年 10 月 9 日。《〈庸报〉〈新民报〉关于典当业重利剥削之报导》(1939 年),天津市档案馆,档案号:J0129-2-004223。
② 《津市灾民呈请减低当商利息,市当局刻正洽商办法》,《东亚晨报》1939 年 10 月 12 日。
③ 《澈查当商减息纠纷,赎当减息延长半个月》,《庸报》1939 年 10 月 19 日。
④ 《典当业,天津市政府》(1947 年),天津市档案馆,档案号:J0002-3-002304。
⑤ 燕生:《日趋没落的典当商》(下),《天津中南报》1946 年 7 月 15 日。
⑥ 《关于取缔日朝人代押当票营业之训令报告,日伪天津市警察局》(1941 年),天津市档案馆,档案号:J0218-3-007528。

更加困难。租界的质业公会和华界的典业公会决定联合起来应对这场危机。1943年4月，两业召开联席会议，决定一方面请求政府出面担保，向银行借贷大量低利贷款；另一方面要求改变当息和当期，除原来规定的利息外，增加保管费2分，当期缩短为1年。① 此后，天津典当业公会又多次召开董事会议，要求市政府早日加息。12月5日，要求提高当息至4分，即：当业原来月息2分3厘，现加保管费1分7厘；质业原来2分8厘，现加保管费1分2厘。②

典当业的要求在1944年初遭到政府的否决。2月5日，典业董事会改变办法，决定从3月5日起，每当本1元收取手续费5分，"以维现状，而免全数倒闭"。这个要求得到了政府的批准。但由于现实情况进一步恶化，典业公会在5月5日再次提出新的要求，请求收取临时当息，加上保管费一共为6分，当期减为6个月。但1个月过后政府仍没有回答，6月5日典业公会董事会的提议稍有改变，请求政府适当增加当息，当期为12个月。即使如此，政府依然没有回应，8月1日他们再次上呈，当息暨保管费降为4分。10月，政府的批示终于下来，同意增当息为4分，但当期仍为18个月，停收手续费。③

典当业认为政府没有完全满足他们的要求，又于11月1日继续呈请政府，除了当息4分之外，要求照收手续费5分，当期缩短为12个月。④ 但政府未予理会，典业会员非常愤怒，"佥以现在生活如此之高，当息仍未固定利率，若不速为救济，势必同归于尽"。年底，他们再次召开会员会议，继续申述同样的要求，这次政府倒是答复了，却是"碍难照准"。当业会员更加着急，"所请增收保管费暨缩短当期一案，事经一年亏耗已属不支，不能再事延宕……以免全数陷于倒闭不可收拾之状态"。不过，他们最终还是在会长、理事的劝说下，表示"再静候一个月，如至二月一

---

① 《典当业民国三十一年召开联席会会员会议纪录，天津市典当业同业公会》（1942年），天津市档案馆，档案号：J0129 - 2 - 004262。
② 《典当业同业公会民国三十年董事会议纪录，天津市典当业同业公会》（1941年），天津市档案馆，档案号：J0129 - 2 - 004271。
③ 《典当业同业公会民国三十年董事会议纪录，天津市典当业同业公会》（1941年），天津市档案馆，档案号：J0129 - 2 - 004271。
④ 《典当业同业公会民国三十年董事会议纪录，天津市典当业同业公会》（1941年），天津市档案馆，档案号：J0129 - 2 - 004271。

日止,仍无相当维持办法,一律止当候赎"。①

一直等到 1945 年 3 月 1 日,还是没有消息,一些当铺开始止当。在此情况下,典业公会为解决当前危机,决定仍实行收取手续费的办法,每当本 1 元暂收一次手续费 5 分,回赎时典业仍按 2 分 3 厘,质业仍按 2 分 8 厘。②

不过,此时经济总署又批示,典质两业业务危急万分,改增当息为 5 分。③ 但此议未实行,日本就投降了,当息之争又进入了新的历史时期。

从以上日伪时期的当息之争可以看出,天津典业反抗日本人企图控制的阴谋,表现出民族主义精神。在严酷的战争环境中,当业经营十分困难,要求增加当息自不可免。但这一时期政府似乎仍如以往,对典当业既照顾其要求,又采取了限制措施。

第四节 抗战胜利后关于当息的博弈

1945 年 8 月抗战胜利后,天津经济一片凋敝,典当业依然面临着严峻的形势。天津市当局为帮助典当业复兴,将当息提高为 10 分,缩短当期为 10 个月。④

其时,质业公会和典业公会联合组成典当业公会。典当业公会第一次会议的首个议题就是当息,请求经济总署将当息增至 12 分,当期缩短为 4 个月。但此呈刚递上不久,就从商会转来一则政府训令:当息当期业经改正规定,应毋庸议。无可奈何之下,典当业公会于 9 月 5 日通过决议,采取消极态度,"凡当户持物典当者,每号限制最多不准超过一千元等字样,在营业时间经改定为上午九时起,至下午四时止"。⑤

---

① 《典当业民国三十一年召开联席会会员会议纪录,天津市典当业同业公会》(1942 年),天津市档案馆,档案号:J0129 - 2 - 004262。
② 《典当业民国三十一年召开联席会会员会议纪录,天津市典当业同业公会》(1942 年),天津市档案馆,档案号:J0129 - 2 - 004262。
③ 《典当业同业公会民国三十年董事会纪录,天津市典当业同业公会》(1941 年),天津市档案馆,档案号:J0129 - 2 - 004271。
④ 郭凤岐总编纂《天津通志·金融志》,第 208 页;《河北省财政厅代电为典当业现行利息及手续费数目》(1946 年),天津市档案馆,档案号:J0025 - 3 - 001284。
⑤ 《典当业理事会纪录簿,天津市典当业同业公会》(1945 年),天津市档案馆,档案号:J0129 - 2 - 004253。

天津市政府不同意当业增息的提议，北京典当业却在政府授权之下，于1946年7月增加当息为14分，缩短当期为3个月。这给天津典当业做了榜样，他们要求天津政府批准同样的要求。① 7月23日，天津市社会局将典当业此项要求向市政府反映，认为典当业在日伪时期表现很好，"宁可歇业绝不合办"；现在小本借贷未能普遍实施，又无其他代替方法，当商业务与一般平民有极其密切关系，所以"应准如所请"。北京做法具有示范意义，25日天津市政府同意了典当业的要求，让他们先行试办，但强调不要索取额外的当息。②

就在天津市政府同意的第二天，一个叫周毓华的又提出了不同意见，他希望市政府注意社会舆论和老百姓的承受力，不可盲目地效仿北京的做法，"北平核准之时，正值拆息高至十七八分之偶有时期，似未采作正常值标准"，而现在"银根渐松，已落至十二三分"，如果实行则对人民产生重大影响，"立遭舆论之攻击亦殊可能"。周的建议使市政府秘书处于29日做了一个统筹兼顾的"空头"提议：一方面指出典当业的要求对贫民来说是"重利盘剥，力实弗胜"；另一方面典当业在抗战期间"所受之苦厄最深，且多半被迫歇业，仅此现存之数，固应加以维持"。③

典当业继续争取自己的权益。8月3日当业公会会长王子寿上书市政府，陈述典当业存在的必要性以及仿照北京做法改定当息的合理性，并声称如果当商止当，则"一般贫民只有趋于小押当之一途，人民之受剥削，恐远不如大押当之便利"，所以，"救济当商即间接救济贫民"。更何况，北京的做法受到了人们的欢迎，"平津近在咫尺，事同一律"。在恳请市政府的同时，还努力争取天津商会的支持。7日，当业公会给商会发了一封公函，表达了自己的要求，"倘不蒙体察，仍与搁置，亦不敢强求，事出无奈，惟有准令敝行全体歇业"，商会对他们的要求表示支持。④

市政府反复权衡典当业和贫民双方的利益，在8月中旬做出了暂缓援照北京做法的决定，不过可以向典当业提供低息贷款。然而，当

---

① 《典当业同业公会会员大会、理监事联席会签到簿记录簿，天津市典当业同业公会》（1946年），天津市档案馆，档案号：J0129-2-004252。
② 《典当业，天津市政府》（1947年），天津市档案馆，档案号：J0002-3-002304。
③ 《典当业，天津市政府》（1947年），天津市档案馆，档案号：J0002-3-002304。
④ 《典当业，天津市政府》（1947年），天津市档案馆，档案号：J0002-3-002304。

业公会又给市政府写了一个呈稿，除了陈述许多当铺因经济形势恶化而不能维持外，还列举了北京、上海、南京、保定的当息，最低为17分3厘，高者已达20分。① 这显然为天津当业所不能比，对市政府有一定刺激作用，市政府遂转变态度，同意了典当业援照北京做法的要求。②

随着国共内战的进行，中国经济形势进一步恶化。当业公会在1947年1月初再次要求调整当息，增加保险费4分。一个月过去了，市政府没有答复，而"物价暴涨，暗息日增，以致业务无法支持"。③ 2月13日，他们又上呈市政府，要求调整当息，并请中国银行、交通银行、农民银行等继续予以低息贷款。但又过了3个月，仍未得到回复。5月以后，因为经济形势更加严峻，他们只得连续要求调息，以原有利息14分增加2分，栈租及保险费均加为1分，手续费1成，当期3个月。面对典当业加息则病民，不加息则歇业的两难局面，天津市社会局萌生了设立公典的想法，由当业公会负责筹组公典，资本暂定为2亿元，由现有当商约40家，每家出资300万～400万元。公典当息仍维持14分，且不收取栈租及保险费，并规定每次当额最高不得超过30万元，这样贫民既得低利周转之便，典当业亦可赖以维持。市政府对社会局的建议表示支持，要求其拿出具体的方案来实行。④

8月，北京市政府再次提高当息为月息16分，栈租2分，取消手续费

---

① 《典当业，天津市政府》（1947年），天津市档案馆，档案号：J0002-3-002304。"计开南京等处救济当商办法：一、南京：三个月期，月息十四分，手续费一成，平均每月十七分三。二、二个月期，月息八分，手续费并盛箱费二成，平均每月十八分。三、北平：三个月期，月息十四分，手续费一成，平均每月十七分三。四、保定：二个月期，月息与手续费平均每月二十分。"

② 《典当业同业公会会员大会、理监事联席会签到簿记录簿，天津市典当业同业公会》（1946年），天津市档案馆，档案号：J0129-2-004252。

③ 《典当业同业公会会员大会、理监事联席会签到簿记录簿，天津市典当业同业公会》（1946年），天津市档案馆，档案号：J0129-2-004252。

④ 《典当业，天津市政府》（1947年），天津市档案馆，档案号：J0002-3-002304。这个章程是他们在1947年7月30日拟定的，主要内容为："第三条：本当业务为办理一般平民衣物抵押之小额质当最高额国币十五万元。第四条：本当业务之需要得向国家或地方银行接洽低利贷款。第五条：本当设立于天津市当业同业公会内。第六条：本当资本总额定位国币二亿元，由天津市当业同业公会会员商号每号认股三百万元收款另依据'本当乃由当业同业公会会员合组而成，在成立后申请加入者除资本外应按月以十四分增收利息，不足按月计算。"

1成。与之相比，天津当业在1947年5月提出的要求是较高的，这反而给天津市政府提供了口实，即"仿照平市利率予以调整"，堵天津当业公会的嘴。① 由此天津典当业陷入被动。不过，天津当业的生存毕竟十分艰窘，当业公会再次致信商会，要求执行当息18分，并保留维持职工生活的手续费。② 商会将此议上呈市政府，市政府要求社会局做出相应决策，但社会局并未理睬当业的要求，而是忙于公典的筹设事项，不过直到国民党退出大陆，它也没有建立起来。③

正当天津当业公会于9～10月连续促请市政府批准其要求之时，北京当息又有了新的变化，调整为月息20分，栈租费4分。于是，天津典当业转而决定按照北京当业来调整当息。④ 北京的做法对天津市政府影响颇大，这次请求获得了市政府的同意。⑤

然而，经济形势在不断恶化之中，物价急剧上涨，银钱业的拆息也超过了30分。北京当息又调整为月息22分和栈租8分。1948年3月27日，当业公会召开紧急会议，决定继续采纳北京新调整的当息，自4月1日起实行。他们的先斩后奏得到了社会局的认可，社会局将此提交市政府会议通过。⑥

鉴于物价继续上涨，7月2日典当业再次召开大会，议定调整当息，当息仍为30分，另收手续费1成，这样当息达到40分。25日，典当业做出了新的决定，当息30分，栈租10分，共为40分，当期缩短为1个月，定于8月1日起实行。⑦ 这一次当业公会的先斩后奏行为引起了社会局的极度不满，社会局对他们的提议或否决，或上呈市政府再议，并进行处罚。⑧ 在市政府的严厉指责下，典当业被迫退却，从8月22日起仍按月息

---

① 《典当业，天津市政府》(1947年)，天津市档案馆，档案号：J0002-3-002304。
② 《改定典当业当息等事项》(1947年8月)，天津市档案馆，档案号：J0128-3-008510。
③ 《典当业，天津市政府》(1947年)，天津市档案馆，档案号：J0002-3-002304。
④ 《典当业同业公会会员大会、理监事联席会签到簿记录簿，天津市典当业同业公会》(1946年)，天津市档案馆，档案号：J0129-2-004252。
⑤ 《典当业，天津市政府》(1947年)，天津市档案馆，档案号：J0002-3-002304。
⑥ 《典当业同业公会会员大会、理监事联席会签到簿记录簿，天津市典当业同业公会》(1946年)，天津市档案馆，档案号：J0129-2-004252。
⑦ 《典当业同业公会会员大会、理监事联席会签到簿记录簿，天津市典当业同业公会》(1946年)，天津市档案馆，档案号：J0129-2-004252。
⑧ 《典当业，天津市政府》(1947年)，天津市档案馆，档案号：J0002-3-002304。

22分、栈租8分办理。①

为了抑制极度恶化的通货膨胀，挽救经济危机，1948年8月南京国民政府发布《财政经济紧急处分令》，其中第32条规定：抑制市场利率，商业银行及其他银行钱庄从9月1日起放款利率不超过1角，自9月16日起不得超过5分。这样一来，当业的增息要求与政府法令就产生了冲突，"当业虽非银行钱庄，惟既系取息亦应参酌前项规定将当息予以抑低"。据此，天津市政府不仅不考虑典当业40分当息的要求，并对以前30分当息的请求也予以检讨。不过在实际生活中，民间百姓已经不顾当息问题，只希望当铺开业就好，市民王爱民的呼吁代表了他们的要求，"请津市各当铺万勿拒绝穷民抵押，以资救济生活"。②

由上可见，抗战胜利后，由于国共内战以及国民党的通胀政策，市场紊乱已极，当息问题也陷入了一种无可奈何的境地。随着中国经济的崩溃，关涉各方皆进退失据：天津市民只要可以典当，就已不关心当息多少，过一天算一天；典当业虽不断地要求增加当息，当息在表面上达到历史顶点，但实际上仅是避免歇业的手段，早已无盈利可言。到中共军队解放天津时，当铺几乎全部歇业，当业公会也自动解散；而政府则是朝令夕改，一片混乱。在无可奈何之中，随着国家政权的易手，典当业被推进了一个新的历史时代。

小　结

上文如史话一般展现了近代天津当息博弈的历史过程，根据这一描述，可制作出天津当息的演变表（见表4-1）。

表4-1　近代天津当息演变

时间（年）	当息
清光绪年间	当息普通2分，高的3分，冬令减息1个月。当期24个月，可延至30个月

---

① 《典当业同业公会会员大会、理监事联席会签到簿记录簿，天津市典当业同业公会》（1946年），天津市档案馆，档案号：J0129-2-004252。

② 《典当业，天津市政府》（1947年），天津市档案馆，档案号：J0002-3-002304。

续表

时间（年）	当　息
1904	当息一度增至3分
1908	当息2分5厘，灾重之年提前半个月减息
1931	当息2分5厘，当期24个月（具体为：当息月利2分，冬令减息为1分8厘，外加栈租3厘。除第一个月外，不过5日者免利，过5日者按整月计息，当期限为18个月，如当物者请求，也可将利作本，重新起利，留当1个月）
1933	天津市当息为2分3厘，天津县当息为2分5厘
1944	当息4分，当期18个月
1945	增加手续费5分。抗战胜利后，当息一度定为10分，当期10个月
1946	当息为月利14分，手续费1成，当期3个月
1947	8月，当息16分，栈租2分，取消手续费用，当期3个月。10月，月息20分，栈租费4分，当期3个月，手续费取消
1948	4月，当息22分，栈租8分，当期3个月

表4-1为近代天津当息演变的实际结果，很显然，它掩盖了这一历史过程中政府、社会与当铺的博弈内容，也就是说，这个结果是在各方的斗争中实现的，即：当业一方以贫民的金融调剂机关自居，以慈善的面目出现，但为了获得更多利益，希望利率越高越好；而社会民众却视典当业为高利贷，希望降低利息；政府则从维护弱势民众和稳定秩序的角度出发，往往干预当息，或者说是压制当业的高利欲望，但由于典当业又为社会所必须，在一定程度上要维护其生存。在此博弈中，各方都使用了适合自己的或传统或现代的武器，包括传统习俗、国家法律、社会组织、报纸媒体等，体现了近代中国社会转型的色彩。

笔者还想表明的是，如果说各方对当息的博弈和斗争属于表面现象，而在这表象的背后，当息高低最终还是要受社会经济条件的制约，从而所谓当息的结果就不完全是以人的意志为转移的，各方势力的博弈皆不可能脱离这一制约而随意所为。从表4-1可见，天津当息一直呈波动上升之势，[①] 它尽管是一个表面现象，但实际地反映了近代以来中国政治局势的

[①] 对近代中国典当业利息的趋势，有两种对立的观点：宓公干认为，典当利息有与时减低之势，陆国香的意见则与之相反。参见宓公干《典当论》，第317页；陆国香《中国之典当》（二），《银行周报》第20卷第3期，1936年1月28日，第12页。

动荡、经济局面的恶化，行业激烈的竞争，典业经营成本增加，不得不巧立名目提高当息，以维持生存。① 即便如此，与物价变动和经营成本相较，当息是否真的提高还不好定论。总之，典当业处于愈益艰困之境。政府虽然倾向典当民众的利益，但也不能不考虑当业经营的实际情况，从而在两者之间左右摇摆，它只能是改良而不是取缔典当业，于是政府关于民间借贷的利率法令有时就成为一纸空文，而以正义面目出现的社会精英，虽然总是摆出"一边倒式"的减息态度，且对政府和当业的态度也会产生影响，提醒当业不可为所欲为，但最终还是受社会经济时代局势的限制，因此，其作用和影响是有限的。

从博弈学的角度来看，在当息问题上各方是不完全信息的博弈。"博弈中的得益不一定是金钱或坐牢数年等客观事物，也可以是博弈方的主观感受。"② 近代天津人们对典当业利息的主观感受也非常不同。站在典当者一方，他们感到，"利息、当价、当期……都倾向与当商有利，如利息的提高、当价的减少，当期的缩短，还都是当商们发财致富的法宝"，于是视之为高利贷，而把经营这种高利贷的人叫作"吸血鬼"。③ 站在典当业者一方，他们感到典当业"在这种社会上负着保持公众的安宁调剂民众的生活的责任，使贫者不至于断炊，富者的余资有所使用"，④ "当铺得利极为细微。……为招揽主顾起见，常常是在当的时候临时商议的，所以至多也不过二分四五厘的光景"，利润很低。⑤ 博弈双方具有不同的博弈标的，博弈在各个时期都需要一个均衡。当息在近代天津的变迁是由近代天津社会经济变动加剧与社会文化变迁这个社会大背景导致的。"一个社会如果没有领袖去指定社会的生活博弈中的均衡，那么这个社会就必须使用其他的均衡选择机制。"⑥ 政府的存在使利率博弈的一个均衡局面得以出现。

---

① 陆国香指出："自国定利率年息二分颁布后，国内当铺格于政令，不得不表面加以服从，于是又名异质同之变相利息发生。此种变相利息之名称各地不同，但其计算方法均与利息同出一辙。"参见陆国香《中国之典当》（二），《银行周报》第20卷第3期，1936年1月28日，第5~16页。
② 〔英〕肯·宾默尔：《博弈论教程》，第9页。
③ 《漫画典当》，《天津市》第4卷第2期，1947年8月30日，第10页。
④ 张葆琦：《天津典当事业的概况》，《铃铛》第2期，1933年6月30日，第142页。
⑤ 张葆琦：《天津典当事业的概况》，《铃铛》第2期，1933年6月30日，第146页。
⑥ 〔英〕肯·宾默尔：《自然正义》，第233页。

第五章 近代天津典当业资本的变迁

资本的流动和变迁是社会经济变迁的晴雨表，一个行业资本的变动也是这个行业兴衰的标志。在古代乃至近代典当业的社会经济功能都非常重要，在传统金融业中占有重要地位，在三百六十行中典当与钱庄、粮栈、金店同为四个与国民生计关系比较密切的行当之一。① 在中国经济发展较快的地方典当业不但发达，而且经营形态复杂。② 典当业自身资金的供需对其业务影响至巨。典当业的资本来源非常复杂，涉及社会许多阶层和行业，典当业的盛衰与资本来源的变迁有着十分密切的关系，正如有学者所指出的，"从资本额可见典当业的社会地位和自身的盛衰"。③ 目前，学术界对古代以及近代典当业的研究都取得了丰硕的成果，④ 但是，对近代典当业资本的变迁研究还有不足之处，总的来说，大都只是笼统地介绍了典当业资本的来源等，没有从近代历史变迁的角度对典当业的资本来源进行探讨。⑤ 本章对天津近代以来典当业资本的变迁做一描述，并以此为视角探讨天津典当业兴衰的轨迹。⑥

天津的典当业在清代一度非常发达，在 20 世纪二三十年代也曾再次兴盛，最后在 40 年代走向衰败，在新中国成立前夕全行业歇业。近代天津典当业的资本在 30 年代初一度位居全国第三，仅次于上海和北

---

① 高叔平、高季安：《北京典当业内幕》，常梦渠、钱椿涛主编《近代中国典当业》，第 68 页。
② 潘敏德：《中国近代典当业之研究（1644～1937）》，第 213 页。
③ 潘敏德：《中国近代典当业之研究（1644～1937）》，第 283 页。
④ 参见李金铮《民国乡村借贷关系研究》；杨勇《近代江南典当业研究》。
⑤ 探讨典当业衰落的文章主要有：李金铮：《20 世纪 20～40 年代典当业的衰落——以长江中下游地区为中心》，《中国经济史研究》2002 年第 4 期；刘建生、王瑞芬：《浅析山西典当业的衰落及原因》，《中国社会经济史研究》2002 年第 3 期；等等。他们都提到了典当业资本周转困难是典当业衰败的原因，但没有对近代典当业资本内在的变迁进行深入的探讨。
⑥ 本章所探讨的天津典当业以华界的典业公会内的当铺和租界内的质铺为主，小押当和代当等在近代天津为非法典当业，不在讨论范围内。

京两市，在1934年才有所下降。"天津市押当87家，资本总额约为522万元，全国总计约为5千万元以上，超过新式农村债款总额。在平民金融中占有重要地位。"① 从资本实力来看，可以说天津典当业在全国占有重要地位。所以，对近代天津资本变迁的研究是整个近代中国典当业资本变迁研究的一个重要组成部分，而近代天津因为其独特的历史环境而使其典当业资本的变迁具有自身的特点和路径。

第一节 近代中国典当业资本概要

典当业的资本依照组织方式分为独资与合资，其中合资有合伙与合股等形式，② 独资在清代以前占主要地位，合资在清代盛行。合伙在明清时期比较盛行，合股经营是天津山西帮的主要经营方式，是民国时期较盛行的方式。此外还有近代的股份公司的形式，在20世纪初的天津出现过。③

典当业的资本按照其功能可分为固定资本和流动资本（即日常的营业资金，如通常所说的架本、牌尾和银尾等）等。④ 典当业固定资本包括设备费、捐税、员工薪资、伙食。一般新设典当业固定资本在2000元左右，老当在1500元左右。流动资本主要是支付流动资金所需的利息，金融市场利率是影响流动成本的重要因素。因为典当业的信用较好，所用资金的利率一般低于市场的利率，一般不超过1%。⑤ 典当业资金来源的主要渠道有：向当地的银行和钱庄借款；由东家设法筹措；向当地的商户借款；

---

① 张由良：《吾国典当业的探讨》，天津《大公报》1935年5月20日。
② 潘敏德：《中国近代典当业之研究（1644~1937）》，第135页。典当资本依其形式可分为三种：独资、合伙、合股。以合股最为常见。合股有契约，载明入股数及利益分配方式，分为财股和身股。财股可以转卖和继承，身股有公身股，在决算时分配红利。此外，还有故身股，在死后可以继承。生前有一股者可继承9年，不满一股者（即破股）可享受6年。合资有合伙、合股无限、合股有限三种。参见李金铮《民国乡村借贷关系研究》。
③ 刘秋根：《中国典当制度史》，第56页。
④ 潘敏德：《中国近代典当业之研究（1644~1937）》，第283页。占流动资本比例最高的是来自其他金融机构或商号调借的款项，叫作外款、揭款或客款。
⑤ 潘敏德：《中国近代典当业之研究（1644~1937）》，第303页。

吸收公私存款；兼营储蓄业务；发行兑换券等。① 固定资本一般先期都由股东筹措。据推算，清代全国的典当业资本在1.5亿两左右。典当业的营业额可由架本表示，架本和资本之间通常呈倍数的关系，清代一般为2倍到4倍，民国1倍到1.5倍。由此推断清代的架本为3亿到6亿两，民国的架本为2亿到2.5亿元。②

从典当业的种类来看，典当业中当的资本最大，押次之，代当最小。典当业多是私人经营，以北京的典当业为例，资本最多不过三五万两，少的不足1万两。③ 天津典当一般在4万元左右，高的有达到8万元的，加上架本近20万元。"盖当商在一般人心目中咸认为稳定投资处所，除财东随时资助外，本地富绅利其安全，常存巨款于当铺；得息虽微，非所计也。其他银行银号为销纳其过剩资金起见，亦时时持当商为销纳尾闾。"④ 小押当的资本有的不过几百元。代当有的是城市中典当业的分支机构，有的自行挂靠在当铺之下，资本也极少。当业的利润非常可观，"晚清时期典当业每年支付的利息约在4千万两左右。还有3千两左右的办公费用。清末的利润率在20%，利润大约在3千万两，民国在10%，利润大约在1千万两左右"。⑤

从典当业的经营者看，"雍乾嘉道咸同光朝，开典当的或政府地方官'招商开典'的，都是殷实商人"，"典当业资本的成分，约分为三类：一为殷商或大盐商拨款开设的民营典当，二为官方资本的公营的典当，三是外资或中外合资的典当"。⑥ 即使到民国时期，地主的投资在典当业股本中仍占最重要的地位。新式的银行等也投资当业，但是在20世纪20年代传统的投资依然占优势。⑦

---

① 顾传济：《典当业的组织管理和业务经营》，常梦渠、钱椿涛主编《近代中国典当业》，第30页；潘敏德：《中国近代典当业之研究（1644~1937)》，第284页。
② 潘敏德：《中国近代典当业之研究（1644~1937)》，第295页。常梦渠、钱椿涛主编《近代中国典当业》，第29~30页。"架本就是全部当物抵押款项的总和，通俗地说就是放款总余额。架本往往超过其自有资本，多者超出三至五倍，一般的超过一倍以上。"
③ 顾传济：《典当业的组织管理和业务经营》，常梦渠、钱椿涛主编《近代中国典当业》，第29~30页。
④ 吴石城：《天津典当业之研究》，《银行周报》第19卷第36期，1935年9月17日，第15页。
⑤ 潘敏德：《中国近代典当业之研究（1644~1937)》，第304页。
⑥ 罗炳锦：《近代中国典当业的分布趋势和同业组织》（下），《食货》复刊第8卷第3、4期，1978年6月，第157页。
⑦ 潘敏德：《中国近代典当业之研究（1644~1937)》，第287页。

第五章 近代天津典当业资本的变迁

从资本的地域分布来看，根据陆国香的研究，20世纪20年代城乡典当的分布比例是1：3，资本额可以代表典当的融资能力，① 而到了20世纪30年代，随着社会经济形势的变化以及乡村经济危机的发生，典当业资本的南北分布、城乡分布以及总户数都有所变化。资本额南方高于北方、城市高于乡村；清末典当总数在6000户左右，全国资本额大约为1.5亿两；20世纪20年代中期全国典当大约4500户，资本为1亿元左右；② 20世纪30年代中期，全国典当户数为4500~4600户，资本总额为1.5亿元左右，营业额在4亿元左右。③

罗炳锦先生对华南、华中、华北三个区在清代嘉庆前后的当铺的情况进行了比较，认为因为在政治和经济中心区，华北典当业的数目和比例在全国来说是最高的。④ 华北地区的当铺以北京和天津最多，最为主要，资本亦较雄厚。平津之当业大者一二十万元，少者一二万元。⑤ 华北的典当业以山西帮开设的典当为主，"山西的典当业，几乎整个清代它都占有重要地位，民国以后才被广东省的典当业超越"，"华北在清代当业最有实力，民国后才转到华南地区"。⑥ 民国时期典当业的资本构成情况主要以20世纪30年代初期中国八大都市为代表（见表5-1）。

表5-1 1932~1934年中国八大都市典当户数及资本额

城市	户数（户）			资本额（万元，旧法币）		
	1932年	1933年	1934年	1932年	1933年	1934年
上海	87	95	103	207	219	226
北京	104	102	97	164	162	158
天津	37	36	124	137	131	96
广州	170	—	—	—	—	—
汉口	15	21	24	64	94	114

---

① 潘敏德：《中国近代典当业之研究（1644~1937）》，第230页。
② 潘敏德：《中国近代典当业之研究（1644~1937）》，第294~295页。
③ 宓公干：《典当论》，第1页。
④ 罗炳锦：《近代中国典当业的分布趋势和同业组织》（上），《食货》复刊第8卷第2期，1978年5月，第60页。
⑤ 《冀省之典当业》，天津《益世报》1936年9月13日。
⑥ 罗炳锦：《近代中国典当业的分布趋势和同业组织》（上），《食货》复刊第8卷第2期，1978年5月，第64~65页。

续表

城市	户数（户）			资本额（万元，旧法币）		
	1932年	1933年	1934年	1932年	1933年	1934年
青岛	4	5	4	10	12	10
厦门	18	29	24	32	36	38
南京	8	7	7	110	110	110

资料来源：常梦渠、钱椿涛主编《近代中国典当业》，第19页。

从表5-1可见，天津典当业资本在20世纪30年代初一度位居前列，仅次于上海和北京两市，在1934年才有所下降。此外，天津典当户数和资本变化较为明显。

从当铺的户数看，天津位居第三。上海华界和租界的当押共有660余家（据上海市社会局的估计）；广州170家；天津市华界、租界当押合计87家；汉口当押合计40家；福州典押华人经营者30余家，台人经营的小押当30余家，共计60余家；厦门24家；南京7家。上述8个城市共有押当1000余家。[①]

从投资者看，天津典当业在前清时期多为山西人投资，"典肆，江以南皆徽人，曰徽商；江以北皆晋人，曰晋商。"[②] 民国时期有所变化。

第二节 固定资本、流动资本及其比率的变迁

近代天津典当业资本因近代天津社会经济的变迁而发生了较大的变化，对近代天津典当业的兴衰有很大的影响。下面从固定资本、流动资本及二者的比率来考察近代天津典当业资本变迁的情况。

一 近代天津典当业固定资本的变迁

清代乾隆年间，开设当铺的平均资本已经达到8万两左右。[③] 民国年间，全国平均每家20321元。[④]

---

① 宓公干：《典当论》，第37页。
② 李燧：《晋游日记》卷3，转引自刘建生等《山西典商研究》，第23页。
③ 刘建生等：《山西典商研究》，第22页。
④ 刘建生等：《山西典商研究》，第73页。

第五章 近代天津典当业资本的变迁

光绪年间，天津城区、乡区有当铺44家，已经具有一定的规模。① 天津典当业此时的投资者主要有商人、地主和官僚等，官员一般限于政府的法令，只能暗中参与集资或集股。

天津地方的豪绅，是天津典当业最重要的投资者。如天津八大家中的长源杨家开设的当铺有30多家，在天津八大家中占第一位，是天津典当业的巨头。1900年，天津城区的当铺被八国联军烧抢，其中有15家是杨家的。1912年壬子兵变，被抢劫的当铺中有14家是杨家的。从此，杨家当铺的地位衰微。民国以后，杨家余存的当铺有中昌、中祥、中通、协合等号，分布在华界五大警区，后来又在法租界组织裕中当和同吉当总分号。杨家经营当业有一个特点，东家资本雄厚，一贯采取封闭固守的策略，从不向外借款，也不贷款给其他同业。属于八大家的还有振德店黄家，在城区有德恒、德源两号，德庆当则设在独流镇；在庚子事变以前，杨柳青石家在天津有当铺四五家，后来仅有万顺当设在杨柳青；土城刘家，有义泰当设在南马路；穆家有裕兴当，设在西头大伙巷少数民族聚居之处。此外的大资产户，如北京刘家的大顺、元顺在日租界，恒顺在法租界，和顺在城隍庙街，即时人所称当行中的四大顺与在北京所经营的八大恒齐名。四顺八恒，原为清末内务府明索家开设的当铺。明索家经营当业，以刘禹臣为总管，其子刘贡楠，为人阴险，很有权术，人称"小刘"。清帝退位后，旗人势力衰落，明索家的当铺遂辗转落到小刘手中，后人只知四顺八恒是北京刘家的产业。此外，如日租界的福聚当、英租界的同义当，都是昌黎县刘鸣岐经营。刘原在沈阳经营钱业，结识张作霖，由此致富。②

还有一些当铺的资本来自周边乡村的大地主。如河北省外县大地主在天津经营当业，主要有：肃宁县王怀萼在日租界接办江苏人左子荣经营的恒裕当；乐亭县刘家在特二区经营的福祥当；胜芳镇蔡家在河东粮店街经营的天聚当；献县仝家在南市经营的福顺当；鲁东侯也是献县人，先在日租界开设聚丰当，继而在日、英两租界扩充聚丰当东号和聚丰当南号，又在英租界成立东兴当和信丰当。鲁家经营当

---

① 郭凤岐总编纂《天津通志·金融志》，第281页。
② 王子寿：《天津典当业四十年的回忆》，《文史资料选辑》第53辑，第47页。

业，别具风格，对限满应作处理的架货，不走一般当商打当的路子，而是在日租界四面钟东聚丰当旁组织一个售货部，把他所有五个当铺应处理的衣物集中变卖。另外，鲁家又在法租界天祥市场开设鲁丰金店，收购珠宝翠石，形成自己掌握的当铺、估衣铺、金店三种互相为用的行业链。这样，鲁家当铺的一切处理品绝不会落到旁人手中，而是自己控制着全部利润。另一个献县的特殊人物袁春帆，原是清末内廷太监，曾任慈禧太后御用轿夫总管，在其原籍拥有大量土地，曾在天津英租界（现在贵阳路）开设瑞和当。献县仝家的福顺当，也是与袁春帆合营的。①

经营典当的商人，主要是晋商，在清代他们一度是典当业的投资人。当业人士张中龠回忆道："说到资财方面，当见许多报章及其他刊物上每提到当铺便说'多数为晋商所开设'。""其实在日下十九皆为此间巨商富室之资本。说到山西人不过代理经营，借得区微劳动之报酬也。但在过去，庚子之前，则晋商出资经营者确在十处之上（如广盛、益盛、星盛、文盛、天裕、义丰、长庆、日升、广昌以及天赐、广成等合资者）。至今所谓之晋帮，多为依人作嫁，根本投资而经营者则寥若晨星。"② 可见在近代前期，有些资本来自经营典当业的山西帮自身。对比庚子事变前后，只有广昌以及天赐两个当铺还在，显然山西帮在天津当业的地位在衰落，多受战乱的影响。以星盛当为例，这个当铺在北京、天津设有连号，在庚子事变中损失惨重，最终清理破产，"计欠外40万吊有零，另有官款银3千余两。而连号星盛聚外欠有7万余吊，如外仅有空房一所"。这次变乱不仅使当铺损失惨重，而且导致东家"人亡家破，孤苦可怜"。③

民国时期典当业投资者以北洋军阀和官僚等为新的重要投资人，1912年到1930年是天津典当业最发达的时期。④ 在这个时期，一些军阀和政客在天津做寓公，把自己积攒的资本投入稳妥的典当业。此时，天津当业的资本以租界最为雄厚，华界当业日趋衰落。如1916年长江巡阅使张勋以

---

① 王子寿：《天津典当业四十年的回忆》，《文史资料选辑》第53辑，第48~49页。
② 张中龠：《天津典当业》，第6页。
③ 《天津商会档案汇编（1903~1911）》（上），第717~718页。
④ 顾传济：《典当业的组织管理和业务经营》，常梦渠、钱椿涛主编《近代中国典当业》，第29~30页。

10万元接办了公裕当,交给他的老朋友马桐岗接办公裕当,改称松寿当;后来又设一分号,地址均在法租界。七七事变后张家财势已经衰退,将两号倒给原山东督军田中玉接办,改称松寿当新记。曹锟的当铺最多,先后共有7处:万成当总号,在法租界华利里;一分号在教堂后;二分号在南关下头;公茂当总号及一、二分号,均在特一区;曹锟死后,其女曹成贞,又在河东十字街,成立永聚当。次之是江西督军陈光远,共开设4处:德华当、德昌当、德昌当福记,均归他的二太太韩华棠所有;辑华当则归他的大太太赵堃峰与韩华棠所共有。这些当铺,仅福记在特一区,其余均在城区。其他如吉林督军孟恩远,在葛沽经营庆昌当;黑龙江督军鲍贵卿在英租界开设金华当;西北军军长高桂滋,在日租界开设德懋当;国民二军军长郑思成,在法租界开设义和当总号,又在河北大街设立分号;袁乃宽在北洋时期历任要职,曾在日租界开设裕丰当,后来又扩充一个分号,1935年遭火灾;之后,曾任国务总理的靳云鹏,于1935年接办袁乃宽的裕丰当;曾任陆军总长的陆锦于曹锟死后接办万成当;高新樵系江苏督军李纯家管事在法租界经营馥成当,据说该当大部分股款是李纯太太的,也应属于军阀经营的类型。此外,张作霖大元帅时代的国务总理潘复与当时的财政总长阎廷瑞,合股在法租界经营天庆当总分号两处,由潘复的侄子潘海岑任总经理。潘、阎原计划要开10个当铺,从而组织当业银行,因政局变换,未能实现。曾任津道海尹、以经营房产致富的胡贞甫,经营了两家当铺:天兴当在河东郭庄子,颐贞当在特二区。安徽财阀王郅隆,曾经营裕昌当,地址在官银号附近。这家当铺,就是陈光远所开辑华当的前身。曾任直隶省长的曹锐,曾在东门里经营同聚当。①

此外,原来的地主和商人依然是典当业的重要投资人,新兴的买办和商人也是投资者。如著名的天津八大家几乎都开有当铺,还有北京大户刘家(刘禹臣)、昌黎刘家(刘凤岐)以及原天津钱业公会主席王晓岩、杂贷业商长孙月樵、兴隆洋行买办高少洲等。大地主中投资典当业著名的有肃宁县王怀萼,乐亭县刘家,献县仝家、鲁家和袁家。② 以上四类投资者

---

① 参见郭凤岐总编纂《天津通志·金融志》,第85页;王子寿:《天津典当业四十年的回忆》,《文史资料选辑》第53辑,第50页。
② 参见郭凤岐总编纂《天津通志·金融志》,第85页;子珍、朱继珊《天津典当业及其同业公会》,常梦渠、钱椿涛主编《近代中国典当业》,第137~139页。

有 69 家当铺，占当时的多半数以上。

还有外国人和买办开的，如犹太的白俄和李亚溥经营的利华大押当。在租界还有一种"洋当铺"。在旧日大沽路小白楼一带有许多家收售和拍卖外国器物的旧货店，其中有四五家是外国人经营的，兼作押当营业。他们收押物品的期限、利息和赎取手续都是随意规定，并不经任何行政机构的限制和监督。一般是短期押款，过期不赎，即予没收。其中最大的一家为犹太白俄所设，地点在现在的杏花村饭庄。他们收押的物品主要是舶来的高贵陈设品、日用品、金银餐具、打字机之类，对中国物品只收部分绣货、瓷器、珍贵木器之类；他们也收珠宝首饰，但对质量鉴别并不在行。他们剥削的对象，中国人与外国人皆有。此外，犹太人李亚溥经营的利华放款银行实质上就是一个大押当铺。李亚溥利用这一变相的押当掠夺了惊人数额的财富。天津典当行业最后几十年以租界为活动中心。天津租界第一家当铺是清末山西人合伙在英租界小白楼开设的天义成。民国初年，隆茂洋行华经理杨少泉在日租界紫竹林组织公裕当，以后在各租界经营当行者日多，德国租界自始至终仅有一家，为上海资本家蔡姓开设，于 1915 年以杨益斋为经理，与德国领事馆木工华人秦文起合股，以秦文起在大营门的土地，自建楼房，成立祥泰当。后因大营门扩充马路，祥泰当原址被划入背巷，秦文起借口交通不便影响业务，请求设法补救。经德国领事馆特许，不再批准其他当商在界内开业，以支持祥泰当，直到第一次世界大战结束，德国租界被收回，改为特别一区，当行才陆续在该区发展起来。①

此时，天津典当业得以发展的原因在于，投资当业是最为稳妥可靠的。在这个时期，除动乱外，开当铺很少赔钱。当商在官府庇护下，既能保本，又有丰厚的利润，是最理想的保本生财之道。当时有一句谚语说："要讲富，开当铺。"仿佛有钱的人，不开当铺，不足以炫耀财势。因此天津当行资本离不开上述四大类型的投资者。②

1930 年天津市社会局对典当业资本等状况进行了调查，其中，华界有 25 家当铺，租界 48 家，华界情况如表 5-2 所示。

---

① 王子寿：《天津典当业四十年的回忆》，《文史资料选辑》第 53 辑，第 51 页。
② 王子寿：《天津典当业四十年的回忆》，《文史资料选辑》第 53 辑，第 46 页。

表 5-2　1930 年华界典当业资本状况

名称	地点	资本组成	资本额（万元）
裕昌当	公安一区	独资	5
隆元当	公安一区	独资	2
同聚当	公安一区	合资	6
义泰当	公安一区	合资	2
和顺当	公安一区	合资	25
德恒当	公安一区	合资	4
中昌当	公安二区	合资	6
益兴当	公安三区	独资	2
协合当	公安三区	独资	4
以上月息 2 分，赎期 24 个月			
万成当	公安四区	独资	0.3
天兴当	公安五区	集股	6
协昌当	特别一区	独资	2
公茂当	特别一区	合资	2
公茂当	特别一区	独资	0.5
天聚当	特别二区	合资	5.4
颐贞当	特别二区	独资	3
中和当	特别二区	合资	5.5
德源当	特别二区	独资	2
福祥当	特别二区	独资	0.6
集通当	特别二区	独资	1.6
聚顺当	特别二区	独资	2
同升当	特别三区	合资	4
麟祥当	特别三区	独资	2
兴隆代当	特别三区	独资	0.1
天福当	特别三区	独资	0.4

资料来源：《典当业调查》，天津《大公报》1930 年 12 月 16 日。

租界方面，英租界 5 家，法租界 23 家，日租界 17 家，意租界 3 家，利率均较华界为高。① 从资本额看来，以 2 万～6 万元为多，个别的在几千元或 20 多万元。从集资的方式来看，合资的数额高，资本额相对较大，

---

① 《典当业调查》，天津《大公报》1930 年 12 月 16 日。

共有 10 家，此外多为独资。合资中的合伙已不多见，集股只有 1 家，多半为合资。

1930 年以后，天津典当业统称当铺，其资本额因分处华界与租界而有所不同。华界当铺资本额最低限为 4 万元，租界当铺则限制不严。1934 年在华界开设的同聚当、天聚当等 21 家，其资本合计为 108.4 万元，平均每家 5 万余元，8 万元者为最高，4 万元占多数。①

七七事变后日本人对天津典业同业公会的一些当铺进行了调查。一些当铺表示，营业减少、物价增加都在 3 成左右，当铺中被杀的人不多，总的损失不是很大。在调查中，这些当铺大多数表示希望"和平""永久和平""市面繁荣"等，②对日本人的入侵表示了不满。

1937 年 8 月 1 日天津"治安维持会"成立，负责城市管理。1937 年底，成立天津市公署，作为天津城市的行政管理机构，逐渐为日伪政权所控制。③日本人企图逐步控制华北等地的经济命脉，为自己的"圣战"服务，典当业也是他们控制的目标之一。1938 年日本人谷内嘉作等在日本军部的支持下，要控制北京、天津、唐山等地的典当业。1938 年 3 月 8 日，典业公会主席祁云五④应邀赴天津特务部和谷内嘉作见面。谷内要求由日本人出资入股设立官典，建立一个华北四省典当业的联合组织。祁云五当即表示，典当业不需要统制。谷内则略带威胁地称，特务部已经有了整个计划，是他向特务部建言要顾及民众、当商和官方三方利益，才采取先行调查，再官商合作的方法。祁云五表示要向会员传达后再做决定。⑤

---

① 郭凤岐总编纂《天津通志·金融志》，第 85 页。
② 《当业时局关系损失调查和内部情况调查，天津市典当业同业公会》（1937 年），天津市档案馆，档案号：J0129 - 2 - 004230。
③ 1943 年天津伪政权又更名为天津市政府，天津伪政权被日本特务机构通过市政会议进行控制，施政的大政方针多由特务机关一手炮制或操纵。参见罗澍伟主编《近代天津城市史》，第 688 页。
④ 祁云五，山西灵石人，在汉文馆读书 12 年，后在法律专科学校毕业，于 1909 年入典业练习，民国 6 年创办元亨当，于 1925 年任鸿记银号文牍，同年创办麟昌当，并任法租界华界公会董事兼该会附设小学校主任、校长；两次当选为典业公会主席。参见《津市各业调查——典业》，天津《益世报》1937 年 2 月 4 日。
⑤ 《典当业同业公会民国二十五年召开全体改选会记录簿，天津市典当业同业公会》（1936 年），天津市档案馆，档案号：J0129 - 2 - 004265。

第二天，原裕民公司董事李楫航①，到典业公会面见祁云五等人。次日，谷内和李楫航又在特务部与祁云五谈话，向祁云五展示了通知典业的计划书，书中大意为：官典公司一共管辖四省，资本3000万元，若官商各半，则各出1500万元，架本为1100余万元，如果不敷用，可以由银行透支，最多以6厘计息。根据调查统计平均盈利8厘，如果得不到8厘，官股可以想办法使商股以8厘为标准，若嫌少可以请求增加。3月18日典业公会召开了全体会员的临时大会。3月26日，典业23家会员到会答复，典业公会的会员们进行了投票，结果全体投了反对合流的票，并决定由秘书写信把投票的结果告知特务部。②

日本人并没有就此罢手。4月9日，北京日军特务部出面把北京、天津、唐山等处典当业负责人找来，开恳谈会，祁云五代表天津当商参加。主持会议的是东福少佐和谷内嘉作，他们又提出了两个方案：一个是由日本人出资入股与当业合办，在大家一致反对后，他们又提出由官商合办的办法，由伪政府出面实行联合。这两个方案其实是一样的。③ 由于各地当业人士的反对，会议依然没有商量出一个结果。

1938年7月，在日本人的操纵下，再次由日伪政府的实业部出面，邀请北京、天津、唐山的典当业公会的会首，到北京开会讨论合流的问题。日本人公布了他们的新方案：在北京、天津设总公司，其他各处设分公司，资本官商各500万元，裕民公司也参与入股，各当业自动参加，如不参加，即以法令规定的时间实行取缔。公司开业后，减免捐税，政府设理事一人，监事一人，其他董事全部从合流当商中选出，必要时设顾问一名，处理特务部全权，创立总会股东分红及从业员分红，政府分红不得过年息6厘，政府对民间股份自开业起，10年间如不生至8厘之利时，必须保证8厘分红，公司对从业人员由纯益项下拨25%以做劳力分红。祁云五

---

① 此人是一个汉奸，曾担任裕民公司和大兴公司的董事，当时是冀东县署的顾问，大兴公司和裕民公司的资本来自伪满洲国。参见《典当业同业公会民国二十五年召开全体改选会记录簿，天津市典当业同业公会》（1936年），天津市档案馆，档案号：J0129-2-004265。

② 《典当业同业公会民国二十五年召开全体改选会记录簿，天津市典当业同业公会》（1936年），天津市档案馆，档案号：J0129-2-004265。

③ 王子寿：《天津典当业四十年的回忆》，《文史资料选辑》第53辑，第56页。

把这个计划带回天津后，再次遭到了大家的一致反对。① 北京和唐山的当业也表示了反对。②

在与日本人周旋的过程中，天津典质两业因为共同的利益而逐渐走到了一起。4月的会议结束后，祁云五回到天津商讨对策，当时质业公会感到此事与自己休戚相关、利害与共，因此也来参加讨论。质业公会的会长王子寿③是永聚当的经理，这间当铺是曹锟的女儿曹成贞开设的，她的义母是吴佩孚的妻子，也是曹成贞的监护人。当时王子寿每月要到北京去向她报账，因此典质两业公会委托王子寿向她打探消息。经过打听才知道原来是谷内嘉作撒谎说天津当商全不干了，要求日本军部支持他搞合流。在几次开会没有结果后，日本军部对谷内产生了怀疑。在得知这些情况后，典质两业聘请了一个叫竹内信的日本法律顾问，决定登报声明，表明反对态度。④ 最终，日本人吞并天津等地当业的阴谋没有得逞。之后，日本人利用1939年天津水灾的时机打击天津当业，要求当业降息。

日本人打击天津典当业的另一个手段就是放纵小押当。小押当在天津一直是非法的地下当铺，它资本小、当息高，对社会治安不利。在庚子事变后一度泛滥，为当时的地方政府所禁止。⑤ 谷内嘉作和一个叫作中村的日本人，发动了许多朝鲜人和日本人到天津开设小押当。直到日本投降前，在南市三不管、北开、鸟市、谦德庄等天津贫民杂色人等比较集中的

---

① 《典当业同业公会民国二十五年召开全体改选会记录簿，天津市典当业同业公会》（1936年），天津市档案馆，档案号：J0129-2-004265。
② 高叔平、高季安：《北京典当业内幕》，常梦渠、钱椿涛主编《近代中国典当业》，第70页；唐山市民建、工商联：《唐山的当业》，常梦渠、钱椿涛主编《近代中国典当业》，第156页。
③ 王子寿，原名道福，山西灵石县人，1915年16岁来津，在法租界公裕当做学徒。1921年，张勋公馆丢失"珍珠蝴蝶锁"，经他从永义当查出，受到赏识。1926年27岁时，被推为元亨当经理，旋即转任曹锟经营的公茂当经理，同时兼任陈光远经营的德华当监理。1943年曹锟的女儿曹成贞成立永聚当，由他兼任总经理。同时伪商会会长邸玉堂组织联合当，他担任监理，并被选为质业公会理事长，抗战后被选为当业公会会长。参见王子寿《天津典当业四十年的回忆》，《文史资料选辑》第53辑，第35页。
④ 王子寿：《天津典当业四十年的回忆》，《文史资料选辑》第53辑，第56页。
⑤ 《天津商会档案汇编（1903～1911）》（上），第713页。

地区，小押当最多时竟有 500 余家。① 这种押当的典质期限分为 10 天、15 天、20 天，最多 1 个月。当息从 10 分起，达到 40 分，甚至高达 60 分。②

但在日本人谷内嘉作的操纵下，日本人、朝鲜人以及天津地方商人开办了大量的小押当，对天津典当业的营业构成了重大威胁。它们经营灵活，资本较少，民间社会中一些急于用款的人多投入小押当的"怀抱"。天津当业对此采取了一些措施，一方面裁员，另一方面在贷款吸款上下功夫。但是与小押当相比，它们存在利薄期长的劣势，最终难以应对小押当的竞争，以致"能够活动的仅剩 15 家"。③

在此情况之下，天津当业进入了前所未有的衰落时代。"据 1940 年同业公会的统计资料：当时天津市尚有典当 44 家，总资本额为 187.7 万元，其中最高为 20 万元，最低为 0.5 万元；职工人数（不含经理、副经理）最多有 38 人，最少只有 8 人。投资人属于晋籍者达 32 家之多，其次为河北省籍 6 家，天津籍 5 家和北京籍 1 家。④ 此时典当业成为赔本的买卖，极少有人投资。日伪时期，新兴资本家继续从事典当业的，有伪商会会长邸玉堂，出资 10 万元，在旧法租界津山西路经营聚和当，并在教堂后设立分号，未及发展即告垮台。⑤

从表 5-3、表 5-4 中可见，典当业的资本较以前有所下降，数量较 1930 年代初有所减少。

表 5-3　天津市兴业同业公会会员名簿（华界）

商　号	开业时间	资金（元）	经理姓名	地　址
天聚当	1915.8	5.4 万	郭镇齐	特二区兴隆街
中祥当	1915.8	5.4 万	张三星	河东西方巷

---

① 有的资料统计为 2000 余家。参见《典当业，天津市政府》（1947 年），天津市档案馆，档案号：J0002-3-002304。
② 王子寿：《天津典当业四十年的回忆》，《文史资料选辑》第 53 辑，第 57 页。
③ 燕生：《日趋没落的典当商》（下），《天津中南报》1946 年 7 月 15 日；《典当业，天津市政府》（1947 年），天津市档案馆，档案号：J0002-3-002304。
④ 许树华：《解放前天津的典当业》，《天津文史资料选辑》总第 77 辑，第 95~96 页。此资料中晋籍投资人占了大多数，可能有误。前据 1930 年代当业人士张中龠的记述，山西人对当业的投资已经不多。笔者认为，张中龠的说法要可靠一些，1940 年代的调查大概是因为隐藏幕后的投资者将山西的经理人推到前台。
⑤ 王子寿：《天津典当业四十年的回忆》，《文史资料选辑》第 53 辑，第 47 页。

续表

商　号	开业时间	资金（元）	经理姓名	地　址
和顺当	1915.8	20万	俞耀川	北门内大宜门口
中昌当	1915.8	3万	张子润	南门内大街
协合当	1921.6	6万	阎玉衡	西头双广街
天兴当	1924.6	6万	胡亚滂	河东郭庄子公议大街
裕和当	1929.2	4万	原德庵	东门外磨盘街
麟昌当	1928.3	4万	祁云五	太平街
辑华当	1929.4	4万	侯敬修	毛贾伙巷
福顺当	1929.8	4万	仝迁东	建物大街
福源当	1929.9	6万	封静庵	南门西
福祥当	1932.10	10万	杨润斋	西北城角
裕生当	1932.12	4万	王瑞宸	西北城角
太和当	1930.7	4万	陆荫南	河北大街
万成当	1930.12	4万	乔厚庵	南关大街
同福当	1931.6	4万	汪春齐	小关大街
同和当	1932.7	4万	张志青	南门西
德华当	1932.8	4万	尤锡九	西门内大街
同聚当	1920.11	6.5万	文质庵	鼓楼东
德昌当福记	1935.4	2万元	韩荷廷	南市华楼对过
万成当北号	1935.7	2万元	温紫宸	河北大街
和祥当	191□.8*	4万元	陈子安	沈庄子大街
颐贞当	1933.7	1.5万	胡俊山	河东李公楼

*原文献记录缺失。

资料来源：《北支经济事情》（昭和14年3月），转引自刘建生等《山西典商研究》，第192页。

表5-4　天津市质业同业公会会员名簿（天津特别区）

商　号	开业时间	资金（元）	经理姓名	地　址
公茂质当	1927.2	2万	王子寿	特一区芝众路
汇通质当	1924.10	2万	陈厚齐	特二区十字街北
麟祥质当	1921.11	2万	温耀翔	特三区六纬路
天德质当	1915.8	2.2万	王馨山	特四区一号路
集通质当	1903.4	2.6万	李子厚	特二区大马路
同升质当	1915.4	2万	汪春齐	特三区六维路

第五章 近代天津典当业资本的变迁

续表

商号	开业时间	资金（元）	经理姓名	地址
福祥质当	1917.9	1.6万	林士朋	特二区大马路
德昌华记质当	1935.3	1万	尤锡九	特一区福州路
同义质当	1933.12	0.5万	李文轩	特一区下瓦路
聚顺质当	1918.4	1万	玉纬堂	特二区十字街西
同聚质当	1937.4	1.5万	文质庵	河东地藏菴

资料来源：《北支经济事情》（昭和14年3月），转引自刘建生等《山西典商研究》，第192页。

抗战胜利后，小押当再次成为非法营业。然而，天津典当业因为在日伪时期受巨大打击，从此萎靡不振。战后，投资开设当铺极少，复业的也不多。此时天津当业的主要商号见表5-5。

表5-5 天津特别市典业商号财东及经理人姓名籍贯

商号	财东	籍贯	经理人	籍贯	资本额（元）	使用人数（人）	住所
和顺当	刘若尧（股东代表）	北京	俞耀川	北京	合资8万	28	北门内府署街
天聚当	蔡述谈	河北文安	杨晓圃	山西介休	5.4万	22	特二区兴隆街
太和当	张太和	天津	郝赞荣	山西汾阳	8万	31	河北大街二七六号
裕和当	费裕	天津	王舒丞	山西介休	10万	28	东门外磨盘街
福源当	张志义	天津	封静庵	山西介休	4万	27	南门西二一二号
同福当	翟瑞符	天津	梁子寿	山西介休	5万	34	河东小关大街一二九号
源祥当	王仕英	河北武清	杨润斋	北京	20万	20	西北城角六号
中昌当	杨中昌	天津	张子润	山西介休	3万	38	南门内一〇六号

续表

商号	财东	籍贯	经理人	籍贯	资本额（元）	使用人数（人）	住所
中祥当	杨中祥	天津	古忠甫	山西介休	5万	36	特二区吉家胡同
麟昌当	曹凤鸣	山西	冯宜之	山西	4万	22	西头太平街二十二号
同和当新记	张志青 张云清	天津	李子良	山西	4万	26	南门西七十三号
天兴当	葛延鸿等	天津	郑根祥	山西灵石	6万	18	河东郭庄子公义大街十二号
辑华当	韩达卿 赵辑辅等	静海 武清	程子宽	山西汾阳	4万	38	宫北毛贾伙巷三十二号
福顺当	仝迓东	天津	袁仙洲	河北沧县	4万	16	南市建物大街一七五号
协合当	杨协合	天津	杨绍圃	山西介休	6万	37	西头双庙街四十四号
德华当	韩华棠	静海	耿松龄	山西灵石	4万	26	西门内大街七十三号
同聚当	曹同聚	天津	文质庵	山西介休	6万	36	鼓楼东大街一八二号
德昌当	韩延寿 张梦络	天津 江西奉新	韩荷延	山西天津	2万	20	南市建物大街一一五号
万成当共记	刘楚臣	天津	乔厚庵	山西介休	4万	18	南开大街四号
万成当北号	刘楚臣	天津	乔厚庵	山西介休	2万	23	河北大街福泉里一号
和祥当	郑凤鸣	天津	陈子安	山西灵石	2万	22	河东沈庄子大马路一〇二号
颐贞当	胡莘辰	天津	胡瑞三 李钟春	山西灵石	2万	20	特二区十字街

续表

商号	财东	籍贯	经理人	籍贯	资本额（元）	使用人数（人）	住所
颐贞当分号	胡莘辰	天津	胡瑞三 李钟春	山西灵石	2万	15	河东李公楼前街九号
裕生当	卞裕生	天津	王瑞宸	山西灵石	5万	22	二区二十四保二牌北马路

资料来源：《典当业公会，天津市典当业公会》（1946年），天津市档案馆，档案号：J0025 - 2 - 002474。

表5-5反映了1946年天津当业的资本和股东及用人情况。股东多为天津人，经理多为山西人，使用人数少，而山西人开设的不多。① 此时，因为日伪时期典当业的衰败，只有24家营业，较抗战前大为减少，资本总额为125.4万元，平均为5万余元，与20世纪30年代的平均资本则大致相当，因为营业当铺的大量减少，所以典当业的总资本应有较大的下降。

二 近代天津典当业流动资本的变迁

清末至民国初年，天津典当业的流动资本主要来自以下几个方面。

首先是公款的发典生息，发典生息制度是在清雍正皇帝时期创设的，一直延续到清代灭亡。② 发典生息制度是清政府对典当业的一项重要政策，一方面对典当业的发展起到了资金支持的作用，另一方面提高了典当业的社会地位，使之披上了官典的浓厚色彩。③ "从雍正七年大规模的生息开始在全国各地展开……并在乾隆十八年达到前所未有的高潮，自此典当业与政府发生更密切的联系。""咸同光宣四朝典当业受生息制度及政局安定

---

① 《典当业公会，天津市典当业公会》（1946年），天津市档案馆，档案号：J0025 - 2 - 002474。
② 潘敏德：《中国近代典当业之研究（1644~1937）》，第63页。但是从天津典当业的档案中可见，官款生息一直到1930年代依然存在。
③ 罗炳锦：《清代以来典当业的管制及其衰落》（上），《食货》复刊第7卷第5期，1977年8月，第217页。

之影响，其发展趋势应是从衰退趋于成长，至光绪朝达到高潮。""咸同光宣四朝发典生息除了与政府有密切关系外，也与一般社会活动发生关系。这些息银是支持地方教育、慈善等事业的一大来源。"清代之所以采取这项政策，与典当业的社会功能有很大关系："典当业可说是承做小额贷款，将此款贷予民间，协助民众度过年关。"①

依据掌握的材料，天津在民国前发典生息或以公款生息创办的书院有：辅仁书院、②会文书院、③稽古书院等。④各种善会中也有发典生息的："敬惜字纸……各有生息捐项，以备公用。"⑤天津的"敬惜字纸社，曰崇文、曰广善、曰德文、曰拾遗。每社……有捐项生息充公"；"采访局：天津绅士援照苏州府新定章程，设立采访合郡七州县忠、孝、节、义总局。……所有经费，前津海道黎捐款生息支应"；"备济社：津郡设立备济社，筹集公捐。……捐款发典生息，本银不动。所得息银按以三成济贫，七成备荒"；"广仁堂：堂系南中善士捐资设立"；⑥育婴堂"创立，宫保通商大臣崇公（厚），运使恒公（庆），天津道周公（家勋）俱捐廉以助善举，拨上年捐赈项下余银五千两，发典生息"；⑦济急会："邑人李明远等创立'泽于社'，道光十九年，天津知府恒公（春）捐钱一千缗，交芦商王联品发典生息，以助义举。"⑧"增生朱维翰等创立'恤嫠会'，至今举行……商之邑绅，提交当行生息。"⑨

以上是官方借用典当业生息以办学和救济社会的善事，这些无疑更树立了典当业便国裕民的形象。民国时期，存款生息途径多元化，而且由于时代变迁，在典当业已不是最为稳定的收入途径时，这个功能显著下降了，官员们更多选择和现代的银行打交道。⑩

---

① 潘敏德：《中国近代典当业之研究（1644～1937）》，第62~64页。
② 《续天津县志》卷4，《天津通志·旧志点校卷》（中），第294页。
③ 张焘：《津门杂记》，第8页。
④ 徐士銮：《敬乡笔述》，张守谦点校，天津古籍出版社，1986，第140页。
⑤ 佚名撰《天津事迹纪实闻见录》，罗澍伟点校，天津古籍出版社，1986，第9页。
⑥ 张焘：《津门杂记》，第50~56页。
⑦ 《续天津县志》卷3，《天津通志·旧志点校卷》（中），第291页。
⑧ 《续天津县志》卷8，《天津通志·旧志点校卷》（中），第321页。
⑨ 《续天津县志》卷8，《天津通志·旧志点校卷》（中），第321页。
⑩ 《山西票号史料》（增订本），山西经济出版社，2002，第373页。

晚清时天津地方的官款生息，凡学堂基金，慈善团体善款，以及公用事业专款，都由官家指定，发交当行公所，转发各当商存储生息。如天津府中学堂（即铃铛阁中学）、八善堂、河工机关，都向当商存款，尤以八善堂为最多。存款利息不过周息3厘至5厘，而当商在运营中，用作架本，一次转移间即可以换取余息3分的利润。①

天津当商领公款的方式为由当行公所领回后，分别交到当时的23家会员②手中，"分领分还，无连带之关系"。③ 1908年后，典当业得到的官方生息款"每新开一典，即按号均分一次"。④ 庚子后，天津典当业遭受了巨大的损失。壬子兵变后遭受的损失也非常巨大，当时要求当业赔偿生息的公款，因为公款的领状为"津邑当商共同负责之契约"。⑤

清代官府发典生息的"种类甚多"，⑥ 清代官府对天津典当业生息款种类及数量、利息从壬子后所受损失的资料中可见一斑。壬子变乱，天津"职道衙门经管育黎堂并宣惠河及各书院以及堡船经费各项，发典生息成本银钱均存天津县当商公庆堂，分款各立息折按时持取支用，历办在案……共计银43195.2287两，津钱28454文"。⑦ 还有当行公所，于光绪三十一年九月初十日，公领藩库原发练饷局改归天津中学堂，生息本银计库平化宝银11250两，常年8厘生息；又于光绪三十二年九月十六日以22典公领府宪续发志书局，改归天津中学堂，生息本银计公化银12923.25

---

① 王子寿：《天津典当业四十年的回忆》，《文史资料选辑》第53辑，第45页。
② 这23家会员为：中盛当、中兴当、德恒当、隆庆当、隆吉当、万兴当、裕兴当、聚和当、协合当、益和当、源和当、协成当、中泰当、同和当、万顺当、源庆当、天聚当、中和当、天赐当、德合当、广昌当、中通当、源成当。参见《天津商会档案汇编（1912～1928）》（3），第1577页。
③ 《天津商会档案汇编（1912～1928）》（3），1578页。
④ 《民国二十八年典当业公度堂禀稿底，天津市典当业同业公会》（1939年），天津市档案馆，档案号：J0129-2-004313。
⑤ 《天津商会档案汇编（1912～1928）》（3），1577页。
⑥ 《民国二十八年典当业公度堂禀稿底，天津市典当业同业公会》（1939年），天津市档案馆，档案号：J0129-2-004313。
⑦ 《典当业同业公会民国元年禀稿底》（1912年），天津市档案馆，档案号：J0129-2-004307。

两，按月付息银 10.386 两。① 此外，还有劝学所的息银自清光绪三十二年存洋 1800 元，月息 8 厘。② 另有一些名目比较特殊的经费也存入典当铺，"津邑当商承领东陵捕虫经费生息银两原计 31 典……16 典共应缴息银 203.7677 两"。③

天津典当铺资本的另一个来源是寺院。当时天津城市中有大量的佛教寺院存在，寺院中有大量的款项放到典当铺中生息，寺院的款项除了来自官款以外，也有其他来源。1909 年，天津的历坛寺在典当铺中存在各种款项，要求偿还，计"兹查现开 22 典，分存本银五百两，钱五百吊，自二十八年（光绪二十八年——引者注）十月起至三十四年十月止，按照新章 8 厘核算，共计 6 年息银 240 两，息钱 296 吊"。④

个人及堂名的存款是典当业资本的另一个重要来源，其中也有部分投资实际上是来自官府，因为清末政府严禁官吏经商与民争利，所以一些官员以个人和堂名存款的形式将官款存入典当以谋利，"把资金用隐名合伙的形式，交给社会上一些有信誉的商人出面经营，自己则居幕后坐享其成"。⑤ 清末政局动荡，人们对典当的需求更为迫切，当铺成为地方富绅与权贵勾结，"挪用公款，以低息贷款，用于经营当铺，美其名为'棒东设当'和'裕国便民'"的机构。⑥

比如，原天津县知县唐则瑀之子唐延简于 1921 年 5 月向商会申述其父曾经将 5000 两存放各典生息，"缘先父于前清光绪三十一年在天津县知县任内，由户杂科张小齐经手，分存天津各典银五千两，每两按七厘行息"。一些当铺没有归还，他要求查实先父存款及利息以便追讨。⑦ 从这

---

① 《民国二十八年典当业公度堂禀稿底，天津市典当业同业公会》（1939 年），天津市档案馆，档案号：J0129-2-004313。
② 《民国二十八年典当业公度堂禀稿底，天津市典当业同业公会》（1939 年），天津市档案馆，档案号：J0129-2-004313。
③ 《典当业同业公会民国元年禀稿底》（1912 年），天津市档案馆，档案号：J0129-2-004307。
④ 《天津商会档案汇编（1903～1911）》（上），第 721 页。
⑤ 甘启源、张炳如：《记北京当商刘禹臣和他经营的西恒肇当铺》，常梦渠、钱椿涛主编《近代中国典当业》，第 103 页。
⑥ 沈鸿娴：《清末民初北京当商升沉记》，常梦渠、钱椿涛主编《近代中国典当业》，第 100 页。
⑦ 《天津商会档案汇编（1903～1911）》（下），第 1576 页。

个例子可见，当时官员常把私人或者官府的款项存入典当生息。

堂名存款，即私人存款，一般按月息七八厘计息，用作架本。[①] 有的按月息1.2分至1.5分，转放同业或其他外行家，套取利润。如胡扒皮的颐贞当、王财迷的恒裕当、土城刘家的义泰当、乐亭刘家的福祥当等，经常吸收堂名存款，形成当商兼营银钱银号的业务。[②]

总之，在清末民初之时，典当业的资本来源主要有官款生息，用于流动资本。个人及堂名存款等，也是流动资本的主要来源之一。

民国初期，典当业的流动资本来源依然较为多元化，政府生息的官款种类依然不少，由当铺欠债表可见一斑（见表5-6）。

表5-6 义丰当欠交各项公款银钱数目

户 名	银两（两）	本津钱（吊）	折合公码银两
备济社	钱平化宝银575	—	573.275
育黎堂	公码化宝银113.64	—	113.64
育黎堂房价	九九钱平银119.98	—	118.3
育黎堂地价	行平化宝银10.32	—	10.32
练饷局	库平化宝银681.81	—	707.72
延生社	钱平化宝银340.91	—	339.89
永定河石堤工款	库平高足银59.1	—	61.76
被买仓谷	库平库色银227.273	—	235.763
藩宪积谷	库平库色银56.818	—	58.938
宣惠河岁修	库平库色银227.27	—	240.678
稽古书院	钱平化宝银68.18	—	67.98
集贤书院	钱平化宝银465.91	—	464.52
公庆堂	公码化宝银518.085	—	518.085

---

① 魏晓明：《北洋军阀堂名简述》，魏晓明：《积沙集》，中国档案出版社，2001，第213～216页。堂名在宋代就出现了，文人以之自称明志。清代的堂名之风大盛，皇帝也有堂名，民国时期堂名泛滥，大量用于经济活动，起到一定的保密和分散股数等作用。北洋后一些企业不再允许使用堂名。堂名用于经济活动在民国时期很常见。堂名被子孙继承时可以前面加记，以示区别。兄弟之间可以共用一个堂名，也可以有个人专用的堂名。

② 王子寿：《天津典当业四十年的回忆》，《文史资料选辑》第53辑，第45页。

续表

户 名	银两（两）	本津钱（吊）	折合公码银两
文昌宫膏火	—	363.636	—
文昌宫薪水	—	136.364	—
辅仁书院	—	59.092	—
会文书院	—	136.364	—
崇文字纸社	—	22.728	—
敬惜字纸社	—	45.456	—
掩埋善事	—	22.728	—
广仁堂	—	454.546	—
公庆堂垫付各款成本暨息款	—	3459.600	—
嫠妇经费	—	227.274	—
续广善	—	90.910	—
本津银合计	—	5018.698	1672.9
共计合银	—	—	5183.77

资料来源：《天津商会档案汇编（1912~1928）》（3），第1557~1560页。

其他各项如个人和堂名存款也占很大一部分，如表5-7所示。

表5-7 义丰当欠各债户银钱数目

户 名	银 两	钱 吊	折合银洋（元）	折合率
姜桐轩	300	—	434.79	0.69两
常张氏	—	420	161.54	2.6吊
协通当	500	—	724.63	0.69两
中泰当	—	1159	445.77	2.6吊
庆绥堂	1000	—	1449.27	0.69两
乐善堂	2000	—	2898.55	0.69两
春吉堂	2000	—	2898.55	0.69两
松茂堂	2000	—	2898.55	0.69两
大公报馆	—	—	530	—
亿厚堂	2000	—	2898.55	0.69两
崇德堂	2000	—	2898.55	0.69两
吉兴堂	800	—	1159.42	0.69两

续表

户　名	银　两	钱　吊	折合银洋（元）	折合率
裕庆堂	1000	—	1449.27	0.69 两
怀德堂	1000	—	1449.27	0.69 两
意成堂	—	3000	1153.84	—
怡怡堂	1500	—	2173.90	0.69 两
恒德堂	2000	—	2898.55	0.69 两
恒德堂	—	3000	1153.84	2.6 吊
恒余堂	—	2000	769.23	2.6 吊
四箴堂	—	2000	769.23	2.6 吊
宝树堂	—	2000	769.23	2.6 吊
孝友堂	—	2000	769.23	2.6 吊
咸继堂	1000	—	1449.27	0.69 两
修德堂	3000	—	4347.27	0.69 两
存德堂	1000	—	1449.27	0.69 两
崇义堂	1000	—	1449.27	0.69 两
德善堂	1000	—	1449.27	0.69 两
修业堂	2000	—	2898.55	0.69 两
天赐堂	1000	—	1449.27	0.69 两
辅德堂	1000	—	1449.27	0.69 两
义厚堂	—	2000	769.23	2.6 吊
忠厚堂	—	5000	1923.07	2.6 吊
庆余堂	—	3000	1153.84	2.6 吊
庆余堂	—	2000	769.23	2.6 吊
文修堂	1700	—	2463.77	0.69 两
尊美堂	7000	—	10144.92	0.69 两
信义堂	3000	—	4347.82	0.69 两
尊美堂	—	3000	1153.84	2.6 吊
积善堂	3000	—	4347.82	0.69 两
天益堂	—	—	546	—
长兴厚	—	—	470	—
瑞竺堂	2000	—	2898.55	0.69 两
进德堂	—	2000	769.23	2.6 吊
通聚堂	—	—	1280.00	—

续表

户 名	银 两	钱 吊	折合银洋（元）	折合率
王春祥	—	2000	769.23	2.6 吊
益德堂	1000	—	1449.27	0.69 两
裕德堂	—	8000	3076.92	2.6 吊
裕德堂	—	2000	769.23	2.6 吊
德茂当	—	1103.24	424.32	2.6 吊
积善堂	2000	—	2898.55	0.69 两
寿山堂	1000	—	1449.27	0.69 两
德和永	152.92	—	221.63	0.69 两
恩寿堂	15.88	—	23.01	0.69 两
宝昌和	104.14	—	150.93	0.69 两
益盛当	—	661	254.23	2.6 吊
蔚德堂	1010	—	1463.76	0.69 两
裕兴当	—	73.58	28.28	2.6 吊
聚和当	—	30	11.54	2.6 吊
稽古书院	1000	—	1449.27	0.69 两
吉荫堂	1000	—	1449.27	0.69 两
帖存	—	560	215.39	2.6 吊
有余堂	1000	—	1449.27	0.69 两
润德堂	2000	—	2898.55	0.69 两
德和号	650.96	—	943.42	0.69 两
有余堂	—	2000	768.23	2.6 吊
孙雨洲	—	90	34.61	2.6 吊
协成当	—	480	184.61	2.6 吊
万通当	—	1781.4	685.15	2.6 吊
益和当	—	1050	403.84	2.6 吊
中盛当	—	75.64	29.09	2.6 吊
中孚当	—	470	180.77	2.6 吊
中立当	—	310.58	119.45	2.6 吊
树德堂	—	2000	769.23	2.6 吊

续表

户　名	银　两	钱　吊	折合银洋（元）	折合率
万胜灰店	—	290	111.54	2.6 吊
共债额洋	—	—	106486.13*	

* 保留原文献数据。

资料来源：《天津商会档案汇编（1912~1928）》（3），第 1557~1560 页。

从表 5-6、表 5-7 中可见，当铺流动资本有官款、商号（主要为钱铺等）、书院、道宫等，可见当铺流动资本的来源情况；当铺之间也相互借贷，私人借款中多用堂名的形式。此时的典当业资金来源依然较为多元化，与清末相似，不同之处在于现代银行资金开始注入典当业，这从表 5-8 中可见一斑。

表 5-8　协庆当各债权名单

行号名称	银（两）	洋（元）
大德通	10000	—
交通银行	10000	—
直隶银行	4000	3000
洽源号	3000	—
余善堂	—	4000
隆源号	—	4000
同和当	—	3000
永昌号	982.56	—
公合堂	1300	—
共　计	29282.56	14000

资料来源：《天津商会档案汇编（1912~1928）》（3），第 1560~1561 页。

当商经营存款业务，存户与当铺的信息不对称，为降低存款的风险，需要了解有效的市场信息。天津当商利用自己长期经营所取得的社会信誉，以及建立行会和从事公益事业树立的良好社会形象等社会资本优势，吸收大储户尤其是官方和社会机构的存款，显示出社会示范效应，符合博弈论中智猪博弈的模式，使得小储户跟进。[①]

---

① 刘建生等：《山西典商研究》，第 116~118 页。

日伪时期，因为时局的影响，当业资本周转的来源只有求助于政府和政府管制下的银行，新设当铺很少，不少当铺歇业。1941年8月23日，在典业公会第41次董事会上，董事温子庭因为商号休业而辞职。同时在这次会议上通知，官款生息的成本也一律收回，要求"各当商赶将所存官款生息成本暨息金即日归数呈缴来署"。① 由于生活费用日益高涨，通货膨胀严重，当业"开支剧增，如食粮玉米面去年价值每斤不过3角今则增至2元之余矣。至其他日用必需之品，薪工杂支房租捐税等项比往昔亦无不大量增高"，而资本来源也陷入了困境，"金融奇窘，周转不灵，种种困苦情形可为空前未有，是以负担提高，收入频仍，长此影响亏耗何所底止。纷请止当前来"，典当业借贷资金来源的利息也日益增高，到了无法承受的地步，"事变前当铺借贷利至多不过一分，今者已增至二分五六厘，不但增利而接济之款尚限制极严，透支每号不过万元，一旦市面银根吃紧，即行催还"，以前当业重要的周转资本来源堂名存款"亦均提取殆尽，周转来源滞塞万分"，他们请求市署转请准备银行予以低利大量接济贷款以应付局面。②

抗战结束后，典当业的流动资本来源更为困难，在资金来源日渐枯竭的形势之下，依靠典当业公会向银行和政府寻求支持是典当业最主要的出路。向政府恳求银行给予资金支持成为典当业公会在那几年里做的最重要的工作之一。

当时，典当业面临着更为恶劣的社会经济形势，物价飞涨，高利贷盛行，政府腐败。1946年2月15日，在经过改组后，新成立的典当业公会理事会召开了第一次会议，由王子寿主席主持。会议首先讨论了典当业不景气的情况，提出应该设法避免全部倒闭。经王子寿提议，大家决定请当局向中国、交通等银行低利贷款，转而分配给会员，以便维持商业兼顾民生。最后会议决定呈请当局转请贷款。③ 1946年2月22日，王子寿代表

---

① 《典当业同业公会民国三十年董事会议纪录，天津市典当业同业公会》（1941年），天津市档案馆，档案号：J0129-2-004271。
② 《天津市银行与市公署机关配售面粉咸水沽韩家墅杨柳青息贷还财政局借款愿警饷银提纯十分七办教育请偿小本借贷处银团分担款等公函》（1943年），天津市档案馆，档案号：J0178-1-000174。
③ 《典当业同业公会会员大会、理监事联席会签到簿记录簿，天津市典当业同业公会》（1946年），天津市档案馆，档案号：J0129-2-004252。出席会议的有牛玉池、仝迈东、葛善甫、郭镜泉、梁子寿、张瑞恒、古忠甫、罗子明、史登瀛、王子寿、陈厚斋等人。

典当业向天津市政府要求中、交银行接济贷款，当时只有"二十余家仍在勉强维持，亦在朝不保夕之中"。他们一度"与中孚银行签订五百万元至一千万元之借款，又因中孚银行奉令清理，又告无效"。① 他要求中、交两行接济低利贷款，以解燃眉之急。

3月25日，典当业同业公会第四次理事会通报了理事长王子寿与中国、交通银行洽商的结果，中、交两银行基本同意了贷款，但是需要"不动产做抵押"。1946年4月1日，29家典当业公会的会员在典当业公会礼堂召开第一次全体大会，由王子寿主持，他表示："本业业务已临危境，各号均感无法支持……向中国、交通等银行进行低利贷款。1月以来接洽，现已颇为圆满，大约每家可借贷款50万元，惟此项借款尚须不动产作抵押。"② 1946年4月4日，天津市政府下达了一份指令公函，令天津市商会整理委员转呈中、交等银行，以低利放款。③ 这样典当业向银行贷款的事情总算办成了。

1946年5月27日，天津市典当业同业公会向天津市政府汇报以上贷款的结果：中国交通等银行商定暂以会员商号15家办理借款，以各家架货为第一担保品，并以不动产作为第二担保品。贷款总额暂定国币6000万元，每家分配借款400万元，由1946年4月6日开始用款，利息为4分，半年为期限。并规定借款商号将逐日贷给当户款数旬日呈报银行一次，以资统计。据统计，各家公用借款计1900万余元，每家平均用款为130万元。但是，因为经济形势恶化太快，"生活指数益形提高，各号开销亦随激增，又感支持维艰之势"。而此时中国、交通银行又因为"不动产担保品须在法院登记完了方准继续用款，以致近日借款亦告中断"，但法院还没有开始办公，无法履行登记，经过典当业公会与政府、银行通融，借款才到位。④

1946年9月25日，在第16次理事会上，许多会员声称自从复业以来，资本很少，款项支绌，要求典当业公会转中国农民银行贷款，以资运

---

① 《典当业，天津市政府》（1947年），天津市档案馆，档案号：J0002-3-002304。
② 《典当业同业公会会员大会、理监事联席会签到簿记录簿，天津市典当业同业公会》（1946年），天津市档案馆，档案号：J0129-2-004252。
③ 《典当业，天津市政府》（1947年），天津市档案馆，档案号：J0002-3-002304。
④ 《典当业，天津市政府》（1947年），天津市档案馆，档案号：J0002-3-002304。

用，兼顾民生。后决议呈请社会局转请中国农民银行贷款。1946年12月1日，典当业召开了第四次大会，主席报告之前在中国银行借贷的6000万元，中国银行多次催要还款，已由会员各号全部偿清，这次市政府举办农民银行贷款，准备呈请每家贷款5000万元。① 此时典当业因为有了一定的流动资金来源，一些成员纷纷复业，陆续达到了46家。

1946年12月5日，行政院秘书处下达了一个关于是否可由公家给予各当商贷金案。其中有典当业贷放原则：①典当须经官厅核准立案开业。②资本金全部实收足额。③抵押物应存置良好建筑加保火险，由双方评拟监管办法。④典当利率应加限制，以不得超过借款利率之一倍为限。⑤借款质押物之折扣视质押物性质酌定，最多以不超过当本7折为原则（习惯上当本按质物对折收押）。⑥借款之运用应全部供给收获当物之需要不得移作别用。⑦如拟普遍予以协助，似可先指定各大商埠组织银团与当地典当业公会洽商，先个别试办之。看来典当业资金贷款的问题已经成为一个全国性的问题，引起了最高当局的注意，制定了较为严密的贷款章程。②

1946年12月25日，在典当业公会第22次理事会上，因为年关将近，典当业的借贷又值高峰时期，会议为解决典当业资金问题提出：时值冬令，又届年关，无法供给当户所求，必须由当局接济大量低利贷款方能运转，拟请市商会转请贷款以为商业而便民生。③ 因为"近月以来物价波动甚巨，生活指数随高，以致各号开支激增，且银号拆息已增至十八九分，因此又感支持维艰，周转极为困难，会员各号纷纷来会声请设法救济"。④ 1947年2月13日，典当业再次呈请市政府请求"转商中交农等银行予以低利贷款，以维商业"。

1947年2月17日，社会局向政府表示行政院秘书处函送典当业贷放原则本应遵照，"惟本市典当业尽属旧商铺房，多系已有亦应为贷款质押物并采用活期透支办法，以便因应业务之需要，随贷随还"，而且"本市典业又均系正商信用素著，拟请少加通融，普遍协助制定本市组织银团就

---

① 《典当业同业公会会员大会、理监事联席会签到簿记录簿，天津市典当业同业公会》（1946年），天津市档案馆，档案号：J0129-2-004252。
② 《典当业，天津市政府》（1947年），天津市档案馆，档案号：J0002-3-002304。
③ 《典当业同业公会会员大会、理监事联席会签到簿记录簿，天津市典当业同业公会》（1946年），天津市档案馆，档案号：J0129-2-004252。
④ 《典当业，天津市政府》（1947年），天津市档案馆，档案号：J0002-3-002304。

近与典当业公会洽商办理,以维当业而济民生",请求对典当业的贷款予以变通。1947年2月28日,天津市政府指令,"所拟尚属可行,仰由该局先向银行界接洽具报,再行核办"。①

1947年5月26日,社会局呈天津市政府,以典当业利息日高,周转不灵的状况,提议设立公典,以方便市民借贷,并解决典当业资金不足以及利息太高的问题。办法如下:"由当业公会负责筹组公典一处,资本暂定为两亿元,由现有当商约四十家,每家出资三百至四百万元,其不足之数,由当业公会负责洽商银钱两业分别投资参加。公典之当息仍维持十四分且不收取栈租及保险费,并规定当额每次最高不得超过三十万元,如是则贫民既得低利周转之便,亦可赖以维持。"② 但是,这个公典始终没有成立。

经济形势的恶化导致典当业需要更多的流动资金注入。不久,典当业公会呈请当局转四联总处为典当业贷款4600亿元,每家分配100亿元,以资运转,一旦贷款成立后,即将当息减轻,并定于1947年8月1日起暂予实行。③ 1947年8月23日,典当业公会召集理事会研讨紧急救济民困商艰兼筹并顾办法,请求当局准向市民银行及河北省银行共贷款230亿元(计会员46家,每家贷款5亿元),在旧历年前拨发,以救济当前值急。④ 1947年9月15日,典当业开第二次会员大会,决定转请中国、交通、农民三家银行继续贷款,以维当业存在。⑤ 但中、交两家银行都以资金有限而拒绝了。⑥

1948年3月5日,天津市政府指令社会局据呈典当业公会请求贷款,拟请转令市民银行及河北省银行洽办。⑦ 但是不久天津解放,典当业也走向了终结。

---

① 《典当业,天津市政府》(1947年),天津市档案馆,档案号:J0002-3-002304。
② 《典当业,天津市政府》(1947年),天津市档案馆,档案号:J0002-3-002304。
③ 《典当业同业公会会员大会、理监事联席会签到簿记录簿,天津市典当业同业公会》(1946年),天津市档案馆,档案号:J0129-2-004252。
④ 《典当业,天津市政府》(1947年),天津市档案馆,档案号:J0002-3-002304。
⑤ 《典当业职员名册及章程,天津市典当业同业公会》(1948年),天津市档案馆:档案号:J0129-2-004254。
⑥ 《典当业,天津市政府》(1947年),天津市档案馆,档案号:J0002-3-002304。
⑦ 《典当业,天津市政府》(1947年),天津市档案馆,档案号:J0002-3-002304。

可见，在民国后期，典当业存在着生存危机，周转资金来源只有政府和政府管控的银行，民间社会的资金来源已告枯竭。

三 固定资本与流动资本及营业收入比率的变迁

光绪年间，天津城区、乡区有当铺44家，每家货架值（放款额）多至十五六万两，少至二三万两，已形成一定的规模。① 也有资料说，天津典当业在光绪初年逐渐发达，每家贷出之款有12万至十七八万制钱。② 如果按照1两白银兑换2000个制钱，当时开设当铺的一般投资为3万~4万元，由此推算，当时固定资本和流动资本的比例为1~3倍。

民国时期，全国当铺资本在京、津、沪三大都市中，以天津最为殷实。北京当商以内务府明索家的八大恒最负盛名，但经常占用架本不过二三十万元。上海大小当家，虽有七八百家，但大多数系集股经营的小型典当。天津当商多为独资经营，其资本少的为4万元左右，多的有8万~10万；占用架本，最高能达到五六十万元。可见此时天津典当业资本在实力较为雄厚的当铺中，架本对固定资本的比率在几倍甚至十几倍之间，较光绪年间有了较大提高，是典当业繁荣的一个表现。突出的如盐商长源杨家、卞家，军阀曹锟、陈光远等所开当铺，所需流动资金随时由东家从各银号存款项下调拨，从不向外借。如1931年王子寿担任公茂当经理时，临时用款找东家曹锟商量，曹家立即从花旗银行提取10万元备用。有的是在开业之初，除正式入股外，存入本当若干万元。所有临时拨兑的和经常存入的一般照例按8厘给东家生息。至于一般较小的当商，需款时则向银行号息借；当商与当商之间，有时也互相通融。天津当铺在20世纪30年代的资本较大，小押不如南方一带发达，没有出现小押取代当铺的趋势，只是在动乱时期小押才兴起。③

20世纪30年代初，受到时代变迁的影响，华界的典当业从一时的兴盛一度有衰落的趋势，"当商状况，近年不振原因，系受意英法各租界质当影响，营业甚为衰落，然租界中各典，除松茂当和聚兴、天顺、永义、

---

① 郭凤岐总编纂《天津通志·金融志》，第281页。
② 吉迪：《天津典当业概况》，天津《益世报》1936年11月30日。
③ 王子寿：《天津典当业四十年的回忆》，《文史资料选辑》第53辑，第40页。

万成生意稍优外，余亦无巨利可获，此外均属平平"。① 1934 年，典当业资本最高的只有 8 万元，而架本货值（放款额）常为 10 万~20 万元。全市放款约达千万元。以全市放款的 20% 计，死当架本约 200 万元。② 1936 年，有人统计，以 59 家为例，天津当业资本最低 2 万元，最高 20 万元，平均 5.2 万元，架本以银钱业及个人的流动融资为主。天津典当业以独资居多，合资较少，③ 但是"近年倾向于合资之组织"。④ 这说明了典当业资本来源多元化和资本数量的增长，反映了当时典当业虽然因为时代变迁的关系而衰微，但依然具有一定的发展潜力。

当时政府对当业按照资本收税，将当铺分为不同的等级，天津当铺的各类典铺税额及获利如表 5-9 所示。

表 5-9 天津各类典铺税额及平均利息

类 别	最 低	中 等	最 高
成 本	4 万元	5 万元	6 万元
架 本	10 万元	15 万元	20 万元
流 水	18 万元	20 万元	28 万元
平均利息	架本平均周息 0.01848 元 流水平均周息 0.01026 元	架本平均周息 0.0184 元 流水平均周息 0.0138 元	架本平均周息 0.0184 元 流水平均周息 0.0132 元

表 5-10 天津各类当铺收入情况

类别	最低	中等	最高
回赎利	18480 元	27720 元	36960 元
解 释	存 10 万元至架货比较回赎不过 7 成，虽按固定利率 2 分 5 厘收息，然每至冬令减息以 2 分取赎在此时期回赎者最多平均不过 2 分 2 厘，上项利息系以 2 分 2 厘计算	理由同前，以 15 万元架本比较回取 7 厘系 10.5 万元，以月息 2 分 2 厘计算	理由同前，以回取 14 万元计算

---

① 《由初春到节边，津市商业盛衰一斑，受亏最重者织染业，其余各业均互有高低》，天津《大公报》1930 年 6 月 2 日。
② 郭凤岐总编纂《天津通志·金融志》，第 281 页。
③ 陈静竹：《天津之典当业》，天津《益世报》1936 年 5 月 24 日。
④ 吉迪：《天津典当业概况》，天津《益世报》1936 年 11 月 30 日。

表5-11 天津各类当铺支出情况

类别	最低	中等	最高
付息	3240元	5940元	8640元
解释	以7万元活架计算，除成本4万元外须得出息，上项系3万元之息	以10.5万元活架计算除成本5万元外，净出5.5万元之息。	净出8万元之息以8厘计算
比较估衣得利成分	1万，2分 1万，1分2厘 1万，9扣 净得2200元平均7厘9毫	1.5万，2分 1.5万，1分2厘 1.5万，9扣 净得3300元平均7厘3毫	2万，2分 2万，1分2厘 2万，9扣 净得4400元平均7厘3毫3丝
估衣每年亏数	4280元	6420元	8560元
解释	此3万元估衣在24个月中丝毫不能得利，然在此时期内每月须付贷款利息，以24个月计算付出息6480元，除卖估衣所得外，尚亏上项数目	理由同前，以4.5万元计算应付出息9720元，除得3300元外，尚亏上项数目	理由同前，以6万计应付出息12960元，除得4400元之外，净亏上项数目
福食（每人每月10元均）	20人，2400元	30人，3600元	40人，4800元
薪水（每人每月10元均）	20人，2400元	30人，3600元	40人，4800元
房租	3000元	3000元	3000元
当税	100元	150元	250元
印花	240元	260元	360元
警饷	360元	360元	360元
铺捐	360元	360元	480元
电灯	240元	300元	300元
电话	120元	120元	120元
保险	950元	1420元	1900元
共入	18480元	27720元	36960元
共出	17690元	25530元	33510元
净余	790元，所得纯利钱人股均分，股数多寡各家不等	3190元，同前	3450元，同前

资料来源：《天津商会档案汇编（1928~1937）》，第961~963页。

从各类当铺收入和支出的比例看（见表5-10、表5-11），当铺年纯收入不是很高，其中当铺虽然以各种手段欺诈获利的情况没有计入，但是也可推测当时当铺营业的情况。这种情况是时代变迁当铺利润下降的结果，也因为20世纪二三十年代，当铺资本投入较多，内部竞争激烈，利润下降。

1935年，天津典当业依然以独资为多。① 以表5-12为例，可见当时天津当业的资本总体来说较20世纪30年代初有了一定的增加，年收入是资本额的1~2倍，个别的是2.5~3倍。

表5-12 天津典当业资本、收入

名称	成立时间	组织性质	资本额（元）	年收入（元）	经理	地址
同聚当	1921年	合伙	8万	15万	文质庵	鼓楼东
协合当	1921年	独资	6万	16万	阎玉衡	西头双庙街
天兴当	1924年	合伙	6万	10万	温星三	河东郭庄子
福源当	1931年	合伙	6万	10万	封静庵	南门西
中昌当	1905年	独资	5.5万	11万	张子润	南门里
中祥当	1910年	独资	5.5万	17万	张星三	特别二区
天聚当	1854年	合资	5.4万	11万	郭慎斋	特别二区
麟昌当	1929年	独资	4万	14万	祁云五	西北角太平街
和顺当	1915年	独资	4万	12万	俞耀川	北门内
裕和当	1929年	独资	4万	10万	原德庵	南门下头
太和当	1924年	独资	4万	10万	陆荫南	河北大街
万成当	1941年	独资	4万	10万	乔厚安	东门外
元和当	1931年	独资	4万	9万	何玉民	鼓楼西
同福当	1931年	独资	4万	7万	汪春斋	河东小关
德昌当	1931年	独资	4万	6.5万	侯敬修	南市
福顺当	1931年	独资	4万	8万	仝廷东	南市
辑华当	1931年	合伙	4万	15万	侯敬修	宫北大街
同和当	1932年	独资	4万	7万	南步武	南马路

---

① 吴石城：《天津典当业之研究》，《银行周报》第19卷第36期，1935年9月17日，第18页。

续表

名称	成立时间	组织性质	资本额（元）	年收入（元）	经理	地址
源福当	1932年	合资	4万	8万	张仲平	西北城角
裕生当	1932年	独资	4万	5.5万	王光庭	西北城角
德华当	1932年	独资	4万	8万	尤锡氏	西门内

资料来源：吴石城：《天津典当业之研究》，《银行周报》第19卷第36期，1935年9月17日，第14页。

在表5-12中，这些当铺"多由本地富户或歇业富商经理主动发起"。组织性质以独资经营者为最多，合伙、合资企业仅占其六，资本额合计为98.4万元，平均每家资本4.5万余元，个别计之以8万元为最高，4万元者最低且最普遍，而合资资本均多于独资者。

表5-13 华界当铺资本和营业额

字号	成立年代	资本（元）	营业额（元）	地址	经理人
中祥	宣统二年（1910年）	5.5万	52万	河东西方庵后	张星三
天聚	咸丰四年（1854年）	5.4万	31万	河东兴隆街	郭慎斋
同聚	民国10年（1921年）	6.5万	49万	鼓楼东	文质庵
德华	民国21年（1932年）	4万	56万	鼓楼西	尤锡九
裕和	民国19年（1930年）	10万	44万	东门外磨盘街	原德庵
辑华	民国20年（1931年）	4万	85万	毛贾伙巷	侯敬修
和顺	民国4年（1915年）	8万	50万	北门里	俞耀川
同福	民国20年（1931年）	5万	73万	河东小关街	汪春斋
天兴	民国13年（1924年）	6万	41万	河东郭庄子	温星三
太和	民国13年（1924年）	8万	56万	河北大街	张荫南
源祥	民国21年（1932年）	10万	57万	西北城角	张仲平
裕生	民国22年（1933年）	5万	44万	西北城角	王光庭
德昌	民国20年（1931年）	2万	69万	南市华楼	侯敬修
广昌	—	—	—	葛沽	任锡五
天锡	—	—	—	葛沽	原耀华
中昌	光绪三十一年（1905年）	3万	45万	鼓楼南	张子淮
麟昌	民国18年（1929年）	4万	39万	西头太平街	祁云五
同和	民国21年（1932年）	3万	50万	南马路西段	南步武

第五章　近代天津典当业资本的变迁

续表

字号	成立年代	资本（元）	营业额（元）	地址	经理人
福源	民国20年（1931年）	4万	62万	南门脸	封静庵
义泰	—	—	—	南马路东段	陈子安
万成	民国30年（1941年）	4万	20万	南关下头	乔悦清
福顺	民国20年（1931年）	4万	56万	南市建筑大街	仝迋东
庆昌	—	—	—	咸水沽	冯子光
中通	—	—	—	大沽	张少堂
裕昌	—	—	—	毛贾伙巷	王春斋
元和	—	—	结束中	西门内	—
义和	—	—	结束中	西门内	—
协合	民国10年（1921年）	6万	50万	—	—
万成	民国30年（1942年）	2万	21万	（分号）	—
和祥	民国24年（1935年）	3万	23万	—	—
颐贞	民国22年（1933年）	2万	28万	—	—

资料来源：俞耀川：《漫话天津的典当业》，常梦渠、钱椿涛主编《近代中国典当业》，第148~152页。

从表5-13可以看出，大多数在20世纪二三十年代开设，31家华界的资本投资中有23家是有具体数字的，看来应是约数，共有114.4万元，资本投资平均接近5万元（4.974万元），地域分布较为广泛。从营业的状况来看都是良好的，总的营业额为1101万元，平均营业额是47.870万元。营业额为投资的9.624倍。

日伪时期，典当业固定资本和流动资本的比率发生了变化，营业收入也日趋低落（参见表5-14、表5-15）。

表5-14　1935年6月天津华界18家当铺固定资本与架货

字　号	固定资本（元）	架　　货
麟祥当	40000	67852.80元
麟祥当分号	5000	19105.30
同升当	40000	59419.85元
同升分号	5000	21342.50元
天德当	22000	570717.50元
集通当	16000	54953.90元

续表

字号	固定资本（元）	架货
聚顺当	10000	—
同义当	5000	1933年4月21日至1934年6月底架货4883.10元；1934年底4652.90元；1935年5月6680.10元
颐贞当	15000	4085.50元
颐贞分号		16771.40元
福祥当	6000	46485.90元
和昌当	10000	1933年9月至1936年5月20943.50元
公茂当	20000	51967.70元
公茂分号	4000	48009.10元
公茂代当	—	
汇通当	20000	原接德元当架货7079.40元。1934年11月至1935年5月72276.10元
德昌当	20000	53000元
德昌分当	—	—

资料来源：《天津商会档案汇编（1928~1937）》，第967页。以上调查了各号万金账及架货账。

表5-15 天津特别市典业调查（1939年12月9日）

名称	所在地	成立年月	经理人	原有资本（元）	流动资本（元）	月息	备考
辑华当	毛贾伙巷	1931.3	程子宽	4万	12.24万	2分3厘	当息系栈租和保管费均在内
福源当	南门脸	1931.9	封静庵	4万	5.71万	2分3厘	—
源祥当	西北城角	1931.11	杨润斋	10万	4万	2分3厘	—
同聚当	古楼东大街	1921.10	文质庵	6.5万	7.5万	2分3厘	—

续表

名 称	所在地	成立年月	经理人	原有资本（元）	流动资本（元）	月息	备 考
和顺当	府署街	1915.3	俞耀川	8万	5.2万	2分3厘	—
万成当	南关大街	1930.12	郑理堂	4万	8.55万	2分3厘	—
天兴当	郭庄子大街	1924.7	郑根祥	6万	4.32万	2分3厘	—
同和当	南门西	1932.7	李子良	4万	7.7万	2分3厘	—
德昌当福记	南市华楼前	1937.4	韩荷廷	2万	5.3万	2分3厘	—
德华当	西门内	1932.10	翟国瑞	4万	6.2万	2分3厘	—
万成当北号	河北大街石桥北	1937.4	温紫宸	2万	11.05万	2分3厘	—
颐贞当	李公楼前街	1934.9	胡俊山	2万	3.23万	2分3厘	—
协合当	西头双庙街	1921.3	杨绍圃	6万	6.5万	2分3厘	—
天聚当	特一区兴隆街	1855年	郭慎斋	5.4万	6.97万	2分3厘	—
和祥当	河东沈庄子	1935.4	陈子安	3万	5.21万	2分3厘	—
中祥当	河东西方庵后	1909.11	古忠甫	5.5万	8.78万	2分3厘	—
同福当	河东小关街	1931.6	梁子寿	5万	5.5万	2分3厘	—
中昌当	古楼南大街	1906.10	张子润	3万	8.9万	2分3厘	—
麟昌当	西头太平街	1929.1	祁云五	4万	6.9万	2分3厘	—
裕生当	东门外大街	1930.1	原德庵	10万	无	2分3厘	—

续表

名　称	所在地	成立年月	经理人	原有资本（元）	流动资本（元）	月息	备　考
太和当	河北大街	1930.8	陆润南	4万	7万	2分3厘	—
福顺当	南市建场和街	1931.9	仝迁东	4万	6.5万	2分3厘	—

资料来源：《天津商会档案汇编（1937~1945）》，第486~487页。

表5-16　天津市质业调查（1939年12月10日）

名　称	所在地	成立年月	经理人	原有资本	流动资本	月息	备　考
公茂质当	特一区芝罘路	1927.2	王子寿	4万	5万	2分8厘	查当息2分8厘系栈租等费率在内共为2分8厘
永聚质当	特二区十字街北	1939.3	陈厚斋	3万	2万	2分8厘	资本栏内数字均以元为单位
集通质当	特二区大马路	—	李子厚	1.6万	5.735万	2分8厘	—
同升质当	特三区七经路	1915.4	汪子梁	4万	4.8万	2分8厘	—
福祥质当	特二区大马路	1927.9	杜士明	1.6万	2.44万	2分8厘	—
德昌当华记	特一区神州路	1933.3	翟国瑞	1万	2万	2分8厘	—
同义质当	特一区下瓦房	1933.12	陈丽源	0.5万	4.5万	2分8厘	—
聚顺质当	特二区十字街	1918.4	王纬堂	1万	3.4万	2分8厘	—
同顺质当	特二区地藏庵	1937.4	文质庵	1.5万	2.7万	2分8厘	—
天德质当	特四区1号路	1939.4	王馨山	3.6万	5.8万	2分8厘	—

资料来源：《天津商会档案汇编（1937~1945）》，第488页。

从表5-15、表5-16可见，一些当铺的架本甚至不如固定资本的数额或接近固定资本，大多在1倍多一点，只有很少的当铺在2倍以上，3倍以上的只有2个，架本对资本的倍数也不如从前，显示了典当业营业额下降，典当业走向衰落。

小　结

近代天津典当业资本十分雄厚，在全国占有非常重要的地位，天津当业资本的变迁也是全国当业资本变迁和社会经济变迁的一个缩影。同时，天津近代以来社会经济变迁巨大有其独特之处，在典当业资本的变迁中也有所体现。

从清末到民国，天津当业固定资本投资变化不大，平均每家一般为4万~5万元。从清末的44家发展到民国繁盛时期的80多家，再到日伪时期减少至15家，抗战后虽然一度恢复开业了46家，但是，营业困难，很快就全行业歇业，反映了天津当业与社会经济兴衰的轨迹。固定投资者在清代以本地大商人、晋商、周边地主以及官僚资本为主。民国时期，因为天津成为北京政治的后院，许多遗老、军阀、官僚等纷纷来此做寓公，成为典当业固定投资的一个新的重要的来源。同时，一些新兴商人和外来资本也进入典当业。而晋商的资本日趋萎缩，本地商人的资本出现了新兴商人和洋买办等新生力量。近代天津城市发展使得典当业成为一个稳定而盈利的行业，"智猪博弈"效应使天津典当业吸引了大量的民间资金，这些使典当业在20世纪二三十年代得到了发展。

清代末期，天津典当业流动资本来源较为多元化，其中较为重要的来源有官方的生息款项、个人和堂名存款、出资人的款项和垫款等。这些资本来源利息较低，一般在1分左右。此时天津近代金融业有了初步的发展，银行、银号等金融机构资金较为雄厚，利息也较低，也为典当业提供了丰富的资金来源。此时天津典当业有了一定的发展，当铺达到44家，加上租界的当铺共有80多家，固定资本与流动资本比例正常，甚至有远大于固定投资比率的现象。典当业营业收入较高，在社会经济中具有较为重要的地位，获得了投资者的青睐，这个时期也是天津兴盛发展的时期。但是，同时天津典当业也出现了衰落迹象，主要是社会动荡给天津当业带来了巨大的损失。因为具有雄厚的资金，在动乱中，典当业往往是首要的被抢劫目标和重要的敲诈对象。典当业此时向租界发展，一些投资者对典当业投资过度以致典当业内部产生恶性竞争，一度高达80多家，导致典当业利润下降和分布不合理。因为社会经济的变迁，新的金融机构出现，典当业在社会经济中的地位下降，吸收存款的能力也受到了制约，典当业的收益也有下降的趋势。此时天津典当业的资本依然以独资居多，但是，合资趋势日益增强。

抗战时期，典当业的业主和经理们面对日本人以投资为名、妄图吞并典当业的企图进行了坚决而巧妙的抵制，天津典当业最终没有落入日本人之手。但是日本人对典当业进行了压制，鼓励小押当与典当业竞争，同时因为战争的关系，原来一些典当业的投资人和存款者也纷纷撤资，导致典当业日趋没落，资金来源日益枯竭，固定资本与流动资本比例下降，营业收入下滑，当铺投资者稀少，以致当铺一度只有15家营业。抗战胜利后，典当业开始有了一定的恢复，一度开业了46家，但是随着经济形势进一步恶化，物价高涨，典当业资金来源受到了更为严重的制约，其他金融机构也日益衰败，典当业以典当业公会恳乞政府协调银行借贷注资为最重要的资金来源。但是，政府此时对典当业借贷也进行了限制，其他金融机构也难以向典当业借贷资金，导致典当业面临崩溃的边缘，最终在新中国成立之际暂时在社会上消失。

从天津典当业资本近代的变迁中还可以看到政府与民间的金融关系。清政府对典当业以采取不干涉政策为主，同时放款生息，对典当业进行扶植，以扩大财政收入。民国前期对典当业依然采取放任政策。南京国民政府时期，对典当业加强了管理，控制典当业的金融来源。日伪时期，更有借此控制民间金融的企图。到了民国后期，金融来源几乎为政府所控制。总的来看，政府对民间的金融控制日趋加强。[①]

---

① 政府对典当业的控制还表现在对典当业规则的制定、对典当业公会的管理和对典当业公会选举的控制中，参见本书"附录"。

第六章 近代天津典当业的衰落与应对

典当业作为中国传统和近代经济生活中的一个重要的行业,[①] 在近代社会变迁中走向了衰落。关于近代典当业衰落的原因,近现代的学者已经多有探讨。[②] 这些学者的探讨多从典当业与其外部生存环境因素的关系,如战乱、社会经济变迁以及政府管制等方面切入,而对近代典当业人士如何应对典当业的危机缺少描述。本章以近代天津的典当业为例,在分析近代天津典当业衰落的外部环境的基础上,对近代天津典当业人士面对天津典当业危机的应对进行描述和分析,以深化对近代典当业衰落的研究。

近代天津的典当业在全国占有重要的地位,如其资本在近代中国典当业资本中约占1/10。[③] 天津当业因为其独特的区位关系,与其他地方的典当业的兴衰轨迹略有不同。天津典当业的兴衰可分为四个时期:1900年前后为开创时期;1900年后至辛亥革命为挫折时期;民国成立后至1933

---

① 高叔平、高季安:《北京典当业内幕》,常梦渠、钱椿涛主编《近代中国典当业》,第68页。
② 民国时期对典当业衰落原因的研究主要有:宓公干:《典当论》,第298~300页;张由良:《吾国典当业的探讨》,天津《大公报》1935年5月20日;陆国香:《中国之典当》(七),《银行周报》第20卷第10期,1936年3月17日,第13页;等等。当代学者的探讨有:杨勇:《近代江南典当业的社会转型》,《史学月刊》2005年第5期;常梦渠、钱椿涛主编《近代中国典当业》,第23页;刘秋根、阴若天:《晚清典当业的几个问题》,《文化学刊》2011年第4期;李金铮:《20世纪20~40年代典当业的衰落——以长江中下游地区为中心》,《中国经济史研究》2002年第4期;刘建生、王瑞芬:《浅析山西典当业的衰落及原因》,《中国社会经济史研究》2002年第3期;等等。台湾地区的有:潘敏德:《中国近代典当业之研究(1644~1937)》;罗炳锦:《近代中国典当业的分布趋势和同业组织》(下),《食货》复刊第8卷第3期,1978年6月;等等。这些都对近代典当业的衰落进行了分析。但个别学者也对此提出了一些疑问。如台湾学者王业键认为乡当的衰落未必意味着典当的衰落,相反城镇流动资金增加,可能使城当更加繁荣,他对现代金融兴起对典当业造成冲击的说法也提出了质疑。参见潘敏德《中国近代典当业之研究(1644~1937)》,序。刘秋根也指出,晚清典当业新变化表现在:典当业赋税增加、股份公司出现、店员薪水下降、新商人加入典当业投资、因商业放款而开始具有近代银行的职能;他认为典当业在晚清是有可能向现代银行转化的。参见刘秋根、阴若天《晚清典当业的几个问题》,《文化学刊》2011年第4期。
③ 张由良:《吾国典当业的探讨》,《大公报》(天津)1935年5月20日,第3张第11版。

年为发展时期；1933年直至天津解放为衰败时期。① 天津当业衰落的原因与其他各地有相似之处，但也有特殊之处，近代学者对此有不同的总结。② 笔者认为天津近代典当业衰落的原因主要有：战乱、社会经济变迁、政府管制、自身形象的变化、当息不断调整、同业恶性竞争、资本枯竭、典当业内部组织保守落后等，同时，典当业人士面对典当业危机应对不力也是其中重要的因素之一。

近代天津典当业在各种因素的作用下，出现了严重的行业生存危机，导致典当业逐渐走向衰落。面对典当业的危机和衰落，天津当业人士采取了一些措施来应对危机，但是，因为外部环境日趋恶化及典当业人士的保守性，他们的努力没能阻止近代天津典当业衰落的趋势。

第一节 战乱与天津当业的衰落

天津的典当业大约兴起于明代，但有文字记载则始于清朝。天津当业具有浓厚的官方色彩，以清廷为首的官僚资本经长芦盐政投向天津开设典当业。如1765年清廷内务府奏折中显示，朝廷在天津典当业存有架本14.554万余两，交内库，先由内库借领银15万两，交长芦盐政发典商按1分起息，每年所得利银，交纳内库，分给该处应用。1812年，天津当商组织了津邑当行公所，典当业初具规模。1900年，天津有典当44家。随着天津城市商业的发展，典当业也日趋兴盛，"繁华要算估衣街，宫南宫北市亦佳。东北门边都是水，晴天也合着钉鞋"。从这则材料中可以看到庚子前估衣街的繁华，这也从一个侧面反映了典当业的繁荣。③

天津为北京门户，为近代战乱的重灾区，战乱对天津典当业的损害较其他地方严重。除庚子之祸外，天津典当业在1917年、1923年、

---

① 许树华：《解放前天津的典当业》，《天津文史资料选辑》总第77辑，第95~96页。
② 宓公干认为近代天津典当业衰落的原因是利率下降；生活费用日益提高；死当亏损等。参见宓公干《典当论》，第277页。许树华《解放前天津的典当业》，《天津文史资料选辑》总第77辑，第94~96页。许认为天津典当业是从1933年开始衰败的，原因是当多赎少，满期当品不易出售。此外，工商业衰败，人们购买力下降，社会风俗变化，衣物喜新厌旧，洋货倾销等；同业恶性竞争激烈，以提高当价为手段；收入减少，支出增加，包括向银行、钱庄借贷，向政府纳税等。
③ 张焘：《津门杂记》，第115页。

1927年遇到了三次危机，其中后两次是因为兵祸。① 典当业因为存有大量的架本，往往与银钱等业共同成为战乱中被抢掠的主要目标。

八国联军入侵天津时，当铺被焚毁22家，剩下的22家勉强维持营业。② 山西帮在天津当业中占有重要的地位，在此次事变中损失巨大，以星盛当为例，被"抢去现银一万七千三百余两，现钱八千吊，钱贴一万四千吊，架货二十九万余吊，所有家具账目一切，均已抢空"。③ 天津本地的商业资本家如所谓的天津八大家等对典当业也有巨大的投入，在这次事变中损失更为惨重。以八大家中对天津当业投资最巨的长源杨家为例，杨家经营的当铺，连外县包括在内，最多时有30余处。1900年被八国联军烧抢的当铺中有15家是杨家的。④ 据统计数据显示，在此次变乱中，天津当业共损失约500万两。⑤

1912年，袁世凯为拒绝南下就任总统而制造壬子兵变，导致天津在1912年正月十四日寅夜发生兵变和焚抢，这是对天津典当业的又一次大劫掠。此次兵变中，天津"当铺内被灾者计十三典零半座"，⑥ 这些当铺损失的官款"计共洋九百二十元零三分二厘二毫六丝"，⑦ 而商人损失更为巨大，仅"绅商杨宝恒六当铺被焚抢损失二百六十万元。"其所欠官款达"三十余万两"。⑧ 此次兵变，天津"灾商损失千有余万，典当被抢四百余万，已达全数三分之一"。⑨ 典当业损失导致了社会浮动，人心不安，"各典抢掠以附近贫民居多，无论各典资本馨尽，赔无可赔，如仅顾民人一方面，则既抢之后复得赔偿，若辈更有喜乱之心，将不免有二番暴动"。⑩

---

① 子珍、朱继珊：《天津典当业及其同业公会》，常梦渠、钱椿涛主编《近代中国典当业》，第127页。
② 郭凤岐总编纂《天津通志·金融志》，第83~84页。
③ 《天津商会档案汇编（1903~1911）》（上），第721页。
④ 王子寿：《天津典当业四十年的回忆》，《文史资料选辑》第53辑，第47页。
⑤ 吴石城：《天津典当业之研究》，《银行周报》第19卷第36期，1935年9月17日，第11页。
⑥ 《典当业同业公会民国元年禀稿底》（1912年），天津市档案馆，档案号：J0129-2-004307。
⑦ 《民国二十八年典当业公度堂禀稿底，天津市典当业同业公会》（1939年），天津市档案馆，档案号：J0129-2-004313。
⑧ 《天津商会档案汇编（1903~1911）》（下），第2494页。
⑨ 《天津商会档案汇编（1912~1928）》（3），第1565~1566页。
⑩ 《天津商会档案汇编（1912~1928）》（3），第1586~1587页。

民国时期,军阀混战给典当业带来了巨大的损失,天津屡次成为军阀混战争夺的要地,政权更迭频仍,币制混乱。如在1924年的直奉战争中,一些伤残军人以武力威胁要兑换破衣,当价至几十元不等;1925年直奉战争和褚玉璞时代省银行钞票之停使;1927年,张宗昌李景林军北上,发军票,一些人以军用票取赎,只值市面价格二三折,许多人晨当夕取。① 这些给天津典当业带来了上百万元的损失。除了战争以外,军人对典当业的勒索还有其他形式,如自天津设病院住伤病军人以来,市面大受影响,并有军人当质军衣、索高当价等事,各当商无可奈何,只得满足他们的要求,不然怒目相加,责骂立至。②

20世纪30年代初,日本入侵华北,其便衣队不时扰乱,城区富有之家纷纷将贵重物品运入租界,质存当铺,形同保险。一时租界各当商收不胜收,架货充斥,库房几无隙地,营业流水骤增,当息与估衣收入亦随之暴涨。城区当商多在租界租房营业,如卞家的泰和、隆庆、裕生,长源杨家的中昌、中祥、协合等号,都转入租界。在整个经济衰退的形势下,出现一种暂时的畸形发展。③

在日伪时期,天津典当业在七七事变中虽然没有受到巨大的损失,④但是日本人对天津典当业的兼并没有成功,于是日本人利用小押当等形式对天津典当业进行打击,此外还进行经济统制和征收杂费等,加上战乱的影响,天津典当业多家止当候赎。

在国共内战时期,典当业因为国共内战金融混乱,资本更趋枯竭,到战后全体歇业。⑤

第二节 社会经济变迁与天津典当业的衰落

典当业在中古时代为重要的社会经济组成部分,在天津"素与钱业并称,昔者盐当二商,为豪富之家所经营,其在社会经济上所占地位,实有

---

① 张中翛:《天津典当业》,第75~80页。
② 《军人强行典质衣物》,天津《益世报》1922年7月11日。
③ 王子寿:《天津典当业四十年的回忆》,《文史资料选辑》第53辑,第51页。
④ 《当业时局关系损失调查和内部情况调查,天津市典当业同业公会》(1937年),天津市档案馆,档案号:J0129-2-004230。
⑤ 沈大年主编《天津金融简史》,第6页。

相当势力，又因为营业接近民众，作民众融通资产的源泉，被认为是裕国便民的营业，这个行业在过去很是兴旺"。但是，近代以来天津新式银行和钱庄以及保险业兴起，典当业的社会经济地位日益下降，资本来源受到制约，被定位为一般平民的借贷机构，其职能萎缩。贫穷是促使民众典当最主要的原因。① 随着天津近代城市的日益发展，贫困人口增加，许多贫民尤其是外来贫民穷到无东西可当的地步，平民过于贫困化对典当业的发展也形成了制约。近代以来尤其是20世纪二三十年代，天津周边乡村的贫民因为各种原因向天津移居，他们一贫如洗，住在天津城边的贫民窟中。如住在新开河岸的贫民，主要来自山东，其次来自河北，他们的生活非常困苦，吃住都很困难，生活环境也很差。② 1936年天津市人口达到125万人，其中无职业人口达656801人，占全部职业人口的52.54%。③ 对典当业来说，平民贫困化超过一定限度会导致当户减少，业务停滞。

近代天津市场化日益发展，典当业作为社会经济的重要环节，其发展营业也日益受到市场的影响。在20世纪20年代，天津经济一度有着较为快速的发展，天津城市商业占据了统治地位，成为世界市场的一个部分，商业的经营形式和手段向资本主义转化。④ 1928年后局势的稳定使天津当铺有了一个大发展。当铺多设在外国租界内，1931年到1932年，天津设立当铺10家；1934年典当公会会员为61家，未立案的27家，共88家。⑤ 20世纪30年代，天津市场萧条，对典当业产生了巨大影响，成为其由盛转衰的转折点，当时即使是租界中较为兴盛的各典，除松茂当和聚兴、天顺、永义、万成生意稍优外，其余均无巨利可获，此外亦属平平。⑥ 1944年，天津市面更为萧条，义和当、元和当等皆因"连年赔累，势难支持"，

---

① 潘敏德：《中国近代典当业之研究（1644~1937）》，第331页。
② 《新开河岸贫民窟》，天津《大公报》1933年3月5日。
③ 李竞能主编《天津人口史》，第245页。
④ 罗澍伟主编《近代天津城市史》，第337~473页。
⑤ 宓公干：《典当论》，第37页。
⑥ 《由初春到节边，津市商业盛衰一斑，受亏最重者织染业，其余各业均互有高低》，天津《大公报》1930年6月2日。

"市面萧条,营业不振,亏累不支"等,要求止当候赎。① 1944 年,即日伪时期,物价飞涨、市场紊乱,颐贞当、松寿当、天兴当等当铺歇业候赎。② 可见,近代市场化的发展使典当业也随之成为市场的一部分,其兴衰涨落与市场关系密切。

在市场中,一些人为追求利益,进行欺诈讹索,对典当业也产生了一定的影响。如庚子以后,假当票的贩卖就对各地典当业的正常营业造成了巨大的威胁,"乃仍有无耻之徒,仿造假票,任意填写质物,借取赎为讹诈之地,又或捏称失票取保照赎后,串通他人执持原票无理取闹,甚至唆使控官。虽曲直可辨,而一经差票拘传,则商人横遭讼累,即已不堪其扰"。③ 在 20 世纪二三十年代时常有一些靠卖假当票为生的人,如天津南市清华巷三号,住户许长升素以卖当票过活。天津市西南城角住户陈秋波在南市德美后开洼闲逛,正值许长升正在卖当票,与人讲价,陈秋波见其价便宜,当即购买当票两张,嗣后发觉当票不能赎取。陈秋波第二天又到南市德美后开洼游逛,又见许长升做骗人生意,乃气愤异常,当时将其抓获。④

还有一些与当铺生意相关的小贩时常对当铺的营业造成麻烦,如 1943 年典当业反映,"有一般肩挑大筐业者,'即哨喊收买故物之小贩'每日聚集本店门首,见有来店持物典质者,伊即争先出价收买,收买之后,复在当地哨卖,从中暴利。逐之不听抑或去而复返,吵闹争竞",无奈之下,他们请求商会"转请警察局设法驱逐"。⑤

此外,一些人为谋财而对当铺进行欺诈、抢夺的事件也时有发生。1927 年天津一个叫杨福珍的人,在大仪门和顺当典恒利字号假金戒指 1 枚,典洋 13 元。第二天,杨福珍又持物华楼假赤金戒指一枚,又在和顺当典洋,被该当铺同人季式如认出报警。⑥ 又如 1922 年,四匪徒抢走日租

---

① 《典当业同业公会民国三十三年一月禀帖底稿,天津市典当业同业公会》(1944 年),天津市档案馆,档案号:J0129 - 2 - 004316。
② 《市府为前警政会议案提出保安类营业取缔法规由局拟定典当业八种规则等训令,天津市政府》(1944 年),天津市档案馆,档案号:J0218 - 3 - 006135。
③ 《天津商会档案汇编(1903~1911)》(上),第 718 页。
④ 《卖假当票为业,事发被铺》,天津《益世报》1935 年 11 月 21 日。
⑤ 《典当业公会函请转请取缔小贩群集当商门首强买当当者之物件,天津市典当业同业公会》(1943 年),天津市档案馆,档案号:J0128 - 2 - 001384。
⑥ 《典当假饰》,天津《益世报》1927 年 11 月 8 日。

界义盛当钞票221元，大洋181.7元。①

自古中国币制市场混乱，各种货币兑换非常麻烦，严重阻碍了市场的统一和商品交流。即使在1935年国民政府统一币制前后，这个问题依然严重。近代天津的币种非常多，清末中国维持自由放任的货币政策，因而多种货币流通于中国，如元宝银、小银、银票、两钱、银元、小银货、铜元、铜钱、银票等，另外还有日本、俄国、墨西哥等外国货币，② 这些都对典当业的业务产生了影响。

曾任天津典业公会主席的祁云五先生认为，币制问题对于天津典当业造成的损失较战乱还要大一些。近代天津典当业由币制问题导致的损失约有上百万元，主要发生在三个时期。第一，在庚子后典商复业以前，均以制钱为单位，当复业时则改银币制，当时"街市铜元每元易百枚，典业所典之零角则以铜元为补充，每角以十枚计算"。不料币制变化无常，逐渐高涨，"由百枚涨至百二，百三，百八等"，导致当铺亏损巨大，行市虽涨至百八十枚，但赎者仍以十枚为一角回赎，每一元钱亏七八十枚。后来市面改用银币龙洋，"当初改之时，亦系每元换十角，当一角以一角赎，似无亏损，然以后价格低落，由十角几落至十一角，十二角，而赎当者仍以一角当一角赎取"。第二，1918年政府令造币厂造一种辅币，以十进一为准，不许折扣。"过了数年，辅币亦不能为辅，行市骤变，比较龙洋变得更快，由十角当一元而变为十一、十二、十三、十四角余换一元。此次典业吃亏更胜于前"。"此宗消极损失，较庚子兵变，不相上下"。③ 第三，1927年，当时政府发行的流通券和辅币也给典当业造成了很大损失。④

一些谋利之徒还利用币制问题谋利，对典当的营业造成了巨大的威胁，如在天津葛沽一带，银元的价格不断上涨，"狡黠之徒往往赎以铜元，希图取巧，一经辩论，辄谓不收铜元。……从前旧当制钱者，现在纷纷概以铜元取赎，其零星当本，又复朝则当以制钱，暮则赎以铜元，群相谋利。似此情形，商等赔累实有不堪"。⑤

---

① 《义盛当抢案志详》，天津《益世报》1922年7月24日。
② 林地焕：《论20世纪前期天津钱庄业的繁荣》，《史学月刊》2000年第1期。
③ 张中翕：《天津典当业》，第75~80页。
④ 《为发给广告保护营业事与天津总商会来信函，天津特别第三区公署》（1927年9月），天津市档案馆，档案号：J0128-3-006080-009。
⑤ 《天津商会档案汇编（1903~1911）》（上），第407页。

而当铺也利用币制的变化赚取利润,民间因为币制的关系对典当业也有很多抱怨,"典质零毛者周月取赎,名曰三分取息,实则九分,或另加一利也。此系当商取巧贪利,鱼肉穷黎……请严谕各当商定期改书钱数,质票、出纳俱用满钱,则两无亏耗矣"。① 一些学者也指出,"当铺同时又可以用货币制度不稳定的特点去剥削富户"。②

衣物是典当业的主要业务之一,天津典当业也是以衣服、首饰为主,尤其以衣服为大宗,当时无论是华界的当业还是租界的质业,都以典质衣物和首饰为最主要的营业。③

而近代以来,社会风俗变迁导致人们服饰变化多端,时装潮流日新月异,给典当业的营业带来巨大影响。尤其是在20世纪30年代,虽然有蒋介石提倡的新生活运动,但是依然没有阻止时代变迁的潮流,"典当业愈更富冒险性,这工夫当死了的马蹄袖,宽腿口的衣裳,早已成了落伍的东西;而现时新的包身高领衣裳,可断定便是数年后的落伍者!足金行市目下虽涨入了云霄,但看不定数年后或堕落到九地。当铺收进当货须等到十八个月后方有执行出售的权利,若不打下当价平稳的经营根基,将来闹得玄虚平常,自是意中之事"。④

1936年,典当业出现了大面积亏损,统计天津全市典业,不论租界还是华界,都8/10亏损,2/10仅足维持,其主要原因之一便在于服饰的变迁。典当业"此时期方当入时之最新式衣服,则已过时矣。亦不能值钱且市价亦渐趋低落,致平均多少照当本八折或七折售出……往时衣服可质半价,现则至三分之一"。⑤ 其他城市的情况与天津也大致一样。⑥

典当业同业内部之间的市场竞争也是其衰落的重要因素之一。典当业同业的竞争主要表现为典当业公会内部的竞争、典当与质当的竞争以及小押当与典质业的竞争等。

---

① 《天津商会档案汇编(1903~1911)》(上),第428页。
② 罗炳锦:《清代以来典当业的管制及其衰落》(上),《食货》复刊第7卷第5期,1977年8月,第211页。
③ 《典当同业公会职会员名册,天津市典当业同业公会》(1940年),天津市档案馆,档案号:J0128-2-001387。
④ 张中龠:《天津典当业》,第29页。
⑤ 《腊尾春头》,天津《益世报》1936年1月15日。
⑥ 张中龠:《天津典当业》,第104页。

第六章 近代天津典当业的衰落与应对

尤其是在 20 世纪 30 年代，军阀、官僚等资金注入租界典当业后，天津典当业内部的竞争更为畸形，当时天津典当业人士张中龠写道："自近五年来许多拥资在野的官大人，许多善会投机的资本家都看得这股所谓稳健求财的路子眼热，一半抓住现社会人们的需要，因此当铺的数额增多不已。但是开设的数额越多，营业上越感棘手！有些家竟比邻或对门，不顾损害其他既有同业之利益，各自挂起幌子来相夺互争。典当者为了需用贪多的缘故，有的竟往往挟着包袱跑遍全市，苟非给予特殊高昂的代价，绝不甘心成交。故给价的高低不均，甚足影响危害自己营业。"①

典当业内部恶性竞争最为明显的一个例子就是曹锟与陈光远在租界的竞争。德国租界改为特一区以后，曹锟首先在苏州道口成立公茂当，以西面谦德庄一带的居民为主要对象，陈光远则在江西路成立德昌当，与之竞争，于是曹家又在江西路以西绍兴道宝德里租下所有陈光远对面的房屋，扩充了一个公茂当的分号，陈光远又立刻在南昌路宝德里拆了七所平房，建楼迁入新的德昌当，曹家于是又在绍兴道与九江路转角处建楼成立公茂当二号，一时津市当行轰动。②

典当内部之间的竞争还体现在当息、服务等方面，从当铺提取质物，要课以出借金，也就是当息，由于官府的限制，对金银细软及其他物品每月收 3 分，衣服每月收 2 分。典当期限为 3 年，质押为 18 个月。交付了当息可以延期。但是，在此规定之外，往往自由协商而达成契约。③

在天津小押当一直是非法的，但是每当动乱时期，小押当就乘机而起，对典当业的业务构成了巨大威胁，在庚子事变以及七七事变之后都表现得尤为明显，"因为没有当铺，小押便乘机兴起"，"官方用公款去开当铺，是为'官当'，在清代是常见的事。但官当为'便民缓急'的用意少，为'便兵缓急'的用意多"，许多官人也增加了小押当和典当业的资本。④

典当业的内部竞争固然对提高典当业的服务质量、促进典当业自身改

---

① 张中龠：《天津典当业》，第 27 页。
② 王子寿：《天津典当业四十年的回忆》，《文史资料选辑》第 53 辑，第 53 页。
③ 〔日〕中国驻屯军司令部编《二十世纪初的天津概况》，第 217 页。
④ 罗炳锦：《清代以来典当业的管制及其衰落》（上），《食货》复刊第 7 卷第 5 期，1977 年 8 月，第 205 页。

善形象、减少对贫民的剥削有一定的作用。但是，典当业内部的恶性竞争也导致典当业投资过度、当铺分布不合理、典当业内部利润率下降等，成为促使近代天津典当业走向衰败的重要因素。

总之，随着天津城市面临向近代社会转型和商业化的趋势日益明显，"传统的义利观逐渐失去了维系人心的力量，取而代之的是以利为中心的功利主义价值观"。① 在新的市场环境之下，典当业面临着更加激烈甚至危险的博弈。

第三节 政府管制与天津当业衰落

政府对典当业的管制主要体现在税收、对当铺利息的干预以及陋规等。典当业的捐税萌芽于宋代，正式开始于明代。在清代顺治年间，依法制定了统一每年5两的税则，光绪年间加征，捐2两成为惯例。典当业捐税的主要意义一是为国家财政提供一笔固定的收入；二是一些财政支出项目和社会性的捐款缓解了国家的财政困难；三是承担公款的储存为国家的事业和行政性经费提供了活动基金。②

民国后取消龙票，改由省财政厅核发当帖。按资本额分甲、乙、丙三等，缴纳当税，计甲等资本8万元，年纳当税80元；乙等6万元，年纳当税60元；丙等4万元，年纳当税40元。天津设市后，改由社会局及天津县政府接管辖区域，分别发帖，仍照旧章纳税。租界当商，则与一般商号相同，每家每月交铺捐6元，日租界较多，月交8元至10元。③

在清朝，典当业除缴纳税收报效外，每届年终，对天津县衙门形成一种陋规。当行公所成立后归公所汇总办理，由各当商分担，每年约送现银100两给衙门。此项陋规，一直延续到清末。民初各当商均不愿再摊这笔款，经公所与当时天津县知事张某几度洽商，最后给他凑了1000块钱才把这项陋规取消。④

清代雍正皇帝以后，统治与利用商人的最普遍方法是发典生息制

---

① 熊月之主编《上海通史》第5卷，上海人民出版社，1999，第433页。
② 刘秋根：《中国典当制度史》，第299页。
③ 王子寿：《天津典当业四十年的回忆》，《文史资料选辑》第53辑，第36页。
④ 王子寿：《天津典当业四十年的回忆》，《文史资料选辑》第53辑，第37页。

度，即由政府托付给商人一笔公家资金作为投资，政府收取当息，月息1~2分。这个制度对军队和内务府的资助很大，但是"便于官吏去刻剥勒索商人"。典当商人也拒绝过政府的贷款，但是因为典当业利润很高，这就助长了官吏对商人的刻薄，而典业也往往把过高的刻薄转嫁到典户身上。①

此外，政府还时常出于各种原因对典当业征收临时性的税费，进行合法勒索。如1887年政府利用水灾对当商进行勒索，河南、湖北等地水灾，当铺被勒索预交20年的当税，从每年当税5两提高到50两，预交的要补交45两。

南京国民政府时期，虽然提出废苛捐，但是天津地方依然受到政府苛税的困扰："时至今日，地方整个疲状，本业本身之暮气而通年中如当税如铺捐以及印花税等等……统计之下，成数亦够惊人。此外尚有地方公安机关之零琐征收，在如斯之处境下，日闻感叹呻吟，大有痛苦难堪之现象。"天津当业人士张中龠因此呼吁："苛杂因应即刻废除，其他亦宜在可能范围中设法减轻！方符解商困体民艰之为政本质。"②

七七事变平津沦陷后，当商业务随之衰退。各资东纷纷集议，请求日伪当局予以救济，尤以颐贞当资东胡贞甫鼓动最力。他曾亲自拟具缩短当期、提高当息理由书，由各当商联合具名请社会局核批，结果适得其反。社会局局长蓝振德认为当商是有油水的，乃利用职权进行敲诈。他借口体恤民艰，主张延长当期，压低当息，但并无明文下达，暗中派该局秘书长左愚通过商会秘书朱厚叔与典质两会负责人，给自己送了一份厚礼，才将原议取消。③

抗战结束后，天津政府摊派给天津典当业的费用依然不少，如8月30日欢迎国军慰劳献金，典当业摊款币19.6万元，商号共36家，每家摊6000元，共计21.6万元。④ 1947年天津市商会来函，以修筑城外濠保卫天津市安全，按级别缴纳费用，典当业列为四级，应负责筹款2650万元。

---

① 罗炳锦：《清代以来典当业的管制及其衰落》（下），《食货》复刊第7卷第6期，1977年9月，第266页。
② 张中龠：《天津典当业》，第100~101页。
③ 王子寿：《天津典当业四十年的回忆》，《文史资料选辑》第53辑，第37页。
④ 《典当业同业公会民国三十年常务会议纪录，天津市典当业同业公会》（1940年），天津市档案馆，档案号：J0129-2-004269。

典当业公会议决，由会员商号分担。1948年4月23日，政府直接税局暂以6倍所得税预征，遭到了典当业公会的反对，要求减轻负担。①

罗炳锦认为清代典当业的畸形发展导致了政府对典当业的管制，但是管制是消极的，不是硬性的，不是明确不变的法律，而是劝喻，并有个别地方官推行而已，国家不屑于管理当业的当息。民国以后当铺的规则比较能为贫苦大众着想，对当铺当息、期限做较积极的管制。他认为当铺的衰落不是因为管制过严，而是管制不得法，官典没有成为典当业的典范，典当业自身没有适应社会的发展。② 罗炳锦的看法是有道理的。笔者认为近代官方对典当业的管理力图在民众和典当业之间寻求平衡，以稳定社会经济的平稳运行。但政府的管理不是从典当业行业利益出发，顺应经济形势的变化，而是出于自身的统治利益，或对典当业加以勒索，或对典当业严加控制。

典当业同业公会的内部制度不断变化，从董事到执委到主席到会长，从执委到常委以及监事的设立。这些变化显示了典当业内部制度有一个不断严密的过程，但是这个过程不是内部自发的，而是与政府的管制变化相适应的。但是，变化往往是表面的，体现的是典当业与政府的博弈。③

第四节　天津典当业形象的变迁

典当业在古代及近代的社会经济地位非常重要，也因为其收入稳定而为投资者所青睐。在中古的小农经济时代，典当业与农业、手工业和下层人民的生活消费密不可分，虽然它在盈利手段上用"过五"、吞并当品、银钱价格或称量等方法使利息率远高于实际的利率，但是对平民的日常生活、生产和社会稳定都是必不可少的。④

近代史学家吕思勉曾说："近代典当业之兴盛，实为生计进步之一大端。……乡间无典肆，民必无以春耕；城市无典肆，命案即将增多，盖有

---

① 《典当业同业公会会员大会、理监事联席会签到簿记录簿，天津市典当业同业公会》（1946年），天津市档案馆，档案号：J0129-2-004252。
② 罗炳锦：《清代以来典当业的管制及其衰落》（下），《食货》复刊第7卷第6期，1977年9月，第277页。
③ 参见本书"附录"。
④ 刘秋根：《中国典当制度史》，第299页。

由也。又其受官管理颇严，肆中人不敢妄为，故其营业颇为稳固，存款者多于是，典肆者得之，可以扩充其营业，而公私款项，亦有存放之所也。"① 北京当业人士高叔平也认为在三百六十行中，有四个与国民生计关系比较密切的行业，就是钱、粮、金、当。典当业的资本比较雄厚，周转能力强，对收当的物品能妥善保管，可以令人信得过，它一方面受当时政府的保护和监督，能向政府按时纳税；另一方面为穷人融通资金，解燃眉之急，因而这个行业在一定的时代背景和历史条件下可以生存和发展。② 与近代民生关系最为密切的也属典当业。1936 年，北京市进行产业调查，"拟先择与民生最有关系者数种作切实之调查统计以便试办……先择当业调查完竣后再调查他业"。③ 天津人士吉迪也认为，"典当业原为一种可靠之商业，故一般富商巨贾，组织典当既可博'裕国便民'之美誉，且可获得稳妥之利益"。④ 天津典当业也与平民生计有着极大的关系，"查津埠典业向为中下级社会通融机关，贫民劳动赖其周转生活者数以万计"。⑤

平民对典当业也没有特别的怨恨："负贩贫农为周转一时金融计，虽受当押者之重利盘剥，亦无所怨恨。一面为平民之刽子手，一面又为平民之救世主。银钱业以有组织之工商业为对象，对负贩贫农之经济未尝加以注视，故负贩贫农对重利盘剥之典当不仅无仇恨之念，且有感激之意，而典当业乃有慈善为怀、裕国便民之抱负。"⑥ 1937 年 8 月，天津沦陷不久，天津伪政权即要求当业恢复营业以安定社会秩序，"本区界内典业各商尚均关闭，一般贫苦民众，经济艰窘，无法通融。……一般穷民深感不便，影响市面良非浅鲜"。⑦ 可见，典当业在此时期的社会经济中依然具有重要影响。

近代以前，典当业不仅与百姓生活密不可分，对商业资本还有支撑的

---

① 吕思勉：《燕石续札》，转引自罗炳锦《清代以来典当业的管制及其衰落》（下），《食货》复刊第 7 卷第 6 期，1977 年 9 月，第 274 页。
② 高叔平、高季安：《北京典当业内幕》，常梦渠、钱椿涛主编《近代中国典当业》，第 68 页。
③ 《统制商业先从当业开始》，天津《益世报》1936 年 6 月 2 日。
④ 吉迪：《天津典当业概况》，天津《益世报》1936 年 11 月 30 日。
⑤ 《为维持典商张贴遵守典铺价格布告事致警察厅函，天津总商会》（1927 年），天津市档案馆，档案号：J0128 - 3 - 006080 - 005。
⑥ 《冀省之典当业》，天津《益世报》1936 年 9 月 13 日。
⑦ 《天津商会档案汇编（1937~1945）》，第 318 页。

作用，典当业的兴衰与地区商业的兴衰相一致。在古代典当业经济分配结构中，三位一体的地主、商人、高利贷是一个重要的组成部分，促进了三方的转化，对士兵、下层知识分子、贫寒的官僚和没落的贵族的作用十分明显。总之，典当业在古代生产、流通、分配、消费中有着十分重要的影响，对区域商品经济有着十分重要的作用，"典当业与地区性商品经济的兴衰取得了一种一致的关系，商品经济兴，则典当业盛，反之，则衰败"。①

近现代的一些社会人士和经济学家从不同角度对典当业的社会作用给予了积极的评价，并对典当业的发展提出了建议。朱契说："钱庄票号为内地经济之权舆，典当质押为平民金融之枢纽，而牙行平交易之值，则批发贸易之媒介也。"② 陈果夫说："其在全盛时代占商业之领袖地位，举凡社会上发生特殊事故，无不惟其马首是瞻。"③ 经济学家马寅初指出："世人对于典当业通常抱两种观念，一为典当取利过重，有剥削平民之嫌。一为典当放款，用于消费，无裨生产。"他认为，"典当取利月息百分之二至百分之三，有其学理与事实上之根据"，"盖平民持其劳力而生产"，"维持其生存即维持其日常生活而典质，此项当款用款是否可视为纯粹消费亦成问题"。他认为典当业对生产具有促进作用，"故典当放款除一小部分作为不正当之用途外，大部分亦间接有裨于生产"。④ 马宗耀认为典当"在我国社会经济史上，不啻为一平民小本借贷所"。⑤ 章元善认为："宓君以小本借贷、信用合作、农民借贷所规定放款用途，限于生产方面，与一般平民之实际生活未能完全符合为病。又谓此项新组织，足以吸引典当之一部分顾客。"他认为："典当制度是消极的一种救济，合作则为积极的一种建设。"⑥

马寅初甚至设想由典当业、小本借贷与合作社构成一个现代的民间借贷体系："至典当与合作社一为对物信用，一为对人信用。典当与小本借贷制度，前者重在供给与消费资金，故不问放款用途，后者重在协助生产，故监督放款用途。三者均有特殊之功能，当可并行不悖。惟典当为旧

---

① 刘秋根：《中国典当制度史》，第299页。
② 宓公干：《典当论·序》，第3页。
③ 宓公干：《典当论·序》，第7页。
④ 宓公干：《典当论·序》，第10页。
⑤ 宓公干：《典当论·序》，第13页。
⑥ 宓公干：《典当论·序》，第14页。

式金融机关,迄于今日,殊有改善之必要。俾成为现在经济机构之一环。"①

但是典当业自身也有破坏性和保守性,对小生产者的剥削使他们没有积累,阻碍了商品市场的扩大,对生产投资不利,阻碍了社会经济的进一步发展和生产方式的变革。近代社会的变迁也导致典当业形象在近代发生了巨大的变迁。②

清代政府肯定典当存在的价值并且给予相应的优待,在清政府的观念中典商和绅衿富户及盐商的地位是相同的。民国以后,典当商人的地位有逐渐下降的趋势。在典当业没落的时代,典业的员工对于自身的前途也缺乏信心,大多数学者往往将典当商人视为地主、资本家的代理人、农村罪恶的高利贷者、剥削农民的象征,有时官方也持此看法。较之清代自不可同日而语。③

社会变迁导致人们对典当业的看法发生了改变,如一个名为镜清的人在天津《商学杂志》上撰文,认为典质的弊端有:坏风俗,为无节度和偷盗开销路;碍产业,产生依赖的心理,没有进取心;困民生,使人们陷入债务圈中无法自拔。他以为禁止的办法是由行政机关停止其营业或限制设立典质业,"各省市虽有取缔典当利息之令,惟缺乏低利供给资金之办法,故未有显著之成效"。④

近代社会人士对典当业的形象变迁也产生了极大的影响,尤其以小说、杂文为甚。小说中对典当业的负面描写比比皆是,⑤ 当时报纸杂志刊载的关于典当业的恶劣面孔的小说也比比皆是,兹举几例:一篇名为《当铺中的教训》的文章,描写了作者在当铺中遭到了白眼和朝奉先生钱板一般的面孔,以及当出之后愤恨的心情。为了生活,他到小押中去典当,革命后,杨虎在上海打击小押,以实行民生主义,可是作者在上海最终没有逃脱到小押典当谋生的命运,而上海的小押一直存在。⑥ 一篇名为《当铺里》的文章描写了一个人向当铺典当衣服,预计至少5个月,但是只给了

---

① 宓公干:《典当论·序》,第10~11页。
② 刘秋根:《中国典当制度史》,第299页。
③ 潘敏德:《中国近代典当业之研究(1644~1937)》,第340页。
④ 镜清:《典质商与民生》,《商学杂志》第9期,1916年11月10日,第7~13页。
⑤ 参见张中龠《天津典当业·序》。
⑥ 《当铺中的教训》,天津《大公报》1930年8月22日。

1.5元，他对当铺高高的柜台和柜台后狰狞狡猾的面孔进行了刻画，对当铺极尽丑化之描述。① 《典当衣裳》则描写了一个家庭没有吃的，只有去典当衣服，但是因为手续费太高且当铺不要西服，一家人的生计随之陷入了困境，这个事例说明了当铺受到社会诟病的部分原因。②

新中国成立后，典当业被当作剥削产业成为人们的共识。周启纶回忆民国后期的天津典当业，写道："当铺是盘剥劳动人民最凶狠的行业，他们干的是高利抵押贷款。劳动人民需要钱时，借贷无门，便只有拿着衣物去当铺当。价值十元的衣服，最多当一元。现在当息提高到30%，即每当十元，每月就要付三元利息，而到当期满三个月去赎当时，就要在偿付本银十元外，还要付息九元，几乎本利相等，这是对劳动人民的残酷掠夺。"③

典当业在近代形象的恶化与其自身的恶性也有着很大的关系："恶霸与当铺分不开，恶霸又例必与官吏结合。"④ 典当业中也有对顾客欺压、霸道的当铺。如天津西窑洼双庙街协合当典出银钱成色不好，而且往往给来典当的妇女和儿童。如果退换，当铺的伙计则怒目横眉，语言蛮横，不允退换。⑤ 又如，有个姓梁的人在松茂当当斗篷，当价40元，后把当票卖给了别人取赎，当铺说此斗篷不值40元，此人找到梁某，梁认为当铺有欺骗之意，与当铺理论，被当铺人打伤。⑥

典当业具有一定的稳定社会的作用，但是对社会治安也有消极作用，如销赃等，这也为时人所共知。如1910年，金珠首饰行商董与24家商号为预防误买贼赃，妨碍公务，拟定了四条章程，其中一条为"查当商成例，凡典质各物，无论何人，是否贼赃，皆须备价赎物，并免对质。本行事同一律，自应量为变通，援照办理，倘遇以上情节，亦不能与其对质，

---

① 《当铺里》，天津《大公报》1932年7月9日。
② 《典当衣裳》，天津《大公报》1930年6月16日。
③ 周启纶：《解放前天津物价飞涨民不聊生纪实》，《天津文史资料选辑》第5辑，天津人民出版社，1979，第52页。
④ 罗炳锦：《清代以来典当业的管制及其衰落》（上），《食货》复刊第7卷第5期，1977年8月，第209页。
⑤ 《当商不良》，天津《益世报》1922年7月27日。
⑥ 《松茂当铺之蛮横——聚众群殴赎当人，铺长果何所持耶》，天津《益世报》1928年10月21日。

庶免株累"，① 当铺确实常常是销赃的场所。1924年，孙有贵肩负红洋布三匹，又二半匹，在河东富美当铺典质，被警察看出形迹可疑，将孙有贵审讯，讯明布匹来路不明。② 又如，1939年天津东四牌楼娘娘庙17号任伯勤因赌博输钱而生活拮据。一天他到宣外大街寻找友人宋俊福借自行车，之后却当至孤寺协合当铺，当洋10元。③

可见，典当业的社会经济作用虽然在近代依然存在，但是因为社会经济的变迁以及典当业自身的恶性，其形象在民国以后出现了历史性的变化。典当业近代形象的变迁与当息问题也息息相关。④

时人对典当业存在的问题提出了一些建议，以期典当业有所改进而复兴。陈果夫认为典业改进有六要：人才应训练；组织应改良；营业应扩充；资本应增大；开支应减少；地点应分配。⑤ 近代学者张由良提出了当业应该实现："减低利率和杂费；增长当期和改革当息计算；扩充当品种类，如农产品；改善兑换计算。"总之要推广当业、改善当业、救济当业。⑥ 乃文建议典当业应改进的有：人才之训练；组织之改进，会计制度和职员升迁之改革；资本应增加；地点应行分配，城乡合理布局。⑦ 吉迪针对天津典当业提出："纠正之方，在减低利息，免收各种费用，统一期限等。"⑧

这些建议虽好，而近代从事天津典当业的人士又采取了哪些措施以应对自己行业所面临的危机呢？

第五节　天津典当业人士的危机应对

近代天津典当业人士面对典当业的行业危机，采取了种种方法进行应

---

① 《天津商会档案汇编（1903～1911）》（上），第904页。
② 《典质赃物》，天津《益世报》1924年3月23日。
③ 《借来友人车，当后买票被侦探查获》，《新民报》1939年10月9日。《〈庸报〉〈新民报〉关于典当业重利剥削之报导》（1939年），天津市档案馆，档案号：J0129－2－004223。
④ 参见本书"第四章"。
⑤ 宓公干：《典当论·序》，第7页。
⑥ 张由良：《吾国典当业的探讨》，天津《大公报》1935年5月20日。
⑦ 乃文：《对于我国典当业之观察》，《银行周报》第24卷第10期，1940年3月12日，第7页。
⑧ 吉迪：《天津典当业概况》，天津《益世报》1936年11月30日。

对，下面依照不同的情况进行总结。

一 依赖政府保护和援助，同时与政府博弈，力争维持自己的利益

天津典当业与官府有密切的关系，官气非常浓重，所以面对危机，典当业首先求助官方也是情理之中的事情。当面对动乱时，典当业往往请求政府保护，甚至请求派兵维持治安。如1927年地方流氓勾结军人"以极微之物强索高价或甫经典去现洋转瞬即以票券赎取，恣意搅扰损害不堪"，典当业恳请商会直隶军警督察处"对于敝业各号每家酌派士兵一二人由每日上午六点钟起，至下午六点钟归队，以资弹压"。① 但是此要求遭到了直隶督办李景林的批驳。② 对当商关于币制问题和治安的要求，当时的政府发表布告，表示要对典当业进行保护。③

此外，动乱过后当业往往需要申请政府免赔。如壬子之乱后，典当商人"十五典已失号数请为先予照案一律出示免赔，以免酿成议赔当票风潮和二番暴动导致社会的动乱"，还请求政府借款以渡难关，"借款定议即予并案拨借，以办商困而恤商艰"。④ 典当业还要求政府借款和拖欠公款等，如壬子之变后，天津当商呈请政府依照惯例给予贷款和拖延免除生息公款。⑤

典当业在面对危机既有依赖政府的一面，也有与政府抗争的一面。最为明显的表现是在当息的博弈和印花税的对抗上，而天津典当业关于当息问题与政府的博弈，始终贯穿近代社会。

---

① 《为派士兵保护各典商事致直隶省会军警督察处函（附清单），天津总商会》（1927年），天津市档案馆，档案号：J0128-3-006080-003。
② 《天津商会档案汇编（1912~1928）》（4），第4272页。
③ 《关于典当衣物者应遵典铺价格事，天津总商会》（1927年），天津市档案馆，档案号：J0128-3-006080。"现在各典商等常有军人赎取衣物，无论数元数十元一概军用辅币，更有朝甫典去大洋，当日即以辅币赎取者，以致各典商等数日以来积存颇多，无法周转。查辅币原为搭零之用，一元以外即应使用大洋，各典商等对于物主即皆如此付给，今若纯以辅币赎取，不特有背圆法，且与抵押原借原还之旨亦不相符，况长此以往，该典商等尤不堪此损失，为此剀切布告。"同时要求当铺"典质大洋，必须仍以大洋赎取，倘再借故取巧，一经查出或被告发，定即依法严惩"。
④ 《典当业同业公会民国元年禀稿底》（1912年），天津市档案馆，档案号：J0129-2-004307。
⑤ 《典当业同业公会民国元年禀稿底》（1912年），天津市档案馆，档案号：J0129-2-004308。

第六章 近代天津典当业的衰落与应对

1921年典当业关于印花税问题与政府的抗争则波及了全国的典当业，引起了一场大风波。1912年，政府制定的税法规定，当票自10元贴用印花。1915年，当票改由4元贴用印花，当业不满，与政府争执。北京的当业公会从中周旋，决定改用4元贴印花，准许典商向当户酌取票纸费，以资弥补。但是在谈判后，政府在协定办法中加入了以一年为限的规定。典商希望恢复10元起贴办法，所以不久又发生抗争。此后，历年在限满之前都有抗争发生。在4元起贴的协定中，有"改为一元起贴，仍得酌取纸费，苟不取票纸费，即无一元起贴之日"的规定。然而在1921年，政府又要将起贴改为1元，在军阀混战、典当业周转日益艰难之际，这个规定引起了全国典当业的反对。

自财政部通令实行当票加贴印花以后，各地典商通电呼吁取消。在没有效果的情况下，江浙两省典商，发起召集全国典商联合会，在上海总商会开会，冀群策群力以力争。天津典商曾派李元善代表赴沪列席，会议决定："一、先以电文力争，二、如电争无效，即继以呈文，三、电呈均无效即一致抗不粘贴，四、倘地方官厅或因抵抗加以过甚之压迫，即全国一律止当。"在给中央的电文中，他们依据法律指出："共和之政，重在法律。"当票印花的贴用已为法律所规定，而政府却随意更改。同时他们还指出，当票在各种票据中占有重要地位，如果贴印花则应全国一致，"一省不能独异"，而当前许多省以及租界各行其是。他们还指出提高印花税对培养国家元气和贫民不利等。① 全国典当商此时团结一致，反对政府的法令。天津当商作为一支典当业的重要力量，也参与了反对印花税的运动，他们向当时的直隶省长呼吁："当商营业有一定利息，非他商可比，此项印花税，若取之于民，则穷至典当生活者，犹令其纳税，殊属未当，若取之于当商，则近年来商业萧条，各项捐税日益加重，商力亦苦不支，已呈请省长转谘财政部，体察情形，暂缓实行，以恤商艰云。"② 但是，政府一再下令要求实行，而各省当商以对贫民不利和战祸连绵为由一致拒绝。10月14日，财政部致电上海各省典业联合会请推代表，或委派京师当业商会就近酌派代表到部商洽，以期早日解决。各省典业联合会接电

---

① 《当商反对贴印花之呈文》，天津《益世报》1921年10月4日。
② 《当商请求缓贴印花》，天津《益世报》1921年9月25日。

后，以各省代表已离沪无法推举以及各地战火不断，代表难以至沪为由推辞，① 可见当时全国典当业一致反对政府加税的决心。

20世纪30年代营业税征收处要对典当业护本征收营业税，1935年3月25日，天津麟祥当等致天津商会恳核减税率，免加护本，他们从法律、商业习惯、政府财政政策、典当业务、议案时效等方面对政府征收典当业护本营业税的做法进行了反驳。②

---

① 《当票加贴印花案近讯》，天津《益世报》1921年10月15日。
② 《天津商会档案汇编（1928～1937）》，第964～966页。"呈为详述当商困苦，仍恳核减税率，免加护本，以昭法治而维营业事……且时惶惑莫名，不得不遵限再提异议。兹幸前营业税征收处谅解下情，批明提会核议，俯念贵会为组织评议委员会之机关，用特详叙理由，敬祈垂鉴。（一）关于法令解释上之理由。查河北省营业税征收章程第七条第二项载，前项资本额之计算以其实际供营业之用者为准，如公基金等应作为资本额等。详核本条意旨计算资本，以实际供营业之用者为准，自属正当之解释。至于公基金者，规定于公司法第一百七十条即为普通商号之厚成，如以公基金认为护本，于解释上尚属可行。惟评议委员会议定于实在资本外，增加护本一倍，完全为子虚乌有之数，实际上不能供营业之用当然不能以资本额论，又岂能作为课税标准乎？又颐贞当本店及支店资本总额15000元，前经依照公司法股份有限公司之规定呈请登记，已奉实业部发给执照有案。按公司法第一百九十五条增加资本，应即依法登记，但评议委员会议增之护本一倍，本为虚构之数，且护本二字，公司法又无明文，如何登记，自非特请实业部批示不可。至于以架本为资本一层，前年第六次评议委员会会议时，曾据张委员品题谓流动金作为资本，未免不合商情。因商号往来银钱今借明还，如一一算入，为数过巨；王委员晓岩谓以架本为标准，迹近以营业额课税等，于是始有增加护本一倍之议，要之虚加护本，即与法律抵触，即非官厅所得任意创设，此商等吁恳之理由一也。（二）关于商界习惯上之理由。商人创办特种营业，为增重信用起见，特于固定资本之外，另筹资金，预备营业亏损时，借供填补资本之用，此护本二字之由来也。考商界习惯，有无护本，听由东掌自便，商等均无护本，焉能以无为有？乃评议委员会为商等创此恶例，假使异日再办他种捐税，势必认为旧有之习惯，借以额外征收，永为当商附骨之疽，自此以后无穷之患。况征收税额为资本千分之十，缴纳以苦为难，如再虚加护本一倍作为课税标准加倍征收，是不啻敲商等之骨而吸其髓，贵会仁民爱物，念且同僚，当亦闻之而恻然心动念也。此商等吁恳之理由二也。（三）关于财政政策上之理由。溯自军阀秉政以来，因搜罗军政各费，苛捐杂税层出不穷，强制施行，诛求无厌，幸蒙民国政府视民若伤，欲实现民生主义，毅然通令全国，免除一切苛捐杂税，以减轻商民之负担，恩敷德洋，至深钦感。至营业税本为地方正税，与其他苛杂不同，人民负有纳税义务，何敢妄持异议。然按课税标准税率表本未列有质业者，似应在除外之列，且本市特别各区之质业者，资本皆不甚多，营业范围小，乃前营业税征收处准用货栈业之税率，定为千分之十，商等已无力缴纳。至假定增加护本一倍，系为勒交复税，强制重征，与从前苛杂之捐税似无殊异。此项议案，实与中央财政之德意大相刺谬。此商等吁恳之理由三也。（四）关于当商业务上之理由。自九一八事变后，东北四省已入伪国版图，平东各县又成缓冲地带，商等之所有架货，早无销售之尾闾，营业衰败，亏赔日重，按特别各区当商之现状，公茂、同义、和昌、天德、聚顺、集通、颐贞、德昌各当，现均赔累不堪，濒于破产。账目具在，不难核查。甚至本市当商之歇业者，已有十余家之多，质业之衰萎情形，

二 办学

面对社会经济的变迁，典当业内的一些人士认识到了典当业需要变革，尤其是对典当业内部人才的培养，当时许多有识之士都有这样的呼吁。① 当时对天津典当业素有研究的吴石城对天津典当业呼吁道："开办典业补习夜校，营业改善端在人才，典业当局似宜仿照钱业补习夜校办法，开班授课，灌输新知灼见，传授实证经验，则学徒得有上进之路，典业营业且借可改善，以顺应环境也。"② 1932 年，接任原德庵就任典当业同业公会主席的祁云五在就职演说上呼吁建立典当业学校，以挽救典当业的危局。他指出，典当业如今已经出现了严重的危机，"市面凋零，百货低落，至所当各物，回赎者甚少，打出者必多。就现在市面而论，平均同业最多售价按本不过能收七成，此种损失统计而论，约在二十余万元。又因前年实行减轻利率，每年相差每家约在一万余元，又兼受时局影响，回赎者更行减少，比较往年亦在十余万之谱"。他认为对内改革才是解决危机的唯一有效办法，"对外难设何等挽救办法，只可研究内部经营精密稍可补救"，而对内改革主要的方法就是"设立典业专修学校，以造人才，免受社会不良分子欺骗，盖同业因无特殊能力，往往受骗，如以假冒真之物品，典当偶不慎，必受其骗"。他的看法得

愈足证明属实。而以特别各区之当商为尤苦。盖因华界各当铺资本较厚，开设有年，皆领有部颁之当帖，概不纳营业税。而租界之当铺因有外人保护，又非官厅所能过问。然则营业税所定之税率，不啻专为特别各区而设，办法岂得谓平？倘商等因亏折难堪，相继歇业，则税收受极大之损失，市面受不良之影响，自属事之所必至。或亦以避免征收之故，全体迁入租界，尤与官厅之威信、国家之体面，均有非常之关系，为渊驱鱼之咎，当必有负责之机关。此商等吁恳之理由四也。（五）关于议案时效上之理由。查评议委员会第 6 次议决案声明，二十一年按照资本课税，二十二年增加护本一倍，已为全市当商尽知。二十二年即未增加护本，以法理解释，议案之时效，即因之中断。而前营业税征收处第 808 号批示内开，二十二年度因商会原额代征未能实行，本年度自应遵照办理等语。岂知案经议决，即宜如期执行，上年即未实行，议决案之时效即已消灭。此商等吁恳之理由五也。据上述五项理由，则千分之十之税率、护本一倍之增加，办理均有未合，当在洞见之中。素仰主席德望崇高，办事公允，决不阿附官府。兹奉前营业税处批示，将因此案召集评议委员会，筹商彻底解决办法。"

① 天津典当业人员多只有私塾或者高小的学历，《天津市典业同业公会店员调查表，天津市典当业同业公会》（1938 年），天津市档案馆，档案号：J0129 - 2 - 004242 - 001。
② 吴石城：《天津典当业之研究》，《银行周报》第 19 卷第 36 期，1935 年 9 月 17 日，第 11 ~ 18 页。

到了全体代表的赞成。①

1933年，典当业公会决议"设立典业学校一案，因按照学校章程开始营业均以秋季为始，本校拟于来春开始筹备秋季成立开学以期合乎定章"，②但是到了1934年却没有了下文。

祁云五是典当业中较为开明的人士，他在典当业中有着丰富的经验，学识较高，受过新式教育，也有办学的经验。但是他在当选主席后，创办典当业学校的计划没有很快实现，这与典当业内部的保守势力的反对有关。20世纪30年代初，典当业人士张中龠所著的《天津典当业》一书提出了创办典当业学校的构想。祁云五在书中表示："至于延缓原因，诸执委中不能完全同意，且基金尚难预定，并物色金珠古玩教授亦费周折……终有成功之一日也。"③

日伪时期，典当业面临着日本兼并和小押竞争的危机。当时祁云五在病中又向典质业同业公会提出了建立学校的主张。他再次强调指出："惟我业守旧成习，一遇改革多难接受，殊不知目今社会情形，大非昔比，若不随时改善，恐难立足于社会。以愚见，急宜设补救方法，始得有济。方法为何？即造就人才，是欲造就人才，为先设补习学校，选拔优秀者加入学习，俾得青年有所造就，以作将来改善本业之用。课程暂设日语簿记两门，聘专家教授，以资速成。"④

1938年4月14日，典当业公会第22次执委会讨论了关于设立典当学

---

① 《典当会员代表大会、执行委员会、整理委员会、常务委员会董事会改选董事等签到簿记录簿，天津市典当业同业公会》（1933年），天津市档案馆，档案号：J0129-2-004261。
② 《典当会员代表大会、执行委员会、整理委员会、常务委员会董事会改选董事等签到簿记录簿，天津市典当业同业公会》（1933年），天津市档案馆，档案号：J0129-2-004261。
③ 张中龠：《天津典当业》，第106页。"天津典当业育才学社：学级：（甲）培育班（乙）深造班。学额：各80名同业保送。学科：（甲）重理论：国文算术伦理语言。（乙）重实习：交易法、金珠、估衣。学期：（甲）待商（乙）半年。（乙）组织：董事会——社长——管理部——主任——庶务员、设计员——教务部——主任——教学员、实习指导。董事会由同业领袖和教育界有声望人士组成。"
④ 《典当业同业公会会长、董事辞职更替文件，天津市典当业同业公会》（1940年），天津市档案馆，档案号：J0129-2-004247。

校的事宜,① 并制定了学校的章程,② 此外,入学者还需要提交入学志愿书。③

学校定名为典当补习学校,学期为6个月,学员学完归号,不得他就,课程设置也随时代需求而改变。重病中的祁云五提议设立典当业学校,一切具体业务全由其负责操持,可见当时这个提议实际回应者寥寥的情况。

1938年5月1日在第23次执委会上,祁云五报告了典当补习学校所有筹备情形,"购置家具,聘请教员均皆办妥。现已筹备完竣,定于今日实行开学"。④ 这样,历经曲折的典业学校终于开办了。

1940年,祁云五去世,典当补习学校由继任会长俞耀川主持管理。此时补习学校已经办过两期,开始举办第三期。1941年1月6日,第一次董事会讨论决定:"本会设立之补习学校将三年毕业学生已有两班足敷本业新式账簿人才需要,现在经费支绌……议决暂由本年结束。俟经费充足

---

① 《典当业同业公会民国二十五年至民国二十八年执行委员会会议纪录,天津市典当业同业公会》(1936年),天津市档案馆,档案号:J0129-2-004267。"1.讨论典业补习学校进行案。2.组织学校董事会议决以本会执委为董事。3.推举学校章程起草员,议决由祁云五负责起草拟就。4.宣读简章共十一条,请公决案通过。5.推举校长推定祁云五为校长。6.呈请俟按由秘书修文办理。7.一切进行设备事由祁云五负责办理。"
② 《典当补习学校简章,天津市典当业同业公会》(1950年),天津市档案馆,档案号:J0129-2-004304。"第一条:本校以造就典业适用人才为宗旨,定名曰典业补习学校。第二条:本校课程以适应现时代需要者为标准。第三条:本校公举校长一人主理全校事物聘教员若干人担任教授事项。第四条:本校经费由典业公会担负。第五条:学员限会员供职人员由各家保送每家两人。第六条:学员一概免费,惟车资铅笔笔记本自备,课本由校长发给。第七条:初级毕业以六个月为期。第八条:学期终了考试及格者发给毕业证书。第九条:学员毕业后须供职本号,服务不得,持能要挟另谋他就,若然得将一切费用补偿。第十条:本简章由董事会通过实行。第十一条:本章程如有未尽事宜由董事会随时修改。"
③ 《典当补习学校简章,天津市典当业同业公会》(1950年),天津市档案馆,档案号:J0129-2-004304。"入学志愿书:一、凡入补习班之学员须遵守校内规章不得违反,倘有不遵,严重处罚。二、每日上下班须按规定定钟点不得在外自由闲散以上课证伪稽核之标准。三、凡入校之学员修业期满得服务本号,职务不得,持能他就。四、凡修业期满之学员须在可能范围内传授号内青年,以便继续工作职务。五、倘不遵守铺规及校规者,原保荐人得负完全责任。立志愿书人:某某某押。原保荐人:某某某押。"
④ 《典当业同业公会民国二十五年至民国二十八年执行委员会会议纪录,天津市典当业同业公会》(1936年),天津市档案馆,档案号:J0129-2-004267。

再行继续招新生并呈报教育局。"① 这样,这项改革举措随着它的提议者的去世也很快就停止实施了,颇有人亡政息的味道。由此可见,典当业内部对办学问题大部分是不在意或者不重视的,这体现了典当业内部的保守性。

三 改善形象

近代典当业形象的变迁引起了典当业内部人士的忧虑,他们利用各种方法改善自身的形象。

张中龢在天津典当业从业多年,有感于典当业的衰败,并意识到在社会上丑恶的形象会导致当铺为新的机构所取代:"不久的将来,典当业的没落崩溃便要降临了!因为它既不是援助苦难的救星,更不是博施济众的机关,名目上是济人之急,实际上是引人上吊,而且需索难得自由,利息却不能短少,许多社会学者多注意及此,深欲创一'民众轻利,货款机关'来,取而代之"。② 为此他用了半年的时间写作《天津典当业》一书,为典当业正名辩诬:"一半鉴于本业过去的腐败和目下的萎态,实有宣论改造之必要,以防淘汰没落之降临,一半感于作者身世的难堪,幼年辍学的苦痛。"为了这本书的写作,他访问了许多当业人士,查阅了许多典当业的档案资料,当时天津当业公会的主席祁云五,"经将初稿逐章加以批阅校勘,内容上之补删文字上之修润"。③ 可见此书并不是一般的写作,可以看作一些具有进步思想的天津当业人士为宣传当业,改善天津典当业形象和改革典当业所做的一次努力。

张中龢在书中一开始就对当时许多刊物上对典当业的描述表示不满,对它们的污蔑进行了反驳:"尝见许多刊物中,偶载典业创设原始,皆曰当铺高筑墙乃因人所居,高柜台亦防因人逃逸之设,门前栅栏围监狱式样,以为设典业者,起始为因人所闻。此种谬论,不知根据何书,不禁一笑。盖因设栅栏者,拒市民儿童之撞门扰乱也;设高墙者,为防贼盗之侵入也;设高柜台及柜上之栅栏者,为防争取当物者伸手扰乱致生差错

---

① 《典当业同业公会民国二十九年至民国三十年董事会纪录,天津市典当业同业公会》(1931年),天津市档案馆,档案号:J0129 - 2 - 004270。
② 张中龢:《天津典当业·序》,第4页。
③ 张中龢:《天津典当业》,第8页。

也。那有因人有巨大资本而设典业,且能负保管万家珍奇物品而无错者?明眼人不难洞悉,何用解释。惟闻在专制时代之流犯充发期满,在彼地落难会家乡,曾有收小私押之举,但其所收者,乃典业不收之物,所押本质数百文,一月不赎,即为变卖,然亦早已无存,更岂能以此相比典业也。"①

在书中,张中龠分析了对典当业产生恶感心理的原因,并提出了一些对策,"当时嫌少,赎时恨多"是典当者心理上的通病。但在典当时为了需款的求多与急迫,常因当铺不能满其所欲,生恶感。及至取赎时,便感到本利兼多。② 又说当铺剥削平民,同样会生恶感。这都是作者数年来目睹的实情,绝不是凭空捏造的玄语。所以估价固要求平,但须视典当情形,只要不越范围,亦不妨略加灵活,解决他人燃眉之急,这样或会使双方产生一些融洽的情感。③ 他认为典质者方面也有问题,他们有时"持衣物而质钱当然是理直气壮,对方以殷勤态度而接洽固宜也。然见不少人常因需索不随,竟至蛮言对待,或因短钱不允,亦横词相加,要知这样的举动,于对方固无任何破坏,于己身则为道德上之重大损失"。对于一些人指责当铺像资本家剥削的言论,他引用他人的言论反驳道:"真正的资本家,还是终日在家吃烟打牌的,店员若配称资本家,那么看挑贸易的小贩,也全是资本家了。"④ 当时的典当业公会主席祁云五对此也有分析,他认为:"究其诽谤之原因,实缘典业规章之严格,对当户欠缺通融,或因不能随其所需,必怀不悦;或因不赊不欠,未能满意。此种制度,严格说起来与正义道德毫不相悖。不过在我国社会人情下,未免难容。于是又嫌怨者,一方面故作谣言,一方面伪造事实,淆乱听闻。"⑤

张中龠认为典当自有其存在之经济价值。如何改进业务适应环境,实为当商发展之关键。⑥ 为此他提出了两点改造典当业的意见:其一,设立典业银行,使"当商得有低利贷款,间可加惠小民,而市府亦可相机统制全市当商之营业政策,诚一举两得者也"。其二,改善营业方法。第一,

---

① 张中龠:《天津典当业·序》,第1页。
② 张中龠:《天津典当业》,第27页。
③ 张中龠:《天津典当业》,第28页。
④ 张中龠:《天津典当业》,第60页。
⑤ 张中龠:《天津典当业·序》,第2页。
⑥ 张中龠:《天津典当业》,第106页。

改良当票；第二，整理账簿；第三，"接待顾客宜不分贵贱，一体和气处之，收存货物善自保管"。①

祁云五借助此书讲了自己在救济典当业要做的三个方面工作："第一是须巩固团体的实力，限制增加新业，以保一息尚存之元气；第二是应由团体组一合法制'典当银行'发行钞票，低息贷款给各同业，本业之营利率于斯时亦可遂致减低，以轻典质者之负担；第三便是创设'育才学社'用以培育及深造成若干本业人才，使有社会头脑，新时代的眼光人才逐渐增多，而本业之组织上会有巩固有的展望。"② 但是，他们都提到的典当银行最终没有设立，其他措施虽有实行，但也没有收到明显成效。

这本书写完后一度在市面上发行，在天津典当业中引起了一定的反响，一些典当业店员给作者写信，诉说自己在从事典当业所遭受的种种不公以及对典当业的种种不满。在书后，张中龠将部分信件加在了该书的"附录"中，而祁云五则对这些来信给予回复，既是天津典当业人士对店员所做的"思想工作"，也是对天津典当业的正名举措。针对一些店员对典当业内部保守、依据人情定升迁的批评，祁云五对店员解释道："居领袖地位者，练达人情实在很少……受环境所限，欲改不得"，"至逢迎经理……更是个人问题"，"只要有一技之长，哪怕别人不来逢迎自己呢？"并鼓励店员"定必有为"，不要因为气愤失业而受社会不容之苦。关于店员的抱怨，他评论道："直到有地位得到保障，才能奋发自立。"一些店员抱怨典当业太苦，他指出受苦才能成功，并以自己为例，讲述自己在当学徒时深夜两点才睡。一个叫痴生的店员抱怨经理时常骂人，他安慰道："受经理刺激是有益的，地位不平等待社会改进。最后，他以现实的口吻劝大家要务实，总之在目前求合理生活太难，"最要是吃饭问题"，"我辈既有地位保障，实是万幸"，"我们商业之腐旧，乃整个社会之现象"，"诸君志气不退……将大有为之身，消灭于气愤之下，殊为惜矣！"③

典当业历来也是注重自己的慈善形象的，很早就有冬令减息的习

---

① 张中龠：《天津典当业》，第106页。
② 张中龠：《天津典当业·序》，第4页。
③ 张中龠：《天津典当业》，第17~20页。

俗，以树立自己的慈善形象。在严重的灾害之年，在时间和当息上还有更大幅度的优惠，"无论岁之丰歉，均自十一月十六至十二月除夕止，原利三分者，减收一分以二分取赎。原利二分者，减收五厘以一分五厘取赎。历经照办在案。上年津郡惨遭兵燹，当商怜黎，故不论原利三分二分，一律减以一分五厘纳赎"。① 民国元年，"议决一律照旧二分五厘，冬令减息减收五厘，按二分核收，照章毋庸缩短，试办五年。"如果遇到大灾之年，往往要提前半个月减息，此后一直坚持这一习俗（见表6-1）。②

表6-1 1916~1930年冬令减息的开始时间（截至旧历年底）

1916年	1917年	1918年	1919年	1920年	1921年	1922年	1923年	1924年	1925年
旧历十一月十六日起	旧历十一月初一日起	旧历十一月十六日起	旧历十一月十六日起	旧历十月十六日起	旧历十一月十六日起	旧历十一月初一日起	旧历十一月十六日起	旧历十一月初一日起	旧历十一月初一日起

1926年	1927年	1928年	1929年	1930年
旧历十一月初一日起	旧历十一月初一日起	旧历十一月初一日起	旧历十一月初一日起	旧历十一月初一日起

资料来源：《津邑典当冬令减息，天津商务总会》（1916年），天津市档案馆，档案号：J0128-3-004333。

1931年天津当息改为2分3厘后，冬令减息由典当业公会自己酌定，③ 但是当商囿于传统习俗，在抗战胜利前基本没有改变这个习惯，依然坚持年终减息的习俗。如1936年，天津市场萧条，虽然农业丰收，典当业公会依然决定，"本年各地收成颇丰，应由旧历十二月起减，但因本市情形，可于十一月十六日起至旧历年底正，减去三厘，按二分取赎，以济贫寒"。④

---

① 《当商体恤贫民，冬令照旧减息，明日起新旧票均按二分五厘赎取，本年临时通融办法不得援例》，天津《大公报》1932年12月12日。
② 《当商请示息章及期限》，天津《益世报》1917年3月16日。
③ 《典当业同业公会民国三十三年一月禀帖底稿，天津市典当业同业公会》（1944年），天津市档案馆，档案号：J0129-2-004316。
④ 《典当业同业公会民国二十五年常务委员会议纪录，天津市典当业同业公会》（1936年），天津市档案馆，档案号：J0129-2-004268。

此外，天津典当业公会和典当业人士还常常参与天津当地的各种慈善活动，以改善自身和当业的形象。如质业公会的经理王子寿"对社会事业素具热心"，捐助《益世报》，"愿捐助第三服小（学）经费半年（每月5元，共计30元），并嘱每月到该号领取。本部当即奉聘王子寿先生为益世报第三服务小学董事"。①

然而，南京国民政府建立后颁布了年息不得超过20%的法令，典当业被政府以及社会人士视为高利贷剥削行业，其社会形象发生了很大变化。②

四 抑制同业竞争

天津典当业在近代面临着严重而复杂的同业竞争的情况，小押、有限股份公司、公典以及典当业内部，以及租界与华界典当业之间的竞争日趋激烈。面对这种形势，天津典当业公会采取了一些应对措施，对同业竞争进行了一些限制。对典当业同业竞争进行限制是有一定道理的，如典当业开设地点距离过近，典当业投资过度等都不利于行业的发展。典当业对同业竞争非常敏感，如1937年2月24日典当业公会第三次常委会上，常委侯敬修提议："耳闻本市添设典业充满耳鼓，如果实行影响同业，请预为筹商妥协办法。"③ 又如，1938年3月7日典当业公会临时会员会议讨论了限制同业开业的问题，"本业现在鳞次栉比，据闻刻下尚有觅地开设者"，会议决议，"除有旧当址者不计外，新地点如有开设临时核议。又义泰当、中泰当来函，因限制家数，原址请保留复业案。又张子润临时报告，对于西沽中立当亦请保留决议均准予备案保留"。④ 但是，对同业竞争的限制行为也显示了天津典当业的保守性，这也是天津典当业不可避免衰落的因素之一。

对于民间私自开办的小押，典当业依靠政府和商会对其进行严厉的打

---

① 《王子寿先生捐三服小经费半年，共计三十元，每月前往领取》，天津《益世报》1936年11月9日。
② 参见本书"第四章"。
③ 《典当业同业公会民国二十五年常务委员会议纪录，天津市典当业同业公会》（1936年），天津市档案馆，档案号：J0129-2-004268。
④ 《典当业同业公会民国二十五年召开全体改选会记录簿，天津市典当业同业公会》（1936年），天津市档案馆，档案号：J0129-2-004265。

击，以维护行业利益。庚子以后，天津小押当峰起，对典当业的恢复和发展构成了重大威胁，典当业公会要求政府"饬行遵出示严禁私押质铺"。① 对于小押当这个典当业业内最有威胁的对手，天津政府、商会一贯持严禁的态度。1904年10月，天津珍达号等15家小押，拟以5分取利、5个月为限准立小押代当，他们上书商会以"在贫民无不艰难之时，倘午后有所借贷方可筹办早餐，该各典尽行闭门，民间又何以生活"为由，提出"再行扩充内开一月为限，商等窃拟以五个月为限，加一扣利，商等窃拟仿照当行之三分稍增二三分，以济民间半日之急"。② 对此在典当业公会的要求下，政府、商会明令"禁止小押，可为爱民之政。此等重利盘剥，敝所本应禀究。今煌煌县谕，置而不听，反来公所亵渎，实为奸商之尤。若再前来哓哓，定当送县严惩"。对此，小押当改变了策略，再次上书，并以缴纳公款为诱饵："每号每月除官银号照例上捐外，拟于得利之中提出五元，每月计共洋七十五元，通年计共九百元，按月呈交宪库，归学堂经费。"③ 但是，这个策略依然没有得到认可，小押当一直是天津非法的典当业组织。

日伪时期，日伪当局支持日本人和朝鲜人开设的小押当与天津典当业进行对抗和竞争，天津典质两业要求当局打击小押当。当时的市政当局及警察局在典当业的要求下，对小押当进行整顿和打击。1941年11月，他们首先对天津界内的小押当进行了调查。经过调查他们发现，这些小押当多由日本人和朝鲜人或者中国人雇佣日本人或朝鲜人经营，有些还是这些人合股营业。市政当局方面对这些小押当感到很难处理，"因限于法权关系，未便直接办理，亟应先行详查，以便与关系方面联络取缔"。1943年，他们开始在调查的基础上对小押当进行严厉打击、取缔，"并对于日鲜人经营者令饬调查"。但是，因为当时日本领事对这些小押的支持，他们打击的效果不大，尤其是日本人和朝鲜人经营的小押当，"所报数目尚未详实，其继续私营者为数仍多"。④

---

① 《典当业同业公会民国元年禀稿底》（1912年），天津市档案馆，档案号：J0129-2-004306。
② 《天津商会档案汇编（1903～1911）》（上），第713页。
③ 《天津商会档案汇编（1903～1911）》（上），第715页。
④ 《关于取缔日朝人代押当票营业之训令报告，日伪天津市警察局》（1941年），天津市档案馆，档案号：J0218-3-007528。

典质两业虽然在日伪时期遭受了巨大损失，但是他们不与日本合作的表现为他们赢得了一定的社会和政治声誉。抗战胜利后，经济形势不断恶化，典当业要求增加当息以维持营业。因为典当业在日伪时期"所受之苦厄最深，且多半被迫歇业"，而且他们表现很好，对日本人的要求"宁可歇业绝不合办"，社会局认为"应准如所请，援例予以核定所陈"。① 对他们的要求给予了一定程度的满足。典质两业在日伪时期共同应对危机的过程中认识到了联合起来的必要性，之后两业联合组成了典当业同业公会，天津典当业各派联合在一起以应对危机。

公典是一种近代以来一些社会人士所提倡的公益性典当，曾在一些省份试办过。在近代天津公典也多次被要求设立，因为与天津典当业的利益相背，始终没有建立起来。

第一次出现要求在天津创办公典是在壬子之乱后。1912年5月5日，商民李甡请设公典五处。李甡称从辛亥到壬子之乱，天津四民废业，依靠典当度日的人非常多，然而因为哄抢，当铺都不敢开门，导致百姓典当无门，所以恳请官府在天津城开设五处公典，"周转市面，不但济民遏乱，而且其款亦可借此生息以办实业"。② 这个请求从直隶财政总汇处转到了天津商会，商会对此回应道："惟其中有无窒碍流弊之处，亦应双方兼顾。至请领公款，值此库储，殊属不易等。"对此，李甡上书时的直隶全省警道杨以德，指责商会于地方公益漫不经心，并请求保

---

① 《典当业，天津市政府》（1947年），天津市档案馆，档案号：J0002-3-002304。
② 《天津商会档案汇编（1912~1928）》（3），第1551~1553页。"附公典简章十一条：一、设公典五处，地址：大仪门西、西头、河北、南门内，以上各设公典一处。一、公典房屋宜借用已抢未烧之商典或已抢未烧之商号，或就接办收市之商典，以期迅速成立，言明借用若干月。凡商典旧历皆有更正处，原为贫民时时方便起见，使不至有物件仍有饥饿之虞。一、公典各处须由警署委派警兵严加保护，日夜不可疏忽，以防不测。一、典物日限以二十个月为止，以免资本积压。惟典与赎及账册仍按旧历核算。一、典物出入均按天津先前市面通行之洋计算，俟新币造出，再行更改。一、典物利息按旧历每月二分核收，实为贫民可受大裨益，以重公德。一、典伙对于典物者须以和平接待，与典商通。一、公典办事手续，需用诚实商人一二人经理。凡用人理财一切均照商典规则，准其政府调查。倘有损失，由经理人担任。如有兵变火焚，再为知照政府酌夺办理，以重公款。一、公典每处用款约五万两之余，倘有不敷，准该典经理人通知政府，斟酌拨款。一、领公款先行试办，俟有余利，如数归公，倘周运需用不足，即作存储经费。一、市面平靖后，商民愿出款者，再为陆续缴还，以备急需。"

商银行以百万存款建立公典。① 对于建立公典的要求天津当商表示了反对。早在1912年3月天津当商董事李克昌等就向警宪、县尊以及商会等要求取缔公典、私押。他们听说战乱后"民人纷纷呈请开设公典质铺",提出这次战乱与庚子不同,"本年商等典当被灾者虽有十四家半之多,而各国租界质铺林立,现皆照常应当,而商等坐落奥界者亦有天聚、中祥两典,皆照旧当赎,是与庚子津埠一律止当者迥不相同,津地贫民并非全无周转"。所以他们提出可以"拟择其无力复开当铺地面,另由旧当试开质铺。光绪初年曾经照此办法,商民称便"。他们指出:"无论公典私押质铺似可毋庸另生枝节",并指出如果允许开设这些公典、私押,就会导致"被灾各典,非特因之失业,所欠庚子前后各项债累亦将无疑清厘",这样也会对官方和其他行业的利益有所损害,因为"被灾各典号架,均由息借而来"。因此,他们请求"设法取缔公典"。公典在当商的压力之下,最终没有在天津创设。②

20世纪30年代,在当商与政府在当息的博弈中,政府一度要建立公典以对抗典当业。1931年双方博弈有了结果,公典没有建立。在抗战爆发后的20世纪40年代,经济形势日益恶化,典当业屡次要求加息,而为解决贫民生计问题,一度要求设立公典,由典当业公会与官方共同出资,最终没有得到典当业的应允,还是没有建立。③

庚子后,天津典当业遭到了重创,之后,许多形式的典当业纷纷乘机要打入天津,遭到了天津典当业行会的反对。1904年,商人陈秉璋、王芝山集资8万元,以歇业的源庆当名义,筹设义济典业有限公司。他们看到天津在庚子乱后出现"当铺止典,民难通融"的情况,于是"邀集京津各商凑妥股本洋银八万元,即以源庆当改名曰义济有限公司,质物通融,拟县试开五年"。当期以12个月为满,利息照旧章3分,他们还表示,"至应纳课款,则悉照旧例,访之舆情,均符众望"。于是,他们呈请商会向商部注册,并表示,"此不过暂时接济,倘未至五年期限而有富商大贾可以独立承担请开当铺者,商等将资本收齐情愿退让"。④ 附呈《义

---

① 《天津商会档案汇编(1912~1928)》(3),第1552~1554页。
② 《天津商会档案汇编(1912~1928)》(3),第1549~1550页。
③ 参见本书"第四章"。
④ 《天津商会档案汇编(1903~1911)》(上),第711~712页。

济有限公司章程》。①

对此，天津商会的前身商务公所对此持肯定态度，他们在调查得知这个公司的资本 8 万元已经凑足后，向商部呈递"是否俯赐恩准义济有限公司注册立案开办之处，出自鸿施逾格。为此备由呈请贝子爷大人批示遵行，实为公便"。② 商部表示："民间开设当铺，自应尊例照章办理。"天津当商董事李安邦当时对此也没有反对，只是对 12 个月的期限提出了异议。但是这个有限公司最终并未开办，原因是天津当商隆庆当、同和当等 22 家当铺对农工商部关于股份公司的规定提出了异议，他们认为这些规定与农工商部"公司律有限公司第二十九条：有限公司倒闭，将合资或股份银两缴足变售公司产业还偿，不另向合资人或股东追补等办法，殊属不符"。他们认为："当商多系与贫民交易，一号所存无数民家衣物，设有不慎，援引有限公司办法，则小民衣物等件均属无着。在民间既受其亏累，在当商亦失其信用，不便莫大于是。现议定嗣后当商注册仍与钱业一律，

---

① 《王芝山等禀设义济有限公司当铺及其章程，天津义济有限公司》（1904 年），天津市档案馆，档案号：J0128-2-002086。"第一条：本公司系因接济咸水沽地方及四境贫民起见与当行之例不同，票期以十二个月为满，利息则照例三分，凡以物件来公司作质者，随时酌量估价，以洋元付给，如为数过巨者一概不收。第二条：本公司集股本洋银八万元，每股一千元，无论数人，一股一人，数股均按一千元由公司编号每股发给股票一纸。……第八条：旧号财务均已抵偿洋债，本公司集股创立，实为接济贫乏，另立新章与旧号银钱账目毫无牵涉，凡旧号所欠官股私债皆由旧号东自行清理，与本公司无涉。第九条：本公司事繁任重，必须由众股东公择一才品兼优之人作为经理，以专责成而统全局。第十条：本公司资本以及借贷款项甚巨，必须责成本公司常？正副经理人办理以昭郑重。第十一条：如各东人持股票在外押借银钱作保等情与本公司无涉。……第十六条：公司除钱力股外，共作人力股若干载在合同，有应历年加增随时添注。……第十九条：公司同人各宜循分守法，由总理至学徒，自应按照所居等次递于受束，倘有不遵，致违公司定章，重者开除轻者酌罚。……第二十五条：公司设立后，有不愿合股者，股票可以任便转售，惟承办之人应赴本公司挂号注册方能作准，如有私予授者，本公司不准入股并令原股东认识五百元。第二十六条：凡购买股者，一经公司注册，即得为股东，所有利权与创办时股者无异，如须续加股银，亦应照缴，必须由股东及经理人酌斟。现有架货持平另加贯利归旧股东并人力股按股均分。第二十七条：本公司与各股东不得无故将总理人开除，如有开除，按照现有架货本银持平加赠贯本公司照数付给。第二十八条：本公司所有期满之货，随时卖，按利本每百两提出银三两三钱归本公司同人按股均分。……第三十条：再照股票式样立有万金账一本，在本公司收候结算，年账时收各款出入登入万金账簿以昭核实。第三十一条：本公司拟由众股东公议遴选公正者一二人为公司总察，专司稽查公司内总理至学徒一切有无弊实兼查账目，其查账之法悉遵部定之例。第三十二条：本公司应纳课款悉照当行之例。"

② 《天津商会档案汇编（1903~1911）》（上），第 712 页。

以无限字样注册，令即遵办。"他们要求："仍按户律办理，不得援引有限条例。是开设之始，慎重同业保结，尤关重要。"① 此文针对的是有限公司，从表面上看当商要求在赔偿的时候多考虑贫民的利益，但是实际上针对的是有限公司这种新的形式在天津的开办，典当业内部保守性决定了他们不能接受有限公司这种新形式。

1914年5月，天津县商人宋瑞生打算集股开设官典公司，他称自己是山西介休人，久为各财东所信任，因为壬子兵变，当商拮据异常，所以打算在河北狮子林开设官典一处，召集各界各街财东投股，资本集15万元，名为官典有限公司。"若是集股甚多，亦可分号开设，利息2.2分，较典民商少取3厘；减息日期较民商多减半月。俟股本集成再为开办。为此预先乞俯准备案赏发谕帖。"天津当商董事李克昌、张宝瑗对此批驳道："津邑典当必须殷实绅商，取具连环保证，方准开设，向无集股之说。"并以此为由，没有允许这个集股有限公司的开设。②

直到日伪时期，天津当商对有限股份公司依然排斥。颐贞当以有限股份公司名义入会，因为得到了实业部的批准，才被典当业公会认可，可见典当业内部的保守性及内部的竞争。

1934年7月，颐贞当要在天津李公楼"集资本洋一万五千元开设颐贞典当，以天津市河东李公楼为营业分店，业呈由实业厅转请实业部核准照股份公司登记"。除交代两个铺保情况外，还按照《河北当业管理规则》第二条交代了资本和营业情况。③

1937年5月26日，天津典当业公会的临时会员会议讨论了社会局转发的王悦荪呈控颐贞当一案，王悦荪对于颐贞当入会表示反对，原因是"该公司以一万五千元资本经营十数万营业，一旦发生意外，该公司只负有限责任，殊有未当。又谓该公司设本店在特二区，设分店在李公楼，一店加入典业公会，一店加入质业公会，于法亦有未合"。最后，会议讨论的结果是："佥谓典质业对于当户负无限责任，

---

① 《天津商会档案汇编（1903~1911）》（上），第713页。
② 《天津商会档案汇编（1912~1928）》（3），第1568页。
③ 《典当业公会民国三十三年六月禀帖底稿，天津市典当业同业公会》（1933年），天津市档案馆，档案号：J0129-2-004317。

向者无有限公司组织,该当既与在会各会员组织不同,又早经加入典业公会,不应再入质业公会,应将该会员除名,并一面呈报社会局备案。"① 1938年1月5日,典当业公会第15次执委会讨论了颐贞当入会的要求,以"入会资本额必须在四万元以上"作为回应。直到1939年6月第7次董事会上,"声明华界设典必须取具连环铺保由会请领当帖方可营业"。在该次董事会上,"颐贞当入会照准,当帖缓领"。② 1940年2月27日,颐贞当才得以在此次董事会上"声明总支两店资本额各二万元请会注册"。③

股份有限公司是一种具有现代性质的公司形式,但从颐贞当入会的曲折过程来看,典当业内部的保守力量强大,即使国家的法令和指令也难以打破。"人们必须经过一个学习的过程,才能学会怎样博弈,这是模型的文化层面。"④ 社会经济文化的变迁需要人们去学习适应,而囿于传统文化思维模式的近代天津典当业人士没能学习和适应新的变化。

小 结

近代天津典当业衰落的原因是战乱、社会经济的变迁、社会风俗的变化、政府对典当业的管制以及典当业行业内部的变迁和自身形象的变迁等。但是面对这些危机,典当业人士的应对措施并没能挽救行业的危机。近代典当业的衰落固然有许多典当业不可预计与避免的因素,然而,典当业人士的应对举措体现了典当业人士的保守性,他们的保守性导致他们没能有效地应对这些危机,也没能有效地挽救典当业。

诺思等新制度经济学家认为:"有效率的经济组织是经济增长的关键。""有效率的组织需要在制度上作出安排和确立所有权,以便造成一种

---

① 《典当业同业公会执行委员会和会员代表会纪录,天津市典当业同业公会》(1937年),天津市档案馆,档案号:J0129-2-004272。
② 《典当业同业公会民国二十五年至民国二十八年执行委员会会议纪录,天津市典当业同业公会》(1936年),天津市档案馆,档案号:J0129-2-004267。
③ 《典当业同业公会民国二十九年至民国三十年董事会纪录,天津市典当业同业公会》(1930年),天津市档案馆,档案号:J0129-2-004270。
④ 〔英〕肯·宾默尔:《自然正义》,第193页。

刺激，将个人的经济努力变成私人收益率接近社会收益率的活动。"① 如果据此来考察近代天津典当业的兴衰历程，可见典当业的衰落原因之一，正是典当业人士没有有效地依据形势改革典当业，使之成为一个有效率的组织。"当铺本身墨守成规，未能适应日新月异的工商业社会，当铺不能'近代化'，以致当铺原有的功能如借贷等，被银行及贷款公司所取代。"② 经济学家希克斯把有限股份公司的设立看成现代经济的一个重要标志。③ 而天津典当业人士则一直反对设立有限公司，留恋传统的无限责任的信任文化，对成立典当业银行和公益典当也持保留的态度，这使典当业资金周转困难，风险加大，不能适应近代经济发展的需要。正如韦伯所言："当精神障碍妨碍了这些活动时，合理的经济行为的发展则同时也会碰到严重的内部阻力。"④ 不能接受新生事物的保守精神特质与传统的信任文化，严重阻碍了天津近代典当业的改革和变迁，使之不能采取适当的策略有效应对环境变化，这些是近代天津典当业走向衰落的重要的人为因素。

---

① 〔美〕道格拉斯·诺思、罗伯斯·托马斯：《西方世界的兴起》，厉以平、蔡磊译，华夏出版社，1999，第5页。
② 罗炳锦：《清代以来典当业的管制及其衰落》（下），《食货》复刊第7卷第6期，1977年9月，第270页。
③ 〔英〕约翰·希克斯：《经济史理论》，厉以平译，商务印书馆，1987，第73～74页。
④ 〔德〕马克斯·韦伯：《近代资本主义的本质》，马克斯·韦伯：《文明的历史脚步——韦伯文集》，第10～11页。

结　语

现代经济学从传统经济关注资源的稀缺与配置转移到了对人的行为的关注，而对经济活动中人的行为的关注，博弈论无疑是一个非常适用的理论工具。博弈论研究的是市场交易中理性人的合作与冲突，这对于典当行为来说也是一个非常适宜的观察视角。典当行为作为一种交易方式，交易的双方可以说都是理性人。他们在交易中形成的规则和习惯，也是在长期交易的反复博弈中形成的。

典权是在传统社会环境下于民间市场博弈的结果。在近代天津社会经济的变迁下，封闭的"熟人社会"正转向"生人社会"。西方的社会文化思潮涌入，传统的文化环境正在经历着变迁，传统的物权观念受到了西方所有权观念的冲击，使典权在新的环境之下需要寻找新的均衡。① 城市社会在传统的"熟人社会"转向近代"生人社会"的过程中流动性增加，重复博弈的环境发生变迁。在传统社会土壤中因博弈而生的典权制度面临着新的风险，但因其融资与用益的功能，典权依然在近代社会经济中具有存在的价值。国家与民间社会在典权问题上也存在着博弈。国家作为一种外部的强制力量，运用法律手段并通过立契、登记、作保、纳税等一系列契据，将典权逐步纳入了近代国家管理的轨道，保证了"理性的参与者能够达成任何契约，在无限重复博弈中，都是一个可行的均衡结果"。② 这些使典权在社会变迁中依然具有其存在的可能与价值。

当铺可以定义为一种以抵押借贷为主兼具多种功能的金融、商业、保险机构。典当业在中国社会中是一种重要而特殊的行业，所以为国家与社会高度关注。典当业营业的特殊要求，使得它们在市场中的博弈不可能像豪泰森价格竞争模型那样最后成为邻居，③ 因为那样会导致恶性竞争。此

---

① 〔英〕肯·宾默尔:《自然正义》，第21页。"我们人类所特有的能力在于能够用文化去解决均衡选择问题。"
② 〔英〕肯·宾默尔:《自然正义》，第139页。
③ 张维迎:《博弈论与信息经济学》，第80页。

外，典当业还需要面对各种外部压力。在这些冲突和合作的博弈中，当行公所成立了。典当业公会是近代天津当铺之间博弈的结果，它的主要功能就是限制典铺之间的竞争，垄断天津当铺市场，对外来的进入者进行考量，维持当铺的整体利益，如它们内部采用暗记的办法来统一典当品的当价，维持对市场的控制，限制内部的竞争。近代军阀的资本注入天津，他们带来的资本部分投入了典当业，也带来了恶性竞争，打破了典当业原有的均衡，导致典当业利润下降。同时，在租界中的质铺也打破了天津典当业原有的市场格局，它们与老城区典当业的博弈造成了典当业内部更为激烈的竞争局面。

小押是民间私人当铺，与正规的典当业一直在市场准入上进行着博弈。在近代早期，小押利用天津战乱的机会希图进行合法经营，成为正式的市场成员，但是没有成功。在日伪时期，小押成为日本人打击天津典当业的工具，双方的博弈导致了天津典当业的巨大损失。国家对典当业的管理不断加强，导致典当业与国家也一直激烈地博弈着。国家时常想要创立公典，制约典当业的当息。但是，国家的资金和管理手段有限，受典当业的制约，公典在近代天津始终没有建立。

在国家对当铺的管理上，国家与当铺也一直存在着博弈，尤其是在民国时期国家对典当业的控制日趋严密，干预典当业的营业法规，干涉典当业行会的管理，参与典当业行会内部的选举，还要征收税费等。国家与天津当业的博弈具有双重效果，一方面，国家对当业的规范和管理对当业的发展有所限制；另一方面，对当业在社会经济中的合法性和营业的近代化有一定的促进作用。[①]

近代前期，天津当商将伦理道德中的信仰文化、地缘关系融入家规、号规、行规，依据地缘和业缘关系成立会馆和同业公会，对内抑制不正当竞争，树立市场权威，对外联合，共同抵制违规行为，通过神灵等营造诚信文化，实施集体惩戒的制度模式，赢得了良好的声誉。[②] 人们与当铺之间存在着债权人与债务人的博弈。有学者认为他们的博弈是鹰鸽博弈，形成了由典当业制定规则的习俗。[③] 但是，在近代，典当业面临着新的社会

[①] 参见本书"附录"。
[②] 刘建生等：《山西典商研究》，第94页。
[③] 李道永：《民国时期民间借贷习惯研究》，第109页。

生存环境，尤其是在民国以后，社会经济的变迁导致国家对典当业的控制愈严格，民间社会利用法律、舆论等新的策略与典当业进行博弈，使典当业受到了更大的制约。近代社会的变迁导致了在社会与当铺的博弈中，典当业与民间社会建立的信任关系也产生了变化。原来自称"裕国便民"的典当业，在近代被当作剥削性的行业，其慈善的形象发生了很大的变化，"剥削"的时代话语成为人们与典当进行博弈的新工具。"道德博弈也就是在现实生活的博弈中选择其中一个均衡的协调装置。"① 在新的环境下，典当业面临着社会信任危机。

作为革命导师的马克思对当铺也有着复杂的情感，"当铺对马克思一家来说是必不可少的机构，但它也曾是忧心之源"。② 如前所述，马克思的剥削理论曾对近代中国的典当业产生过巨大影响，关于典当业是否为剥削机构也曾引起过人们的争论。从博弈的角度看，典当是否存在剥削的问题也值得商榷。近代天津典当业的当息是观察典当业是否剥削的主要指标，在当息问题上国家与人们和典当铺之间一直博弈着。近代天津的当息是国家依据社会情况而通过法律规定的，也是近代天津社会与当铺和国家间博弈的一个结果。国家在其中力求维持社会和典当业利益的平衡。在当铺和民间社会之间，存在着信息不对称的现象和相互欺诈的行为，但是，这并不能显示出就一定存在剥削。③

典当业内部存在着激烈的博弈，在不同的典当铺、帮派之间长期存在着博弈，在当铺内部职工与管理者之间，也存在着博弈。近代天津当铺在使用人员上仍然依照传统，聘用由亲属和熟人介绍的、来自山西老家的老

---

① 〔英〕肯·宾默尔：《自然正义》，第292页。
② 〔英〕戴维·麦克莱伦：《马克思传》，王珍译，中国人民大学出版社，2010，第262页。
③ 崔之元：《博弈论与社会科学》，第96~98页。罗梅尔认为，在现实中，任何一个社会或任何一种经济机制都存在着不平等，但是，并非所有的不平等均被视为剥削。1982年，他运用博弈论的语言对剥削进行了定义："在一个较大的社会N中，联盟S是受剥削的，当且仅当：(1) 存在一个在设想上可行的其他选择，在其中联盟S将比目前的处境好；(2) 在这一其他选择中，S的余集，即联盟N-S=s，将变得比目前状态差；(3) S′处于对S的支配关系中。(4) 剥削概念的要点在于有更好的其他选择的可能性。"剥削的概念是由其他选择的可能性来定义的。而其他选择又是用特征函数来详细说明的。不同特征函数反映了不同博弈中的不同推出规则。用博弈论加以定义的剥削概念可以包容各种人们通常认为的剥削。例如，"一个联盟S受到封建剥削"是指：如果联盟成员携带个人现有财产推出，就可以改善自身的状况。而"一个联盟S受到资本主义剥削"则是指：如果联盟成员携带按人平均的社会可转让财产退出，就可以改善自身的状况。

乡，导致了人员使用上的论资排辈和依照私人关系用人。这既适应了古代社会的习俗，也在一定程度上巩固了内部人员之间的关系。近代以来，典当业地位下降，收益降低，内部关系也发生了变迁，这种用人方式对典当业的经营造成了越来越大的消极影响，典当业内部人才素质低下的问题长期得不到解决，进而导致典当业内部保守力量对典当业进步的阻碍，这也是典当业走向衰落的一个因素。[①]

[①] 《天津市典业同业公会店员调查表，天津市典当业同业公会》（1938年），天津市档案馆，档案号：J0129-2-004242-001。

参考文献

一 档案资料

刘海岩主编《清代以来天津土地契证档案选编》，天津古籍出版社，2006。

天津档案馆藏典当案卷、典权案卷、典业公会案卷、民间诉讼卷等

《天津商会档案汇编（1903~1911）》（上、下），天津人民出版社，1989。

《天津商会档案汇编（1912~1928）》（1~4），天津人民出版社，1992。

《天津商会档案汇编（1937~1945）》，天津人民出版社，1997。

天津市档案馆南开大学分校编《天津租界档案选编》，天津人民出版社，1992。

二 报纸、杂志

《东方杂志》

《东亚晨报》

《工商半月刊》

《海光》

《河北银行经济半月刊》

《河北月刊》

《经济汇刊》

《铃铛》

《农行月刊》

《钱业月报》

《商学杂志》

《社会月刊》

《实业部月刊》
天津《大公报》
《天津商报》
《天津市》
《天津市政公报》
天津《益世报》
《天津中南报》
《新报》
《银钱月报》
《银行月刊》
《银行杂志》
《银行周报》
《庸报》
《直报》
《中国经济》
《中外经济周刊》
《中行月刊》

三　方志

来新夏主编《天津风土丛书》，天津古籍出版社，1986。
《天津地方志》
《天津府志》
《天津通志》，南开大学出版社，1999。
《天津县志》
《续天津县志》

四　文史资料

《近代史资料》
《天津和平文史资料选集》
《天津历史资料》
《天津文史资料选辑》

《文史资料选辑》

五 史料汇编

《山西票号史料》（增订本），山西经济出版社，2002。
沈云龙主编《近代中国史料丛刊三编》，文海出版社，1982年。

六 论著

常梦渠、钱椿涛主编《近代中国典当业》，中国文史出版社，1996。
常明明：《中国农村私人借贷关系研究——以20世纪50年代前期中南区为中心》，中国经济出版社，2007。
陈卫民编著《天津的人口变迁》，天津古籍出版社，2004。
陈志武：《金融的逻辑》，国际文化出版公司，2009。
崔之元：《博弈论与社会科学》，浙江人民出版社，1988。
《大清民律草案·民国民律草案》，杨立新点校，吉林人民出版社，2002。
〔德〕马克斯·韦伯：《文明的历史脚步——韦伯文集》，黄宪起、张晓玲译，上海三联书店，1997。
邓正来：《国家与社会——中国市民社会研究》，北京大学出版社，2008。
费孝通：《费孝通文集》第1卷，群言出版社，1999。
付海晏：《中国近代法律社会史研究》，华中师范大学出版社，2010。
龚关：《近代天津金融业研究（1861～1936)》，天津人民出版社，2007。
关文斌：《文明初曙——近代天津盐商与社会》，天津人民出版社，1999。
郭凤岐总编纂《天津通志·金融志》，天津社会科学院出版社，1995。
黄鉴晖：《中国典当业史》，山西经济出版社，2006。
江沛、王先明主编《近代华北区域社会史研究》，天津古籍出版社，2005。
姜旭朝：《中国民间金融研究》，山东人民出版社，1996。
来新夏编《天津近代史》，南开大学出版社，1987。
李金铮：《近代中国乡村社会经济探微》，人民出版社，2004。
李金铮：《民国乡村借贷关系研究》，人民出版社，2003。
李竞能主编《天津人口史》，南开大学出版社，1990。

联合征信所平津分所编《平津金融业概览》，1947。

梁治平：《清代习惯法：社会与国家》，中国政法大学出版社，1996。

林和成编《中国农业金融》，中华书局，1936。

刘海岩：《空间与社会——近代天津城市的演变》，天津社会科学院出版社，2003。

刘建生等：《山西典商研究》，山西出版集团·山西经济出版社，2007。

刘秋根：《明清高利贷资本》，社会科学文献出版社，2000。

刘秋根：《中国典当制度史》，上海古籍出版社，1995。

罗澍伟主编《近代天津城市史》，中国社会科学出版社，1993。

马俊亚：《混合与发展——江南地区传统社会经济的现代演变（1900~1950）》，社会科学文献出版社，2003。

〔美〕保罗·萨缪尔森、威廉·诺德豪斯：《经济学》，华夏出版社，1999。

〔美〕道格拉瑟·诺思：《理解经济变迁过程》，钟正生等译，中国人民大学出版社，2008。

〔美〕菲歇尔：《利息理论》，陈彪如译，上海人民出版社，1999。

〔美〕弗兰西斯·福山：《信任——社会道德与繁荣的创造》，李宛蓉译，远方出版社，1998。

〔美〕黄宗智：《长江三角洲小农家庭与乡村发展》，中华书局，1992年版。

〔美〕黄宗智：《法典、习俗与司法实践：清代与民国的比较》，上海书店出版社，2003。

〔美〕肯·宾默尔：《自然正义》，李晋译，上海财经大学出版社，2010。

〔美〕马若孟：《中国农民经济》，史建云译，江苏人民出版社，1999。

〔美〕明恩溥：《中国乡村生活》，午晴、唐军译，时事出版社，1998。

〔美〕施坚雅主编《中华帝国晚期的城市》，叶光庭等译，中华书局，2000。

〔美〕悉尼·霍默、理查德·西勒：《利率史》，肖新明、曹建海译，中信出版社，2010。

〔美〕休谟：《论利息》，《休谟经济论文选》，陈玮译，商务印馆，1984。

〔美〕约翰·希克斯：《经济史理论》，厉以平译，商务印书馆，1987。

〔美〕詹姆斯·S.科尔曼：《社会理论的基础》（上），邓方译，社会科学文献出版社，1999。

宓公干：《典当论》，商务印书馆，1936。

前南京国民政府司法行政部编《民事习惯调查报告录》，胡旭晟、夏新华、李交发点校，中国政法大学出版社，2000。

区季鸾编《广东典当业》，国立中山大学经济调查处，1934。

曲彦斌：《中国典当史》，沈阳出版社，2007。

曲彦斌：《中国民间秘密语》，上海三联书店，1990。

任云兰：《近代天津的慈善与社会救济》，天津人民出版社，2007。

石毓符：《中国货币金融史略》，天津人民出版社，1984。

宋美云：《近代天津商会》，天津社会科学院出版社，2002。

陶百川编《最新六法全书》，三民书局，1981。

《天津特别市社会局一周年工作总报告》，天津特别市社会局，1929。

王翁如编著《天津地方杂谈及其他》，天津人民出版社，1998。

魏晓明：《积沙集》，中国档案出版社，2001。

吴志铎：《北通县第一区平民借贷状况之研究》，燕京大学经济学系，1935。

谢振民编著《中华民国立法史》下册，张知本校订，中国政法大学出版社，2000。

熊月之主编《上海通史》第5卷，上海人民出版社，1999。

徐洁：《担保物权功能论》，法律出版社，2006。

徐士銮：《敬乡笔述》，张守谦点校，天津古籍出版社，1986。

杨国桢：《明清土地契约文书研究》，人民出版社，1988。

杨荫溥：《中国金融论》，商务印书馆，1930。

杨肇遇：《中国典当业》，商务印书馆，1933。

俞如先：《清至民国闽西乡村民间借贷研究》，天津古籍出版社，2010。

张焘：《津门杂记》，丁绵孙、王黎雅校，天津古籍出版社，1986。

张利民主编《解读天津六百年》，天津社会科学出版社，2003。

张仁善:《礼·法·社会——清代法律转型与社会变迁》,天津古籍出版社,2002。

张生:《中国近代民法法典化研究(1901~1949)》,中国政法大学出版社,2004。

张维迎:《博弈论与信息经济学》,上海人民出版社,2004。

张中侖:《天津典当业》,万里书店,1935。

赵津:《中国城市房地产业史论(1840~1949)》,南开大学出版社,1994。

郑晓娟、周宇:《15~18世纪的徽州典当商人》,天津古籍出版社,2010。

郑也夫:《城市社会学》,中国城市出版社,2002。

郑也夫:《代价论——一个社会学的新视角》,生活·读书·新知三联书店,1995。

周俊旗主编《民国天津社会生活史》,天津社会科学院出版社,2004。

周秋光:《熊希龄传》,百花文艺出版社,2006。

邹亚莎:《清末民国时期典权制度研究》,法律出版社,2013。

潘敏德:《中国近代典当业之研究(1644~1937)》,《台湾师范大学历史研究所》,1986。

七 论文

鲍正熙:《二十世纪上半叶苏州典当业述论》,硕士学位论文,苏州大学,2001。

曹树基、李霏霁:《清中后期浙南山区的土地典当——基于松阳县石仓村"当田契"的考察》,《历史研究》2008年第4期。

曹笑辉:《重建典权制度刍议》,硕士学位论文,西南政法大学,2005。

陈东红:《清代典权制度初步研究》,硕士学位论文,中国政法大学,2001。

陈鸿铭:《急需借贷、交易成本与管制成本:以台湾当铺为例》,硕士学位论文,台湾中华大学,2000。

陈振江:《通商口岸与近代文明的传播》,《近代史研究》1991年第1期。

陈峥:《民国时期广西农村高利贷研究》,硕士学位论文,广西师范大学，2006。

杜恂诚：《道契制度：完全意义上的土地私有产权制度》，《中国经济史研究》2011 年第 1 期。

范金民、夏维中：《明清徽州典商述略》，朱万曙主编《徽学》第 2 卷，安徽大学出版社，2002。

方行：《清代前期农村的高利贷资本》，《清史研究》1994 年第 3 期。

傅为群：《晚清上海典当忆旧》，《中国金融》2008 年第 4 期。

洪士峰：《因物称信：典当业存在的基础》，硕士学位论文，新竹清华大学，1999。

孔祥毅：《1883 年金融危机中的票号与钱庄》，《山西财经大学学报》2000 年第 3、4 期。

赖慧敏：《乾隆朝内务府的当铺与发商生息（1736～1795）》，《中央研究院近代史研究所集刊》第 28 期，1997 年。

李道永：《民国时期民间借贷习惯研究》，博士学位论文，郑州大学，2012。

李金铮：《内生与延续：近代中国乡村高利贷习俗的重新解读》，《学海》2005 年第 5 期。

李金铮、冯剑：《在国家、社会与当铺之间：近代天津当息的博弈史》，《中国经济史研究》2011 年第 2 期。

李金铮、邹晓昇：《二十年来中国近代乡村经济史的新探索》，《历史研究》2003 年第 4 期。

李维庆：《中国近现代典当业之研究》，博士学位论文，南开大学，2009。

李兴平：《略述清末民初的兰州典当业》，《甘肃行政学院学报》2002 年第 1 期。

林益弘：《抵押品、利率与借贷市场——以台湾地区当铺业为例》，硕士学位论文，台湾中正大学，1995。

刘鸿：《明末清初北京市的典当业》，《北京社会科学》1996 年第 1 期。

刘建生、王瑞芬：《浅析明清以来山西典商的特点》，《山西大学学报》（哲学社会科学版）2002 年第 5 期。

刘建生、王瑞芬:《清代以来山西典商的发展及原因》,《中国经济史研究》2002年第1期。

刘建生、王瑞芬:《试论明清时期山西典当业与社会各阶层的关系》,《生产力研究》2002年第2期。

刘鹏生、王瑞芬、刘建生:《试析明清时期山西典当业对国家财政金融的历史作用》,《生产力研究》2002年第2期。

刘秋根:《清代城市高利贷资本》,《中国经济史研究》1996年第4期。

刘秋根:《中国典当史研究的回顾与展望》,《中国史研究动态》1992年第8期。

刘秋根、阴若天:《晚清典当业的几个问题》,《文化学刊》2011年第4期。

刘征:《民国时期甘宁青农村高利贷问题探析》,《历史教学》(下半月刊)2011年第1期。

龙登高、温方方:《论中国传统典权交易的回赎机制——基于清华馆藏山西契约的研究》,《经济科学》2014年第5期。

陆雷:《不完全产权的经济分析——应用于农村高息借贷的研究》,博士学位论文,中国社会科学院,2002。

罗炳锦:《近代中国典当业的分布趋势和同业组织》,《食货》复刊第8卷第2~3期。

罗炳锦:《清代以来典当业的管制及其衰落》,《食货》复刊第7卷第5~6期。

马俊亚:《典当业与江南近代农村社会经济关系辨析》,《中国农史》2002年第4期。

潘连贵:《近代社会的典当业》,《上海金融》1989年第1期。

彭凯翔、陈志武、袁为鹏:《近代中国农村借贷市场的机制——基于民间文书的研究》,《经济研究》2008年第5期。

朴恩惠:《韩国传贳权制度研究——兼与中国典权比较》,博士学位论文,华东政法大学,2010。

钱浩、蒋映铁:《民国时期的浙江典当业》,《浙江学刊》1997年第2期。

秦晖:《汉代的古典借贷关系》,《中国经济史研究》1990年第3期。

秦素碧:《民国时期四川典当业研究》,硕士学位论文,四川大学,2003。

王凯旋:《中国典当史研究论略》,《辽宁大学学报》(哲学社会科学版)2008年第4期。

王绍惠:《沦陷前天津的典当业》,《天津档案史料》1996年创刊号。

王世华:《明清徽州典商的盛衰》,《清史研究》1999年第2期。

王书华、孔祥毅:《信誉博弈与山西票号身股制度变迁分析》,《生产力研究》2010年第2期。

王天奖:《近代河南农村的高利贷》,《近代史研究》1995年第2期。

王廷元:《徽州典商述论》,《安徽史学》1986年第1期。

王曾瑜:《从市易法看中国古代的官府商业和借贷资本》,《大陆杂志》第85卷第1期,1992。

王子寿:《天津典当业四十年的回忆》,《文史资料选辑》第53辑,文史资料出版社,1964。

韦庆远:《清代典当业的社会功能》,韦庆远:《明清史新析》,中国社会科学出版社,1995。

魏清:《浅驳典权制度的建立》,《法制与社会》2013年第19期。

温锐:《民国传统借贷与农村社会经济——以20世纪初期(1900~1930)赣闽边区为例》,《近代史研究》2004年第3期。

吴向红:《典之风俗与典之法律》,博士学位论文,福建师范大学,2008。

武丹丹:《民国时期典权制度研究》,硕士学位论文,河南大学,2009。

徐畅:《近代长江中下游地区农村典当三题》,《安徽史学》2005年第3期。

徐玲:《明清以来徽州典当业的地理分布及其社会影响——以长江三角洲的苏州等地为中心》,硕士学位论文,复旦大学,2004。

燕晓:《房地产契税沿革》,《北京房地产》1995年第2期。

杨熠:《〈中华民国民法〉典权法律制度研究》,硕士学位论文,西南政法大学,2005。

杨勇:《近代江南典当业的社会转型》,《史学月刊》2005年第5期。

杨勇:《近代江南典当业研究》,博士学位论文,复旦大学,2005。

杨元华、赵伟:《解放初期上海典当业的管理与改造》,复旦大学中国金融史研究中心编《中国金融制度变迁研究》,《中国金融史集刊》第 3 辑,复旦大学出版社,2008。

张利民、任吉东:《近代天津城市史研究综述》,《史林》2011 年第 2 期。

张忠民:《前近代中国社会的高利贷与社会再生产》,《中国经济史研究》1992 年第 3 期。

赵文娟:《从"典"到"典权"——习惯、立法、实践及其体现的若干问题》,硕士学位论文,西南政法大学,2009。

赵晓耕、刘涛:《中国古代的"典"、"典当"、"倚当"与"质"》,《云南大学学报》(社会科学版)2008 年第 1 期。

赵毅:《明代豪民私债论纲》,《东北师大学报》(哲学社会科学版)1996 年第 5 期。

郑佳宁:《论清代的典权制度》,《中央政法管理干部学院学报》2001 年第 6 期。

周翔鹤:《清代台湾民间抵押借贷关系研究》,《中国社会经济史研究》1993 年第 2 期。

子珍、朱继珊:《天津典当业及其同业公会》,常梦渠、钱椿涛主编《近代中国典当业》,中国文史出版社,1996。

邹亚莎:《从典制到典权的基本定型——民初大理院对传统典制的近代化改造》,《社会科学家》2014 年第 8 期。

邹亚莎:《典权近代化变革的历史评析》,《河北大学学报》(哲学社会科学版)2013 年第 2 期。

八 英文论著

Gail Hershatter, *The Workers of Tianjin*, 1900 – 1949, Standford University Press, 1986.

附　录

附录一　近代典当业规则

一　1933年河北省典当业营业规则

第一条　凡在本省境内经营当业者除去法令有规定外均应遵守本规则之规定，呈由该管市县政府转报财政厅核准发给当帖并分报民政厅实业厅备案方得营业。

第二条　当业呈请立案时应觅殷实铺保并于呈请书内载明下列各款：

一、资本总额；

二、当铺字号；

三、组织（合资或独资）；

四、所在地址；

五、赎取期限；

六、利息及保管费定率；

七、经理人及铺店主姓名年龄籍贯住址。

第三条　当息不得超过一分五厘，但因特别情形除当息外得酌收保管费但至多不得过百分之一，并不得有叠滚计算及预扣利息情事，冬令得减息五厘，减否由当商酌量办理。

第四条　当物取赎之期限最低已应满十八各月尾限，并于期满后再展一个月为宽延期。

第五条　当息按月计算，但每满一个月均应有五日之展限，未过展限不得以两月计算利息。

第六条　当物者在取赎限期内无论何时得完纳本利赎回物品。

第七条　当铺对于质当物品在取赎期限内须妥为保管不得将其使用或借贷。

第八条　当铺对于质当物品如有损坏遗失按照原当本之数加倍赔偿，但遇人力不可抵抗之灾变损害除因火灾曾保火险者处得酌免赔偿，惟须经该官官署勘验认为并无恶意或过失者为限以杜流弊。

第九条　当铺对于质当物品凡经过本规则第四条规定期限尚未赎取者得自由处分之。

第十条　当铺如过由左列情事时应于十日内呈由该管市县政府转报财政民政实业三厅备案。

一、迁移地址；

二、铺主之死亡或更易；

三、经理之更易。

第十一条　当铺于收受质当物品时立即填给当票为凭证并将票面载明左列事项加盖铺戳：

一、当票号数；

二、质当物品名称及数量；

三、质当价额；

四、月利定率；

五、入当日期；

六、赎取期限。

第十二条　当铺须置备质当簿将前条票面上所载事项详细记入，将取赎或处分事项分别载明此项簿据，其保存期限至少三年。

前项之期间自取赎期满之日起算。

第十三条　当物者之当票倘有遗失或损坏时得觅取妥保向当铺请求补给当票或取赎原物当票如系遗失时，当物人应先到铺挂失，尚须限五日内觅取妥保情趣补给当票或取赎质物。

第十四条　当铺不得收受违禁物品。

第十五条　当铺对于当物者所持之物如认为来历不明或有其他犯罪嫌疑时应即报告公安局。

第十六条　公安局对于当铺遇必要时得检查质当物品或账簿有认为犯罪或嫌疑之物品并得行其十日以内扣押。

第十七条　前条扣押物品如经公安局查明确系因犯罪所得之物时，应准被害者备具当本赎回，其利息概行免除，如被害者无从查知，经公安局布告招认，而逾期不赎时得归当铺自行处理，但如系公家物品不再此限。

第十八条　当商如因资本不继不能通融周转须歇业时，经呈报查明属实后，得准其止当候赎，经营当业者于奉准后，应登报公告，按原规定取赎期限为候赎期限，但不得在公告后再收当物。

第十九条　凡在本规则施行前已经设立之当铺，自本规则公布之日起三个月内须一律补行呈请标准备案。

第二十条　凡在本规则施行前之当物于施行后取赎者，其取赎期限应依照当票所载之满期月份办理，但原定之期满月份有不足十八个月者，应按十八个月之定限延展至。

第二十一条　在本规则施行以前之当物于施行后取赎者，须按新旧利率分别计算。

第二十二条　违犯本规则之规定者，由主管官署处一百以下十元以上之罚金，并退缴所得不法利益，其有涉及刑事嫌疑时应送由法院处理之。

第二十三条　本规则如有未尽事宜，当得由民政财政实业之厅会议呈请修正之。

第二十四条　本规则自省委会议议决公布之日施行。

资料来源：《典当营业规程，天津市社会局》（1933年），天津市档案馆，档案号：J0025-2-000128。

二　1933年内政部典当规则

第一章　总则

第一条　凡经营典当者悉依本规则办理。

前项所称典当包括一切以收受衣饰及其他物品为抵押贷款业务之商店而言。

第二条　典当分左列两种：

一、公营典当；

二、私营典当。

第三条　本规则所称主管官署如左：

一、省会为民政厅；

二、市为社会局；

三、县为县政府。

第四条　本规则所称警察机关如左：

一、南京市为首都警察厅及所属各局；

二、省会为警务处或省会公安局；

三、市为市公安局；

四、县为县公安局。

第二章　典当设立

第五条　典当之设立及停业须呈经主管官署之许可设立分号时亦同。公营典当由主管官署经营者不在此限。

第六条　前条典当许可事项应转报内政部备案。

第七条　主管官署为典当之许可时须发给许可执照其执照费不得超过二十元，执照内须载明第九条所列各款。

第八条　设立典当者应备具声请书载明左列各事项：

一、名称；

二、地址；

三、组织；

四、股东或店东之姓名年龄籍贯住所；

五、经理人及代理人之姓名年龄籍贯住所；

六、资本；

七、利率；

八、保险公司或铺保；

九、满当期限；

十、当物损害及火灾赔偿办法；

十一、图记；

十二、预定开业时期。

第九条　本规则施行前开设之典当仍依本规则补行设立之许可，并由主管官署转报内政部备案补行许可者免收执照费。

第三章　营业监督

第十条　典当应将左列事项明白揭示于店铺易见之处所，并则要印明当票之背面：

一、利率

二、满当期限

三、当物损毁或损失赔偿办法

四、营业时间

公营典当并须将公营字样一并揭示。

第十一条　典当不得于店铺以外营业。

第十二条　典当如需废弃关于营业上之账簿时，须得主管官署之许可。

第十三条　主管官署于必要时得令典当为关于营业上之各种报告，并检查其业务及会计。

第四章　当票

第十四条　典当受当物品应公平议价并填发当票由当户收执，当票应以正楷详细载明当户姓名住址当物品花色当价及受当日期。

第十五条　当票不得添注或涂改违者无效。

第十六条　凡持有当票者均得赎取其票记之当物，但原当户预为当票遗失之声明者，无论何人典当须查对明确后始得取赎。

第十七条　当户在满当期前无论何时，均得清偿本利赎取其当物当户，如需抽赎当物之一部时应照实计算并新发当票。

第十八条　当户如于当物期满前向典当上利时，典当应就其上利之月数延长原定之满当期限。前项延长之期间不得逾于原定满当期限之一倍，当户上利延长期限时并应换给新当票。

第十九条　除当票内所载之本金及应纳之利息外典当不得以任何名义向当户索取额外佣金。

第二十条　当价及利息概以国币通用银元计算，角洋铜圆均按照当日市价折合，前项当价由典当逐日揭示之。

第五章　当物检查

第二十一条　左列物品不得受当并须报告就近警察机关：

一、有存染病毒之物品未经消毒者

二、盗窃赃物形迹可疑者

三、公有或官署物品有实证可辨者

四、遗失物经被害人报告警察机关转饬注意者

第二十二条　警察机关对于前项受当物品得随时派员施行检查，必须时得扣押其物品扣押物品时应开给正式收据

第二十三条　前项受当物品经审查后三个月以内如未发觉有人报当与检查物相仿之物品时应即报告原检察机关核办

第二十四条　凡扣押之赃物或遗失物，原被告人提出证明查核确实者应交还之，无法交还时应自扣押之日起满一年后仍发还原典当。

第六章　当物保障

第二十五条　典当应依保险法强制保险，倘该地方无保险公司时应觅取三家以上之殷实铺保对于当物之损害或火灾共负照价赔偿之责。

第二十六条　当物如被损害及火灾时无论以任何原因典当均应照价赔偿，惟未经保险之典当遇有非常之兵灾匪灾，经即时推请主管官署查明件数号数属实者不在此限。

第二十七条　当物之照价赔偿办法如左：

一、金银器物照时，价折算或照票面当价一倍以上之金额议价赔还，当本及利息均予扣除。

其他物品照票面当价赔还并扣除其利息。

二、当物之损害比较轻微者，得由原当户照票皮当价之半价或免利赎取。

第二十八条　典当不得使用或贷出在当物品。

第七章　公营典当

第二十九条　公营典当分下列三种：

一、主管官署经营者；

二、自治团体经营者；

三、公益法团经营者。

第三十条　公营典当之资金由下列各项财产组成之：

一、经营典当者所据知动产或不动产；

二、捐助或遗赠之动产或不动产；

三、政府只补助金；

四、借款。

第三十一条　公营典当贷付金额最高不得超过五十元，但有特殊情形者不在此限。

第三十二条　公营典当之利率得依各地情形自行决定之，但最高不得超过月利百分之一点五。其各地已设之公分营典当所定利率较本规定为低者仍依其原定之利率不得增加

第三十三条　前项利率只计算以月为单位，但不满一月之日在十六日以上者，当做一月计算，不满十六日者做半月计算。

第三十四条　公营典当之满当期限最短不得少于六个月。

第三十五条　满当物应以投票方法拍卖之。

第三十六条　满当物品于处分前当户，如能缴纳与本金利息满当以及应付利息相等之金额时，典当仍应准其取赎。

第三十七条　就满当物品标卖后，所得之金额扣除其本金及应得利息并规定之手续费外，如有剩余其剩余部分应还给原当户。

第三十八条　依前项之规定典当归还之剩余金，应将其金额通知原当户领取，由送达前项通知起，经过六个月后其剩余金仍未领取者得没收之。

第三十九条　当户赎取当物得分期向典当储款，俟储满相当之金额时即赎回其原当物，前项分期储款赎物办法另定之。

第四十条　公营典当之职员如有左列各款之情事之一者，处十元以上百元以下之罚金：

一、违反第十一条、第十二条、第十三条、第二十二条、第二十四条、第二十九条各款之规定者。

二、遇有第二十三条之情形而有虚伪之陈述及故意毁失物品或账簿者。

第四十一条　公营典当故意违反法令经主管官署查实者得令饬改组。

第四十二条　公营典当免征营业税及一切捐税。关于债务文当票以及其他有关文件均概免其注册机印花税。

第四十三条　公营典当在营业务上如有盈余得将其盈余部分存储生息。

前项盈余款项及其孳息之全部或一部，得经主管官署之核准拨归其他社会事业之用

第八章　私营典当

第四十四条　私营典当之利率最高不得过月利百分之二。

第四十五条　私营典当之满当期限最短不得少于十个月。

第四十六条　私营典当于当物满当后无论何时均得处分其当物。

第四十七条　私营典当故意违反法令者主管官署于必要时得禁止或停止其营业。

第四十八条　受禁止处分之私营典当不得以他人名义继续营业或为其他典当之代理人，受停止处分者其停止时期亦同。

第四十九条　私人典当于自动停业或被禁止营业时期以前，成立之契约及当物仍使用本法各规定，受停止处分者其停止时期亦同。

第五十条　主管官署对于营业上之禁止或停止得随时解除之。

第五十一条　私营典当如有下列各款情事之一者，处百元以上千元以下之罚金：

一、未依第六条呈请许可证而擅自营业者；

二、有第二十三条之情形而为虚伪之陈述及故意毁失其物品或账簿者；

三、在禁止或停止中而仍为营业者；

四、违反第二十九条及四十九条者。

第五十二条　私营典当违反第十一条、第十二条、第十三条、第十五条、第二十二条、第二十四条处以十元以上百元以下之罚金。

第五十三条　私营典当对于营业各事项，虽系家属或雇员之所为，但仍由经理人负其责任。

第五十四条　各地方原有私营典当在习惯上有季节减息等规定者，应仍依其原来之习惯办理。

第五十五条　私营典当除依法缴营业税外，不得以任何名义征收捐税。

第九章 附则

第五十六条 凡违反本规则而有不利于当户之情事时，违反部分无效。

第五十七条 本规则未规定之事项，得由各省市政府于不抵触本规则范围内另订实施细则并报部核准备案。

第五十八条 本规则自公布之日施行。

资料来源：《典当营业规程，天津市社会局》(1933年)，天津市档案馆，档案号：J0025－2－000128。

三 1940年天津典当业规则

第一条 各地典押当业之管理除法令别有规定外依本规则之规定。

第二条 典押当业分押当与典当两种。资本不满一百万元这称押当，一佰万元以上者称典当。均应于牌号上标明之。前项押当资本之最低额由各省市（院辖市）政府依各地经济情形定之，但不得少于三十万元。

第三条 设立典押当业，应将左列各事项连同切结及应缴执照费，呈由主管官署验明资本加具考语转请发给营业执照方能开业。违者除勒令补领执照外，并处五百元以上一千元以下之罚金：

一、名称（牌号）；

二、资本；

三、营业所在地；

四、出资人姓名、年龄、籍贯、住所；

五、经理人姓名、年龄、籍贯、住所；

前项切结及营业执照之式样另定之。

第四条 押当业之营业执照由该管省市政府发给分报，内政经济两部备案。典当业之营业执照由该管省市政府转请内政部会同经济部发给。

第五条 营业执照费依左列之规定：

一、押当业二百五十元；

二、典当业五百元；

第六条 营业执照应悬于营业处所，如有遗失应于十日内登报声明并叙明缘由，连同报纸及补领执照费一百元呈由主管官署转请补发。

第七条　凡典押当业均应于开业后一个月内，向保险公司按资本总额保险，违者得由该管省市政府停止其营业，但因交通梗塞，经呈由该管省市政府核准者不在此限。

第八条　典押当业如遇兵灾盗劫及水火患致典押当物损失时，应于出事后二十四小时内报请主管官署及当地商会验明封存剩余物品，已向保险公司投保者，须通知保险公司派员跟同验封，其有号可认者照旧放赎，无号可稽者得估价变卖，除以半价按票额摊付原典押各户外，并应按票额六成赔偿。

第九条　违背前项规定时，除处五百元以上一千元以下之罚金外，仍饬令依照前项规定办理。

典押当业不得设置分店接物转当，违者除勒令闭歇分店外，并处三百元以下之罚。

第十条　典押当业有左列情形之一者，应于一个月内呈报主管官署转请换发营业执照。

一、营业地点之变更；

二、出资人之变更；

三、资本之变更；

四、经理人之更易；

不为前项之申请时，除处五百元以下之罚款外，仍令补行声请。

第十一条　典押当业如因事故须停当候赎或歇业时，应于事前二十日内叙明缘由呈报主管官署，转请核准转报内政经济两部备案，并由主管官署布告之，违者依前条之规定处罚。

第十二条　典押当业收取月息由当地同业公会拟定利率，呈由主管官署转请核准报转内政经济两部备案。但得酌收栈租费二厘保险费二厘其余一切陋规概行禁革。前项利率之拟定如当地无同业公会时由商会为之。

第十三条　满押满典期限，由各省市政府依据地方实际情况，拟定报经内政经济两部核定之，满典押五日之内仍准取赎或付清利息转票，逾期不取又不转票者得将典押物变卖。

第十四条　凡典押当户在典押后一个月内取赎无论日数多寡，其利息概以一月计算，满月后五日内，不计利息超过五日以一月论。

第十五条　左列各物典押当业应拒绝收受：

一、违禁物及危险品；

二、公物有款识可辨者。

典押当业依其情形对不适于收存之物仍得拒绝收受。

第十六条　典押当业收当赃物经官厅查明确实者，其物主得依典押原本取赎。

第十七条　典押当业所用当票纸张，应质坚耐用并应于票面注明左列各事项：

一、典押当物名称及件数；

二、典押金额；

三、利率；

四、满典押期限；

五、营业时间；

六、营业所在地；

七、失票登记手续。

第十八条　典押当业每届年终终结将营业状况，呈报主管官署递报内政经济两部备案。

第十九条　典押当业已呈准发给执照，如其资本额在典当不足1百万元，押当不足三十万元者，应责令不足声请换发营业执照，换发执照费为三百元。

第二十条　依本规则收入之罚款储作主管官署设立公营典押当之资本，每次罚款收入应递报内政经济两部备案。

第二十一条　本规则所称主管官署各县市，为市县政府院辖市为社会局院辖，市政府如未成立社会局时，得指定其他各局为主管官署。

第二十二条　典押当业除民营外，并得由各地方政府酌量设立。

第二十三条　公营典押当业由市县设立者，应呈报该管省政府核转内政经济两部备案，由省市设立者，递报内政经济两倍备案，并应于牌号上标明省市县立字样。

第二十四条　第三条、第八条、第九条、第十条所定罚金数额，在罚金提高标准条例有效时间从其规模定。

第二十五条　人民经营典押当业有左列事项之一者应予奖励：

一、出资二百万元确遵本规则各项规定经营典当业者；

二、出资经营典押当业十年以上，收取月息在法定利率以下，从无违反法令及损害平民法益之情事者；

三、遭受不可抗力之重大损失，仍继续营业维持地方公益者；

四、从事典押当业五年以上，态度和评估价公正为地方人民称道者。

第二十六条 合于前条各款之一者，得由其所在地之乡镇长或县参议员三人以上署名盖章详列事实，报请县市政府查明加具改语转呈省政府，函由内政、经济两部核予奖励。县市政府查访有合于第二十五条各款之一者亦得详列事实呈由省政府函转内政、经济两部核予奖励

第二十七条 奖励之方法如左：

一、奖状；

二、匾额；

给与匾额时并附奖励证书。

奖状及奖励证书式样另定之。

第二十八条 本规则未定事项得由生市政府另订补充办法，咨报内政经济两部备案。

第二十九条 本规则自呈奉行政院核准后，由内政经济两部会同公布施行。

资料来源：《典押当业管理规则，天津市社会局》（1947年），天津市档案馆，档案号：J0025-3-000508。

附录二　近代天津典当业公会章程

一　天津市典当业同业公会章程（1933年）

第一条　本会定名为天津市典业同业公会。

第二条　本会会址北门东。

第三条　凡本市典业同业经本会会员二人以上之介绍，并愿服从本会章程者，均应为本会会员。

第四条　凡入本会之商号均得推派代表一人出席公会，但最近一年间其平均店员人数超过十人者得添派一人。

第五条　凡有工商同业公会法第八条各款情事之一者，不得为本会会员代表。

第六条　凡本会会员欲退出本会须声明正当理由，经会员大会或执行委员会许可者方准退会。

第七条　本公会以维持增进典业同业之公共利益及矫正营业之弊害为宗旨。

第八条　本公会用无记名投票法选举执行委员九人，由执行委员中互选常务委员五人，就常委中选人一人为主席。

第九条　本公会选举执行委员时，另选候补委员三人以备依次递补，其任期以补足前任之任期为限，未递补前不得列席会议。

第十条　本会委员任期均为四年每二年改选半数，不得连任。第一次改选以抽签定之，但委员人数为奇数时，留任者得较改选者多一人。

第十一条　本会委员如有关于商会法第二十二条所列各款情事之一者，经会员大会通过后应即解职。

第十二条　本会视事务之繁简得酌用雇员。

第十三条　本公会会员大会分定期会议及临时会议两种，均由执行委员会召集之定期会议。每年六月十二月开会一次，于会期十五日以前通知之。临时会议由执行委员会认为必要或经会员十分之一以上请求时临时召集之，但召集临时会议时须呈报天津市党部及社会局备案。

第十四条　本公会执行委员会每二星期举行一次，由常务委员会召集之。但遇重大事故常务委员会认为必要或经执行委员过半数之请求，得召集临时会常务委员会，每月举行四次由主席召集之。

第十五条　本公会经费由入会同业各典号按架本平均摊纳，不分等级。遇有临时费用由执行委员召集，临时会员大会筹措之，凡收款时均由公会挚给正式收据。

第十六条　本会委员均为名誉职如因公外出得酌给车马费。

第十七条　本会每年需造具预算决算清册并连同主要会务办理情形，编印报告除分发各会员公布外，并呈报天津市党部及天津市社会局备案。

第十八条　本章程呈请天津市党部核准，并呈报天津市社会局备案后施行之。

第十九条　本章程如有未尽事宜，由会员代表大会出席会员三分之二以上之同意修正之。病呈报天津市党部及天津市社会局备案。

资料来源：《本业有关典当业历史沿革及章程，天津市典当业同业公会》（1933年），天津市档案馆，档案号：J0129-2-001975。

二　天津市典业同业公会章程（1941年9月）

第一章　总则

第一条　本章程依据工商同业公会法及工商同业公会法实施细则订定之。

第二条　本会定名为天津市典业同业公会。

第三条　本会以维持增进同业之公共利益及矫正营业之弊害为宗旨。

第四条　本会以天津市行政区域未区域事务所设于北马路天津市商会院内。

第二章　任务

第五条　本会应办理之事务如左：

一、关于主管官署及商会委办事项；

二、关于同业之调查研究整理及建设事项；

三、关于兴办同业劳工教育及公益事项；

四、关于会员营业弊害之矫正事项；

五、关于会员营业必要时之维持事项；

六、办理合于第三条所揭宗旨之其他事项。

第三章 会员

第六条 凡在本区域内经营典业之商号盈盈为本会会员。前项会员推派代表本会称为会员代表。

第七条 本会会员代表由各会员推派一人至二人，以经理或主体人为限。但其最近一年间平均店员人数没超过十人时，应增派代表一人由该商店之店员互推之，但至多不得逾三人。

第八条 有左列各款情事之一者不得为本会员代表：

一、掠夺公权者；

二、有党共行为者；

三、受破产之宣告尚未复权者；

四、无行为能力者。

第九条 会员应享之权利如左：

一、有发言权表决权选举权被选举权；

二、本会举办各项事业之利用。

第十条 会员应尽之义务如左：

一、遵守本会会章；

二、服从本会决议案；

三、按时交纳会费；

四、不侵害同业间之营业；

五、应尽本会所举办各项事业上之义务。

第十一条 会员不遵守本会章程决议或有其他破坏本会之行为，或欠缴会费者得由会员大会予以警告，或停止其应享之权利及除名等处分。

第十二条 会员入会手续如左：

一、填写入会志愿书即调查表；

二、领取会员证。

第十三条 会员不得无故出会因其商店解散，或迁移本区域外营业及商店倒闭等必须出会者，须声叙理由填具出会书送交本会审查认可。

第十四条　会员推派代表时，应给以委托书并通知本会改派时亦同。但已当选为本会职员者，非有依法应解任之事不得改派。

第十五条　会员代表有不正当行为致妨害本会名誉信用者，得以会员大会之议决将其除名并通知原举派之会员。

第十六条　受除名处分之会员代表自除名之日起，三年以内不得充任会员代表。

第四章　组织及职权

第十七条　本会设执行会员九人由会员大会就代表中用无记名连举法选任之，以得票最多者为当选。选举前项执行委员时应另选候补执行委员三人。

第十八条　本会常务委员三人由执行委员，就执行委员中互选之以得票最多数者为当选，并就常务委员中选任一人为主席。

第十九条　执行委员即常务委员各组织委员会以行使职权。

第二十条　执行委员会之职权如左：

一、执行会员大会决议；

二、召集会员大会；

三、决议第二章列举各项事务。

第二十一条　常务委员会之职权如左：

一、执行执行委员会议决案；

二、处理日常事务。

第二十二条　执行委员任期四年每二年改选半数不得连任，第一次改选时以抽签定之，但委员人数为奇数时，留任者之人数得较改选者多一人。

第二十三条　执行委员缺额时由候补委员依次递补，其任期以不足前任任期为限。

第二十四条　候补执行委员未递补前不得列席会议。

第二十五条　本会委员有左列各款情事之一者应即解任：

一、因不得已，事故经会员大会议决令其退职者；

二、旷废职务经会员大会议决准其退职者；

三、于职务上不尊章程违背法令营私舞弊或有其他重大情节，经会员大会议决令其退职或实业部及地方最高行政官署令其退职者；

四、发生第八条各款情事之一者。

第二十六条　委员均为名誉职务但因办理会务得核实支给公费。

第二十七条　本会酌用办事员若干人。

第五章　会议

第二十八条　本会会员大会分定期会议及临时会议两种，均由执行委员会召集之定期会议每年开一次，临时会议于执委会员会认为必要或经会员代表十分之一以上之请求召集时召集之。

第二十九条　召集会员大会应于十五日前通知之，因紧急事项召集临时会议时不在此限。

第三十条　本会执行委员会议每月开会一次。

第三十一条　本会常务委员会议每星期开会一次。

第三十二条　会员大会开会时由常务委员组织主席团。

第三十三条　本会会员大会之决议以会员代表过半数之出席，出席代表过半数之同意行之。出席代表不满过半数时，得行假决议将其结果通知各代表于一星期或二星期内重行召集会员大会，以出席代表过半数之同意对假决议行其决议。

第三十四条　左列各款事项之决议，以会员代表三分之二以上出席，出席代表三分之二以上之同意行之。出席代表逾过半数而不满三分之二者，得以出席代表三分之二以上之同意，将其结果通告各代表于一星期后两星期内召集会员大会，以出席代表三分之二以上之同意对假决议行其决议。

一、变更章程；

二、会员或会员代表之除名；

三、职员之退职；

四、清算人之选任即关于清算事项之决议。

第三十五条　执行委员会开会时须有委员过半数之出席，出席委员过半数之同意方得决议可否同数取决于主席。

第六章　经费及会计

第三十六条　本会经费分左列二种：

一、事务费由会员各典号按架本平均摊纳不分等级;

二、事业费由会员大会决议筹集之。

第三十七条　会员出会时会费概不给还。

第三十八条　会计年度以每年七月一日始至翌年六月三十日止。

第三十九条　本会经费之预算成立与决算审核须经会员大会决议之。

第四十条　本会经费之预算每年须编辑报告刊布之,并呈由地方主管官署转报实业部备案。

第七章　附则

第四十一条　本章程为规定事项悉依工商同业公会法及工商同业公会法施行细则规定办理之。

第四十二条　本章程如有未尽事宜经会员大会决议,呈准天津市社会局转呈天津市政府修改之,并转报实业部备案。

第四十三条　本章程呈准天津市社会局转呈天津市政府备案施行,并转报实业部备案。

资料来源:《典当业公会改选备案批示,会员调查表公会章程,天津市典当业同业公会》(1941年9月),天津市档案馆,档案号:J0129-2-004255。

三　天津特别市当业同业公会章程(1945年)

第一章　总则

第一条　本会定名为天津特别市当业同业公会。

第二条　本会在主管官署监督下,以协助政府实行经济政策及增进同业之公共利益为宗旨。

第三条　本会以天津特别市行政区域末区域会址设于第八区北马路一八四号。

第二章　任务

第四条　本会所办事务如左:

一、关于主管官署委办即交办事项;

二、关于本业之调查研究整顿即建设事项;

三、关于兴办商人子弟职业教育及公益事项；

四、关于会员营业上弊害之矫正事项；

五、关于会员营业上必要时之维持事项；

六、办理本章程第二条所揭宗旨之其他事项。

第三章　会员

第五条　凡本市经营当业之行号，经主管官署发给营业执照者均得为本会会员。

第六条　会员入会应填具志愿书即会员登记表，经本会核定后发给会员证。

第七条　会员推派代表出席本会称为会员代表，会员代表均有表决权选举权即被选权。

第八条　本会会员代表由各会员推派一人以经理或营业主为限，会员推派代表时应给以委托书，并通知本会改派时亦同，但被选为本会职员者非依法解任不得改派。

第九条　有左列各款情事之一者不得为本会会员代表：

一、业外人；

二、剥夺公权人；

三、受破产宣告尚未复权者；

四、无行为能力者；

五、受公会除名者；

六、有违反现行国策政纲之言论或行为者；

七、吸食鸦片或其代用品者。

第十条　会员欲退出本会须有正当理由，填具退回声请书经本会许可时方准退回，会员违背本会章程决议案或妨害本会信用名誉者，予以警告或令其退会。

第十一条　会员代表发生本章程第八条所列各款情事之一者，由本会通知原举派之会员撤换之，受撤换之会员代表自撤换之日起三年以内不得充任本会会员代表。

第十二条　左列各款会员应绝对遵守：

一、遵守本会章程；

二、遵守理事会议决案；

三、按时交纳会费；

四、开会时会员代表准时到会。

第四章　职员及组织

第十三条　本会设理事十一人监事三人，候补理事五人候补监事三人，由会员大会代表中用记名选举法选人之，由理事中互选三人为常务理事，就常务理事中选举一人为理事长并组织理事会监事会即常务会。

第十四条　理事会之职权如左：

一、执行会员大会议决案；

二、议决本会章程第二章所列之事务。

第十五条　常务理事会职权如左：

一、执行会员大会议决案；

二、处理日常事务。

第十六条　监事会之职权如左：

一、监察理事会召集会员大会之决议；

二、审查理事会处理之会务；

三、审核理事会之财政出入；

四、决议理事会提交至处分会员案件。

第十七条　理事监事任期四年每二年改选半数不得连任。第一次改选时以抽签法定之，但理监事为奇数时留任人数较改选者多一人。

第十八条　理监事缺额时由候补理监事依法递补，以补满前任期为限，为递补前不得列席会议。

第十九条　理监事有左列各款情事之一者应即解任：

一、因不得已事故经会员大会决议准其退职者；

二、旷废职务经会员大会议决令其退职者；

三、因所代表之商号改组失去原有之地位或停止营业者；

四、于职务上违背法令营私舞弊或有其他重大情节，经会员大会议决令其退职，或由经济总署即地方最高行政官署令其退职者；

五、发生本章程第八条各款情事之一者。

第二十条　理监事一律为名誉职，但因办理会务得核实支给公费。

第二十一条　本会视事务之繁简得设事务员。

第五章　会议

第二十二条　会员大会分左列两种召开时均须呈报主管官署：

一、定期会议，每年至少举行一次，由理事会召集之；

二、临时会议，理事会认为必要或经会员代表十分之一以上之请求或监事会函请召开时召集之。

第二十三条　理事会议每两星期举行一次由常务理事会召集之，遇有重大事件常务理事会认为必要或经理事过半数之请求得召集临时会议。

第二十四条　常务理事会每星期举行一次由理事长召集之。

第二十五条　监事会每月举行一次必要时得召开理监事联席会议。

第二十六条　理监事会或常务理事会开会时须有理监事或常务理事过半数之出席，出席过半数之同意行其决议。

第二十七条　会员大会决议案以会员代表"表决权"过半数之出席，出席权数过半数之同意行之，但出席权数不满过半数时得行假决议，在三日内将其结果通告会员代表于一星期后二星期内重行召集会员大会以出席权数过半数之同意对假决议行其决议。

第二十八条　左列各款事项之决议以会员代表"表决权"三分之一以上之出席权数，三分之二以上之同意行之，出席权数逾半数而不定三分之二者，得以出席权数三分之二以上之同意行假决议，在三日内将其结果通告各代表，于一星期后二星期内重行召集会员大会，以出席权数三分之二以上之同意对假决议行其决议。

一、变更章程；

二、会员或会员代表之处分；

三、职员制解职；

四、清算人之选任即关于清算事项之决议。

第六章　经费

第二十九条　本会经费分左列二种：

一、经常费，本会会员商号每月每家招收会员费一百元；

二、临时费遇有必要时由会员大会议决，经地方主管官署核准筹集之。

第三十条 会员无论因何种情形退会时会费概不退还。

第三十一条 本会会计年度由一月一日其至十二月底止，每年预算决算重要会务报告限年终后二个月，呈由天津特别市政府转报经济总署备案。

第七章 附则

第三十二条 本章程如有未尽事宜，经会员大会决议后呈由天津特别市政府修正之，并转报经济总署备案。

第三十三条 本章程自呈准天津特别市政府核准之日实行并转报经济总署备案。

资料来源：《天津市典当业同业公会章程，天津市典当业同业公会》（1933年），天津市档案馆，档案号：J0129-2-004217。

四 天津市当业公会章程（1946年初）

第一章 总则

第一条 本会定名为天津市当业同业公会。

第二条 本会以维持增进同业之公共利益及矫正营业之弊害为宗旨。

第三条 本会以天津市行政区域为区域，事务所设于北马路津邑当商公所。

第二章 任务

第四条 本会应办理之事物如左：

一、关于官署及商会委办事项；

二、关于同业之调查研究整理及建设事项；

三、关于兴办同业劳工教育及公益事项；

四、关于会员营业上弊害之矫正事项；

五、关于会员营业上必要时之维持事项；

六、办理合于第三条所揭示宗旨之其他事项。

第三章　会员

第五条　凡在本区域内经营当业之商号均应为本会会员。前项会员推派代表本会成为会员代表。

第六条　本会会员代表由各会员推派一人至二人，以经理人或主体人为限，但其最近一年间平均店员人数每超过十人时应增派代表一人，由各该商店之店员互推之，但至多不得逾三人。

第七条　有左列各款情事之一者不得为会员代表：

一、被夺公权者；

二、受破产之宣告尚未复权者；

三、无行为能力者。

第八条　会员应享之权利如左：

一、有发言权表决权选举权及被选举权；

二、本会举办各项事业之利用。

第九条　会员应尽致义务如左：

一、遵守本会会章；

二、服从本会决议案；

三、按时缴纳会费；

四、不侵害同业间之营业；

五、应尽本会所举办各项事业之义务。

第十条　会员不遵守本会章程决议，或其他破坏本会之行为，或欠缴会费者得由会员大会予以警告，或停止其应享受之权利及除名等处分。

第十一条　会员入会手续如左：

一、填写入会志愿书记调查表；

二、领取会员证。

第十二条　会员不得无故出会，其因商店解散或迁移于本区域外营业计商店倒闭等，必须出会者须声叙理由，填具出会书送交本会审查认可。

第十三条　会员推派代表时，应给以委托书并通知本会改派时亦同，但已当选为本会职员者非由依法应解任之事不得改派。

第十四条　会员代表由不正当行为致妨害本会名誉信用者，得以会员大会之议决将其除名并通知原举派之会员。

第十五条　受除名处分之会员代表自除名之日起，三年以内不得充任会员代表。

第四章　组织及职权

第十六条　本会设理事十一人，候补理事三人，监事三人，候补监事一人，会员大会就代表中用记名选举法选人之以得票最多者为当选。

第十七条　本会常务理事三人由理事中互选之以得票最多数者，为当选并就常务理事中选人一人为理事长。

第十八条　理事及常务理事各组织理事会以行使职权。

第十九条　理事会之职权如左：

一、执行会员大会议决案；

二、召集会员大会；

三、决议第二章列举各项事务。

第二十条　常务理事会职权如左：

一、执行理事会决议案；

二、处理日常事务。

第二十一条　理事任其四年每二年改选半数，不得连任第一次改选时以抽签定之，但委员人数为奇数时，留任者之人数得交改选者多一人。

第二十二条　理事缺额时由候补理事依次选补，其任期以补足前任任期为限。

第二十三条　候补理事未递补前不得列席会议。

第二十四条　本会理事有左列各款情事之一者应即解任：

一、因不得已事故经会员大会议决准其退职者；

二、旷废职务经会员大会议决令其退职者；

三、于职务上不遵会章违背法令营私舞弊或有其他重大情节，经会员大会议决令其退职或地方最高行政官署令其退职者；

四、发生第八条各款情事之一者。

第二十五条　理事均为名誉职，但因办理会务得核实支给公费。

第二十六条　本会酌用办事员若干人。

第五章　会议

第二十七条　本会会员大会分定期会议及临时会议两种，均由理事委员会认为必要或经会员代表十分之一以上之请求召集时召集之。

第二十八条　召集会员大会应于十五日前通知之，但紧急事项召集临时会议时不再此限。

第二十九条　本会理事会议每月开会二次。

第三十条　本会常务理事会每星期开会一次。

第三十一条　会员大会开会时由常务委员组织主席团。

第三十二条　本会会员制决议以会员代表过半数之出席出席代表过半数之同意行之，出席代表不过半数时，得行假决议，将其结果通知各代表于一星期后二星期内重行召集会员大会以出席代表过半数之同意对假决议行其决议。

第三十三条　左列各款事项之决议以会员代表三分之二以上之出席，代表三分之二以上之同意之，出席代表逾过半数而不满三分之二者，得以出席代表三分之二此以上之同意，假决议将其结果通知各代表于一星期后二星期内重行召集会员大会，以出席代表三分之二以上之同意对假决议行其决议：

一、变更章程；

二、会员或代表之除名；

三、职员之退职；

四、清算人之选任及关于清算事项之决议。

第三十四条　理事会开会时须有委员过半数之出席委员过半数之同意，方得决议可否同数取决于主席。

第三十五条　本会经费分列二种：

一、事务费由会员各当号按架本平均摊纳部分等级；

二、事业费由会员大会筹集之。

第三十六条　会员出会时会费概不退还。

第三十七条　会计年度以每年七月一日始至翌年六月三十日止。

第三十八条　本会经费之预算成立与决算审核须经会员大会决议之。

第三十九条　本会之预算决算每年须编辑报告刊布并呈由地方主管官署备案。

第六章　附则

第四十条　本章程如有未尽事宜经会员大会决议呈准天津市社会局后

修改之。

第四十一条　本章程呈准天津市社会局转呈天津市政府备案。

资料来源：《典当业公会，天津市典当业公会》（1946年），天津市档案馆，档案号：J0025－2－002474。

五　天津市典当业联合当章程（1947年7月）

第一章　总则

第一条　本当由天津市典当业同业公会会员商号合组而成立，定名为"天津市典当业联合当"呈由当地主管官署转请内政部会同经济部核准给照。

第二条　本当以调剂平民生活促进社会安定为宗旨。

第三条　本当业务为办理一般平民衣物抵押之小额质，当最高额国币十五万元。

第四条　本当业务之需要得向国家或地方银行接洽低利贷款。

第五条　本当设立于天津市当业同业公会内。

第二章　资本

第六条　本当资本总额定位国币二亿元，由天津市当业同业公会会员商号每号认股三百万元收款另收据"本当乃由当业同业公会会员合组而成，在成立后申请加入者除资本外应按月以十四分增收利息，不足按月计算。"

第七条　本当出资股东名册除呈主管官署备案外，得各执本当总理协理监理签署之股折一份。

第八条　本当如因环境变迁或业务不振而招致亏损至资本总额半数时，得召集股东研讨决定业务进退方针。

第九条　本当股权除由法定继承人承受外不得转让或抵押，其代表人有发生变更情形时应随时以书面声明变更之。

第三章　会议

第十条　本当股东之聚会分常会及临时会两种，常会于每年决算后一个月内由总经理召集之，临时会于本当遇有重大事宜经理协理监理认为必要时由总经理召集之。

第十一条　本当每三个月开业务会议一次，检讨俾随时改善。

第十二条　本当股东表决权每一单位为二权，其决议应有全体股东超过半数同意方为有效，同数时以抽签决定。

第四章　职员

第十三条　本当由众股东公推总理一人协理二人办理，本当一切事务并聘经理一人辅助协议推行事务。

第十四条　本当设监理四人代表股东监察本当一切业务，并每月检查账目一次，遇有必要时得随时查帐。

第十五条　本当经理协理等均为义务职，每月酌给车马费若干，经副理及雇员得酌给薪金。

第十六条　本当以一年为营业年度，于年终结算一次，将左列表册于股东会开会前制成报告书：

一、营业报告书；

二、资财负债表；

三、财产目录；

四、损益计算书；

五、盈余分配至议案。

第十七条　本当每届决算除开支外，就所得纯利提百分之十位法定公积金，百分之十位慈善补助金次提国税其余按百分比率分配如左：

一、股东红利百分之七十；

二、总理协理监理百分之十四；

三、经理同人百分之十六。

第十八条　本章程未尽事宜悉依典押当业管理规则办理。

第十九条　本章程则经全体股东同意并呈奉核准之日施行。

号章

一、每月月终缮具月报清册两份号中保存一份送交监理一份，以便分发众股东询视；

二、号中同人任免均由总经理协理会同协议办理；

三、号中不论任何人等均不得长支短欠情当空取以及应声作保私有号中图章；

四、不准兼营其他营业；

五、号中同人均需具备妥实铺保；

六、号中当号均需足额投保火险。

附　审查意见（转参事审看）

查法人之设立首先订立章程，而章程之内容首为定名，此乃必要条件，其余赘文应予删去，特将第一条改为"本当定名为天津市典当业联合当"。

第四条　本当以下拟添一"因"字，否则文词欠妥。

第十条　"本当股东之聚会"应改为"本当股东会"。

第十一条　改为"本当业务检讨会每三个月开会一次又经理召集之。"

第十七条　关于纯利之分配第二项总理协理监理拟改为"百分之十"第三项经理同人拟改为"百分之二十"。

第十九条　拟改为"本章程经股东会议并呈奉核准制日施行"。

资料来源：《典当业，天津市政府》（1947年），天津市档案馆，档案号：J0002-3-002304。

对于这个规则的一些规定天津社会局提出了一些异议如下：

天津市政府社会局稿：送达机关：内政工商部（有速速缮发交航空邮递字样），时间：约为三十七年六月五日稿。

　　查修正典押当业管理规则第二条规定"资本不满百万元者称'押当'，百万以上者称'典当'"并无其他限制。在旧有当业（光复后继续营业与改组复业者均设备完善）业经呈奉内政经济两部核准给照者四十余家，以有相当设备固无问题，但现在旧当复业者甚少，若重新设立仍仅依上开规定则不无疏虞。

　　伏查现在物价指数与上开管理规则公布之时相较何止数倍？区区百万资本不但不敷应用，亦不足租赁铺房与购置厨房家具一项之所需，设备毫无焉能营业？然依法均合典当资格致与事实相去远甚。

又当业与一般普通商业不同，对于当号负保管之责，倘无房屋与防火防盗及库房等防险设备，一旦发生危险或霉损、鼠吃等情弊，致当户不能取赎则纠纷发生即无以善其后。甚或资本数微薄，唯利是图而变为小押，转当接赃无所不为，影响社会治安，莫此为甚。若不稍加限制，则沦陷时期之小押势将次第复活。从前开设当铺必有雄厚之资本与自备特建之房屋，始准开业，良有之也。

基上所述拟呈请内政经济工商两部酌予下列限制以杜流弊：

一、典当业须有防火防盗及库房等防险设备，否则无论资本满否百万概以押当论，以符名实。

二、或以现在生活指数计算资本标准，聊示限制。可否之处理合签请鉴核。

民国三十七年八月五日工商管理科内政部令天津市社会局：京商37

三十七年六月十日成商字第一〇五五号呈，关于典押当业管理规则第二条规定事项拟酌加限制请核示由，呈悉，关于责令典当业须有防火防盗及库房等防险设备一节，自属可行，应于依照典押当业管理规则第二十八条修订补充办法时酌予规定，至典当押当仍应从资本额区分，惟原规则所定资本限额可由该局酌予提高，并将提高成数呈报核定仰即遵照。此令。部长彭昭贤、部长：陈启天。但此件上有贴条："查典押当业管理规则所定资本限额自改币后已不成问题，暂不订补充办法"。

资料来源：《典押当业管理规则，天津市社会局》（1948年），天津市档案馆，档案号：J0025-3-000508。

附录三　近代天津当业公会选举情况

一　1933年天津典当业公会选举记录

天津市典业同业公会开第二届改选大会记录

日期：民国二十二年七月二十八日

地点：北马路本会场

时间：下午二钟

出席者：祁云五、俞耀川（杨润田代）、张星桥、汪春斋、段寿庭、侯敬修、张子润、陈子安、陈寿廷、张星三、闫玉衡、何玉民、仝迓东、封静庵、张志青、陆荫南、张铸轩（文质庵代）、原德庵、郭慎斋、尤锡九、韩荷廷、郭献卿等二十二人

社会局代表宫彭龄

市党部代表何国魂

市商会代表刘秉纯

李楚珍开会如仪：

原主席因病未到，祁云五为临时主席。

主席报告今日系本会第二届改选大会，早应改选，因公会法未颁布，迟至今日始为改选以抽签法改选半数，按本会章程第八条规定执行委员七人今因会务日繁拟增加二人，以助会务，就本日代表大会讨论可否增加请公决增加，全体通过。

市党部代表训词：

今天改选为固定之办法改选一半，按照法令去做，应选各位信仰之人，能负责办事者，请诸位选之。

市商会代表训词：

今天为典业公会改选之日，鄙人参加甚为欣悦，贵业为天津市最重要之一业，现时地方不靖，经济不充，贫民得赖，按诸会法，不可以情面从事，总以能负责办事者选之，不可以私人之利益为利益抛弃个人私见，总以选举得人为尚因无余暇，仍望诸位努力。

抽签：

请社会局代表抽签，由宫彭龄先生抽签。

被抽签者姓名如下：

祁云五、郭慎斋、郭献卿、闫玉衡

投票选举：

主席祁云五按本会章程第八条用无记名投票法选举原有七人抽去三人尚余四人，应再选五人抽出之三人不能被选，即余者私人亦毋庸再为续选，应即补选五人以递补九人之数，投票时应注意之点，第一，不可写会员名单以外之人，第二，不可写重名之人，最重要者，以本意投选有才有为之人，会务方能发达。

散票：

以出席会员二十二名散票二十二张，先由党部社会局代表验票毕，分散。

开匦：

得票结果：

何玉民得二十一票

侯敬修得十七票

张子润得十六票

张星得三十六票

陈子安得八票

陈绶廷得八票，以抽签法陈子安当选。

以上得票最多数当选为本届执行委员。

选举常务委员结果：

祁云五得八票、侯敬修得七票、张子润得六票、郭慎斋得六票、何玉民得五票。

以上得票最多数当选为常务委员。

选举主席：

市党部代表云，应以执行委员九人就常务委员中选举主席一人。

选举结果：

祁云五得八票当选为主席

另日宣誓就职

闭会。

第二届执行委员就职并会员大会记录

日期：民国二十二年八月十六日

地点：北马路本会场

时间：下午二钟

出席者张志青、郭慎斋（杨晓圃代）、祁云五、张子润、段寿庭（刘封廷代）、侯敬修、陈寿廷、张星三、陈子安、闫玉衡、文质庵、郭献卿、尤锡九、何玉民、陆荫南、汪春斋（梁子寿代）、原德庵（刘干卿代）、韩荷廷（张茂之代）、俞耀川、杨荣斋（杨熙文代）、封静庵等二十一人。

市党部代表李恒如

市商会代表刘秉纯

由李楚珍记录开会如仪

宣誓就职

主席致词开会：

主席云本会此次改选据鄙人看很抱悲观，因将老成者被抽，诸事虽免办理未能尽善，并且鄙人学识浅陋，更难担此重任，嗣后全赖大家共同努力。吾国现在大多数被选为主席者，凡事两重痛苦，在会员方面多不凉情，在上级机关亦难尽情，采纳力量虽费收效极微，自难达会员之满意，今后如能大家共同努力，彼此凉情，可减去许多苦恼，盖会所之设原为众力结合而成，遇事必须同力合作始能收美满效果，自今日起，如有利于各会员之事，有请大家尽力提出，会方当努力完成，至于结果只良否，未敢断定，不过尽力而作并希众力促成，比俾有厚望。

请市党部代表致训词：

市党部代表李恒如先生云贵会今日各执委就职此种情况，鄙人非常欣慰。按近来市面而论，贵业生意虽难免不受影响，以鄙人想，市面萧疏银根奇紧，当者故多，赎者恐少，此种情形贵业虽免有吃亏之处，此贵业商务之大概情形也。现在社会对于党的认识不大明了，往往误会商人方面必须明了党义之必要，党的工作就是领导社会人民促成自治，早日实现使可完成党的工作，以后可以合起来不必再生误会，实鄙人之所盼。

请市商会代表致训词：

市商会代表刘秉纯先生云，今日贵会改选执委就职，鄙人知道今日所选各执委均系热心会务之人，在上次改选抽签出旧主席原德庵先生，虽云江老成人才抽出不无悒悒，但新主席祁云五先生素为原德庵先生所契重，代表贵业出席商会素称干才，又兼新选各执委亦系贵业优秀人才，诚贵业得人之选将必蒸蒸日上意矣。

资料来源：《典当会员代表大会、执行委员会、整理委员会、常务委员会董事会改选董事等签到簿记录簿，天津市典当业同业公会》（1933 年），天津市档案馆，档案号：J0129 - 2 - 004261。

天津市同业公会常务委员会致天津特别市国民党常务整理委员会：因为中央修正的人民团体的法规没有颁发，依法照旧换届改选，请党部派人莅临指导，同时因为"会务日繁"增加执委二人，从七人增加到九人，同时已经补选了三人。二十二年七月二十一日。

选举结束后请党务整理委员会参加就职仪式，派员监督，增加二个执委，用抽签法，除旧执委陆荫南、原德庵、张铸轩等三人抽出外，旧执委祁云五、闫玉衡、郭慎斋、郭献卿私人均留任，又选出何玉民、侯敬修、张子润、陈子安、张星三五人当选新执委，俞耀川、陈绶廷、尤锡九三人为候补执委，由当选执委九人中选出祁云五、张子润、郭慎斋、何玉民、侯敬修等五人为常委，由常委中委选出祁云五为主席，兹于本月十六日下午二钟在属会会场奉行宣誓就职，礼仪合理备文呈报。钧署派员到场监督以昭郑重，实为公便。二十二年八月。并向党部呈请誓词一份。又呈请天津社会局前来监誓。又呈请天津市商会前来监誓。

资料来源：《典当业公会民国三十三年六月禀帖底稿，天津市典当业同业公会》（1933 年），天津市档案馆，档案号：J0129 - 2 - 004317。

二 1936 年的改选事宜

天津市典业同业公会选举大会记录

日期：二十五年十一月二十八日

地点：北马路本会场

时间：下午一时

出席者：梁子寿、杨润斋、王春斋、胡亚滂、胡俊山、郑根祥、陈子安、原德庵、王舒丞、张子润、冯宜之、俞耀川、郭慎斋、文质庵、王子青、古忠甫、张星三、翟国瑞、闫玉衡、张志清、李子良、侯敬修、程子宽、祁云五、陆荫南、郝赞荣、尤锡九、封静庵、王因之、王瑞宸、乔厚庵、郑理堂、仝迈东、杨绍圃等三十四人，社会局代表陆仲五、公安局代表刘少臣、市商会代表董志宜。

由李楚珍记录开会如仪

公推祁云五为临时主席

主席报告选举意义

社会局代表训词

市商会代表训词

散票

执行委员会以出席会员三十四人，散票三十四张，先由社会公安两局代表验票，验毕散票。

开匦

得票结果：

祁云五得三十二票，侯敬修三十二票，原德庵三十二票，俞耀川三十二票，闫玉衡三十一票，陆荫南三十票，尤锡九二十七票，张子润二十七票，郭慎斋二十一票。

以上得票最多数当选为执行委员。

报候补执行委员票

得票结果：

张星三得十九票，王瑞宸十六票，胡俊山十六票，（乔厚庵得十六票，用捻拈法落选）。

以上得票最多数当选为候补执行委员

报常务委员票

得票结果：

祁云五八票，侯敬修八票，闫玉衡八票，郭慎斋八票，原德庵七票

以上得票最多数当选为常务委员。

报主席票

得票结果：

祁云五八票，当选为主席

即日就职

闭会。

资料来源：《典当业同业公会民国二十五年召开全体改选会记录簿，天津市典当业同业公会》（1936年），天津市档案馆，档案号：J0129-2-004265。

三　1937年质业公会的选举

中华民国二十六年二月八日举行成立大会记录出席代表全数二十三人：

社会局代表：韩祖培

警察局代表：本所葛茂生

市商会代表：王文典

临时主席：王子寿

时间：下午二时开会　四时闭会

地址：估衣街山西会馆内

一、开会：振铃开会

二、公推临时主席：王子寿先生

三、全体肃立向国旗行三鞠躬礼

四、主席报告成立意义及筹备经过

五、社会局代表致词：韩祖培先生

六、警察局代表致词

七、市商会代表致词：王文典先生

八、主席答词

九、主席指派监票员二人　温耀翔先生、李子厚先生

十、选举：当众封柜

十一、报告选举结果

（甲）执行委员选举结果

汪春斋先生：二十二票

李子厚先生：二十一票

王子寿先生：二十一票

温耀翔先生：二十一票

林士朋先生：二十一票

王馨山先生：二十一票

陈厚斋先生：二十票

尤锡九先生：十九票

李文轩先生：十七票

（乙）候补执行委员选举结果

王伟堂先生：二十二票

胡俊山先生：十九票

降星五先生：十八票

（丙）常务委员会选举结果

陈厚斋先生：八票

王子寿先生：八票

温耀翔先生：八票

王馨山先生：八票

李子厚先生：七票

（丁）主席选举结果

王子寿先生八票

十二、当选委员就职

十三、摄影散会。

资料来源：《典当业同业公会执行委员会和会员代表会纪录，天津市典当业同业公会》（1937年），天津市档案馆，档案号：J0129-2-004272。

四　1941年的改选

日期：民国三十年九月二十九日下午二时

地点：本会

出席会员代表天兴当郑根祥、和顺当俞耀川、天兴当赵文恺、颐贞当胡睿三、李钟春、协合当杨绍圃、麟昌当曹仲楼、冯宜之、裕和当原德庵、胡首丞、同福当梁子寿、汪紫光、颐贞当宋殿臣、协合当张效五、和顺当杨润田、源祥当杨润斋、王华忱、福源当封静庵、郭凤鸣、中昌当张子润、和祥当陈子安、天聚当杨晓圃、牛春泉、同和当李子良、任墨林、同聚当文质庵、王子青、中祥当古忠甫、段宏圃、辑华当程子宽、崔耀先、德华当耿松龄、德昌当福记郭镜泉、太和当李锦山、刘子壮、万成当乔厚安、郑理堂、万成北号温紫宸、裕生当王瑞臣、任德彰、福顺当袁仙洲、太和当郝赞荣、中昌当田清泉、德华当王子寿,共计代表四十四人。

监选者:各业公会改选监选委员:王明辰、刘钟昆、焦世卿、屈秀章。

开会如仪:举行抽签结果:抽出董事张子润、胡俊山、古忠甫、王瑞臣

留任董事:俞耀川、原德庵、杨晓圃、郝赞荣、杨绍圃

选举结果:

当选董事:梁子寿三十七票、冯宜之三十二票、王子寿二十三票、封静庵二十一票

当选候补董事:温紫宸十五票、耿松龄十五票、王子青十一票

当选常务董事:俞耀川八票、原德庵八票、杨晓圃七票

当选会长:俞耀川七票

资料来源:《典当业公会民国三十年召开改选董事会纪录,天津市典当业同业公会》(1941年),天津市档案馆,档案号:J0129-2-004264。

1941年的选举情况:选举时有三种选票:一种为紫色,为董事会长之选票;一种为黄色,为董事会常务董事之选票;一种为蓝色,为改选半数董事之选票。在一个信封中有四个签:一个为第七签,大吉,古忠甫;一个为第三签,中吉,张子润;一个为第五签,中孚,胡俊山;一个为第八签上上,王瑞臣。

资料来源:《典当业公会改选备案批示.会员调查表公会章程,天津市典当业同业公会》(1941年),天津市档案馆,档案号:J0129-2-004255。

天津特别市典业同业公会职员名册(民国30年9月29日改选,10月3日填报):

职　别	姓　名	年　龄	籍　贯	代表商店字号	商店所在地
会长	俞耀川	58	北京	和顺当	大宜门口
常务董事	原德庵	79	山西介休	裕和当	东门外

续表

职 别	姓 名	年 龄	籍 贯	代表商店字号	商店所在地
董事	杨晓圃	51	山西介休	天聚当	特别二区兴隆街
	郝赞荣	62	山西汾阳	太和当	河北大街
	杨绍圃	58	山西介休	协合当	西头双庙街
	梁子寿	38	山西灵石	同福当	河东小关大街
	冯宜之	62	山西灵石	麟昌当	西头太平街
候补董事	冯宜之	42	山西灵石	德昌当福记	南市华楼
	封静庵	54	山西介休	福源当	南门西
	温紫宸	38	山西介休	万成当公记北号	河北大街福泉里
	耿松龄	38	山西灵石	德华当	西门内大街
	王子青	58	山西介休	同聚当	古楼东大街

资料来源：《职员名册，天津特别市典业同业公会》（1941年9月），天津市档案馆，档案号：J0128-2-001386-007。

五 1945年选举事宜

关于改选的文件：

1. 径启者：

属会前于本年六月十一日举行典质两业合并改选并蒙贵会派员莅临监视。是日选举结果王子寿得一百七十权，郝赞荣得一百七十权，梁子寿得一百八十权，王伟堂得一百八十五权，杨墨林得一百八十权，葛善甫得一百八十权，何少珊得一百八十权，魏雨江得一百七十五权，张瑞恒得一百七十五权，陈厚斋得一百七十权，古忠甫得一百七十权，以上十一人得权最多数当选为理事，嗣后理事中选举常务理事三人，王子寿得十票，郝赞荣得十票，梁子寿得九票，当选为常务理事，后于常务理事中选举理事长一人，王子寿得十票，当选为理事长，郭镜圈得三十五权，宋楚卿得二十权，李子厚得十权，次多数当选为候补理事，此外选举监事三人，任子兰得一百八十权，王子寿得一百六十权，耿松玲得一百二十五权，当选为监事。李华安得四十五票，当选为候补监事，即日就职视事，相应检同职员名册会员名册章程各四份函请贵会查照备案并请予以转呈天津特别市政府备案至纫公谊。

此致

天津市商会

七月二十八日

2. 径复者：

倾奉贵会函开以凡经合并改组完竣，均应换领图记，俾照信守等因准此。查属会业经改选竣事自应具领新图记以资办公，兹备具图记刊费一百五十元，随函送请贵会查收，并予特请颁发新图记，无任感荷之至。

此致

天津市商会

八月八日（1945年）

3. 呈为遵令呈报造具典质两业合并呈会员名册暨筹备员名册等件，仰祈鉴核示遵以资改组事：

窃职会前奉通知会饬联络质业同业公会合并改组为当业同业公会等因，奉此遵即进行联络现在已完竣兹造具全体会员名册暨筹备员法册章程各一份理合备文呈报钧会鉴核示遵以资改组，实为公便。

谨呈天津特别市各业公会改组监选委员会。

4. 民国三十四年七月十一日典质两业公会合并后改称当业公会。

5. 呈为遵令呈报造具典质两业合并全体会员名册暨筹备员清册等件，仰祈鉴核示遵以资改组事：

窃职会前奉通知令饬联络质业同业公会合并改组为当业同业公会等因，奉此遵即进行联络，现已完竣，兹造具全体会员名册暨筹备员清册章程各一份理合备文呈报，钧府鉴核示遵以资改组实为公便。谨呈天津特别市政府。附呈会员名册章程筹备员清册各一份。

天津市典业同业公会常务董事郝赞荣。四月二十日。

6. 天津特别市政府指令：三十四年六月二日，协乙字号第二〇一号。

事由：据该会呈报定期选举等情照准，除届期由监委会派员监选并令行警察局知照外仰知照由：令当业同业公会呈乙件为呈报定于本年六月十一日召开选举大会请予派员监选由：呈悉应准如期选举，除届期由各业公会改组监选委员会派员监选并令行警察局知照外仰即知照此令。

市长：周迪平。

资料来源：《典当业职员名册及章程，天津市典当业同业公会》（1948年），天津市档案馆，档案号：J0129-2-004254。

六 1946 年的改选

时间：中华民国三十五年二月二十日

呈为呈报选举竣事及就职日期肯祈鉴核备案事：窃职会遵于本月十二日下午二时在北马路一八四号职会内举行会员选举大会，是日蒙钧局代表杨毓梓先生市商会代表王翰臣先生警察局第八分局代表王建芳先生莅临指导，监选到会，会员商号二十八家，内有弃权一家，经选举理事，以会员王子寿得二十二权，牛玉池得二十五权，张瑞恒得二十三权，梁子寿得二十权，仝迓东得二十四权，罗子明得十七权，葛善甫得十六权，陈厚斋得十四权，郭镜泉得十四权，古忠甫得十一权，史登瀛得五权，以上十一人得权最多数，当选为理事，鲁泽清得五权陈子安得四权，宋楚卿得三权，以上三人得权次多数，当选为候补理事，继由理事十一人选举理事王子寿得十票，牛玉池得八票，张瑞恒得五票，以上三人当选为常务理事，复由常务理事三人中选举理事长一人，王子寿第二票当选为理事长。此外，选举监事三人王伟堂得十四权，王子青得十二权，李子厚得十权，当选为监事，李锦山得一权，当选为候补监事，业于本月十三日全体理事监事到会就职视事，除分别呈报函达外，理合检同会员名册会员代表名册各一份备文呈报伏乞鉴核备案，实为德便，谨呈天津市政府社会局。附呈会员名册代表名册职员名册各一份。天津市当业同业公会理事长王子寿。

资料来源：《典当业公会，天津市典当业公会》（1946 年），天津市档案馆，档案号：J0025-2-002474。

七 1948 年的改选

指导人民团体改选总报告

团体名称：天津市典当商业同业公会	
团体所在地：北门东 184 号	
成立日期：前清咸丰十七年	
立案日期及机构：民国十八年五月，社会局立案	
曾否经过改组即整理：	

续表

上届改选日期即次数：三十五年二月十二日。五次	
过去重要工作概况：一、发展会务，二、推行政令，三、矫正营业弊端，四、某同业福利	
上届负责任人姓名及职别	
姓名	职别
王子寿	理事长
牛玉池、张瑞恒	常务理事
梁子寿	理事
郭镜泉	
古忠甫	
仝迓东	
葛善甫	
史登瀛	
王纬堂	监事
王子青	
李子厚	
改选日期	三十七年四月七日下午二时
改选时大会出席人数	四十人
监选人姓名	社会局：柴广德，警察局：施茂珠，市商会：李大庸

本届当选之负责任姓名及略历

职别	姓名	略历
理事长	俞耀川	祥顺当经理，私塾
常务理事	王子寿	公茂当和同福当经理，私塾
常务理事	白卓儒	瑞贞当经理，私塾
常务理事	牛玉池	恒裕当经理，私塾
理事	秦植梅	东风当经理，私塾
理事	杨润生	裕庆当经理，私塾
理事	茹仰山	聚顺当经理，私塾
理事	魏雨江	同升当经理，私塾
理事	张瑞恒	大成当经理，私塾
理事	刘石林	福聚当经理，私塾
理事	温光廷	隆顺当经理，私塾
理事	郝赞荣	太和当，私塾

续表

理事	史登瀛	聚丰当经理，私塾
常务监事	张竹波	桐昌当经理，私塾
监事	陈韵波，尚子岐，郭作舟，王子青	汇通当，松寿当，兴和当，福顺当，经理，私塾
会员团体数	四十三个	四十三人
经费概况	征收会费	—
重要工作计划	协助政府举办慈善事业，谋同业之发展，解决同业困难	—
备注	候补理事	王舒丞：裕和当经理，私塾 鲁汉兴：东兴当经理，私塾 王占鳌：天兴当经理，私塾
	候补监事	王培田：福顺当经理，私塾 申寿芝：泰昌当经理，私塾

资料来源：《典当业职员名册及章程，天津市典当业同业公会》（1948年），天津市档案馆，档案号：J0129-2-004254。

索 引

B

白契 63,64

博弈 6,8,10,13~15,26~29,32,34,37,41,44,46,47,49,52,62,63,74,75,77,100,107,108,110,111,118,119,122,124,125,132,140~143,146,147,153,157,161~163,189,203,214,216,222,235,238,240~242,246,249,250,252

不动产 1,17,25,29,31,40,41,44,47,55~57,61~64,66~69,72~74,76,79,80,84,99,126,191,260

C

产权 17,19,32~34,37,41,57,62,64,67,69,70,74,76,250,251

承典 32~34,36~39,41,42,45~51,53,57,61,62,65,73~75

抽当 137

出典 13,19,22,31~39,41,42,44~51,53,56,57,61~63,65~67,72~76,83,158

D

代当 84,85,92~98,107,111,136,149,166,167,173,194,200,233

当户 91,95,109,110,125,131,132,134,136,137,140,150,151,157,167,168,191,192,209,223,229,237,258~261,263,282

当票 91,95,96,98,105,112,115,116,125,132~137,210,220,222,223,230,255,256,258,260,264

当铺 8~10,12,35,36,56,78~85,89~96,98~103,105,109~119,122~126,130~135,137~140,142,149,152,157,159,161~163,166~172,174,176,179,181,184,185,189,190,194~199,203,204,207~216,219~221,224,228,229,234~236,239~242,249,250,254~256,282

当帖 85,95,100,109,111,112,139,214,224,238,254

当物 8,49,79,81,82,94,95,110,123,126,130~139,145,162,192,228,254~261,263,264

当息 78,85,99,100,106,135,137,142~153,155~163,176,177,193,200,

索 引

202、206、208、213、215、216、220~222、231、234、235、241、242、250、254

抵押 2、8、19、22、31、38、53~57、61、70、74、75、79~82、84、126、161、191、192、220、240、250、253、256、279

地价 12、13、39、40、50、76、185

地契 33、36、37、44、45、52、63、244、248

典当 1、4、5、8、12~28、30~32、34、42、46~49、52~55、57、64、69、70、73~75、77、79、80、82~85、89、94~96、99、101、107、109、111~113、115、117~119、122、124、126、134~137、139、141~143、145、148、153、154、159、161、163、164、166~168、170、172、177、184、185、192、194、206、207、209、211~213、215、217~220、222、223、225、227、229、230、234、235、237、239~242、244、247~253、256~262、264、281、282、286、293

典当业 1、8~12、15~17、20~27、78~85、88~91、93~96、98、99、102~107、109~114、116~119、122~126、130、131、135、137、140~149、151、153~177、179、181~185、189~195、197~199、203~235、237~243、246、248~254、262、264、266、267、271、275、279、281~283、286、288~290、292、293、295、300

典价 31、34、36~38、43~45、48~50、57、61~63、66、68、72、73

典契 19、31、32、34~38、41~47、49~54、57、61、64~67、72~75

典权 1、13、16~20、25、26、29~34、36~53、55~57、61~64、67~77、79、80、240、244、249、251~253

顶当 137

动产 1、55、56、79、80、99、126、260

独资 99、101~104、109、112、165、173、174、194、195、197、198、204、254

F

房契 32、35、42、44、48、55

G

高利贷 18、21、22、90、98、132、148、151、162、163、190、218、219、232、247、249~253

公典 99、100、108、148、159、160、193、232、234、235、241

固定资产 1、13、15、17、19、30、31、69、70

故物店 97

官典 23、99、100、111、149、174、175、181、216、237

官契 63

过五 135、142、145、146、151、216、260、263

H

合股 101、165、171、172、233

合资 99、101、102、104、109、165、166、170、173、174、179、195、197、198、204、236、254

红契 37，63，64

徽帮 102

回赎 18，19，29，34，35，42～51，53，55～57，61～63，67，72～75，91，157，195，211，225，251

J

借贷 4，5，7，8，10，16，20，22，30，38，42，53～55，57，61，74～77，80～82，125，126，132，140，145，147，148，156，158，163，189～193，204，209，218，220，233，239，240，246，248～254，300

借契 52，54

晋帮 102，114，170

均衡 15，27～29，34，41，44，74，111，119，122，163，240～242

L

利息 5，12，22，23，30，38，42，52，54～57，79，84，85，89，91，93，95，99，100，101，105，106，109，114，124，131，135，142，144～146，148，150，152，153，155，156，159，162，163，165，166，172，183，184，190，191，193，195，196，203，214，216，219～221，223，228，235，237，247，254，255，258～260，263，279

留当 137，162

流动资产 1

N

年利 80，147

Q

契税 54，65，252

S

收当 95，109，116，125，130～133，137，217，256，264

赎当 19，81，96，125，126，132，134，136～138，150，211，220，258

私当 101

死当 81，95，131，132，134，137，138，195

所有权 18，32，45～48，50，51，53，55，57，61，62，67，70，73，75，238，240

T

退典 47，50

X

小押 23，83，84，89～94，96～98，101，106～108，111，112，131，136，155，158，164，166，168，176，177，179，194，204，208，212，213，219，226，232，233，241，282

Y

用益权 56，57

优先权 29，74

月息 85，86，99，106，142~144，148，149，155，156，159，160，162，173，184，185，195，200~202，215，218，263，265

Z

债权 38，54~57，84，189，241

找补 50

找价 43，45，52，75

质铺 12，84，85，125，145，233，235，241

质权 17，30，55~57

质押权 56，99

质业 84，86，106，107，120，125，144，154，156，157，176，178，202，212，219，226，232，237，238，288，292

中人 31，34~37，42~44，46，49，54，64，66，72，74~76，95，217，240

转当 31，93~96，263，282

转典 18，19，37，44~46，48，51~53

资本 2，3，4，6，9，10，12，23，76，78，81~92，94，95，98，99，101，102，104，105，108，109，111，112，123，124，126~130，142，148，149，159，164~170，172~177，179~181，184，185，189~195，197~209，213，214，217，219，221，224，229，235~238，241，247，250~252，254，256，257，262~264，279，281，282

后　记

　　本书是我博士论文拓展研究的成果。2012年，在导师李金铮教授的指导下，我完成了题为《近代天津民间借贷研究》的博士论文，其中一部分是关于近代天津典当业的。其间我积累了一些关于天津典当业的资料，但是因为时间的关系没有进行深入的研究。毕业后，在李老师的鼓励之下，我对近代天津典当业的档案资料进行了整理，续写了部分内容，形成了比较完整的章节体系，构成了本书的基本框架。

　　博士研究生期间，从导师李金铮教授那里所获甚多，印象最深的就是李老师时常强调的问题意识。在李老师看来，所谓的问题意识就是提出新问题，运用新资料，采用新理论，得出新结论。本书研究的虽不是较新的问题，但所用的资料是笔者在天津档案馆搜集而来，其中很大一部分是前人没有使用过的。这对推进近代典当业以及近代天津城市史的研究都具有一定意义。

　　本书完成后，在河北民族师范学院科研处李洁处长、成福伟副处长和张永利老师的帮助下，成功申报了国家社科基金后期资助。之后，又依据匿名评审专家所提的修改意见进行了修正，完成了本书。本书的修改还须感谢天津史专家张利民研究员的指导。在本书修改中，宋荣欣编辑也提出了很好的建议。还须感谢我院社科部魏沧波主任为我提供了宽松的研究环境，感谢我的家人在生活上对我的支持。

冯　剑

图书在版编目(CIP)数据

近代天津典当研究/冯剑著.--北京：社会科学文献出版社，2017.1
 国家社科基金后期资助项目
 ISBN 978-7-5201-0038-0

Ⅰ.①近⋯ Ⅱ.①冯⋯ Ⅲ.①典当业-研究-天津-近代 Ⅳ.①F832.38

中国版本图书馆CIP数据核字（2016）第299179号

·国家社科基金后期资助项目·

近代天津典当研究

著　者 / 冯　剑

出 版 人 / 谢寿光
项目统筹 / 宋荣欣
责任编辑 / 李丽丽　智　烁

出　版 / 社会科学文献出版社·近代史编辑室（010）59367256
　　　　　地址：北京市北三环中路甲29号院华龙大厦　邮编：100029
　　　　　网址：www.ssap.com.cn
发　行 / 市场营销中心（010）59367081　59367018
印　装 / 北京季蜂印刷有限公司

规　格 / 开本：787mm×1092mm　1/16
　　　　　印　张：19.25　字　数：314千字
版　次 / 2017年1月第1版　2017年1月第1次印刷
书　号 / ISBN 978-7-5201-0038-0
定　价 / 85.00元

本书如有印装质量问题，请与读者服务中心（010-59367028）联系

版权所有 翻印必究